Cidade Caminhável

au02

COLEÇÃO A+U
Dirigida por J. Guinsburg

Supervisão editorial: J. Guinsburg
Preparação de texto: Adriano C.A. e Sousa
Revisão: Raquel F. Abranches
Capa: Sergio Kon
Produção: Ricardo W. Neves, Lia N. Marques, Sergio Kon, Luiz Henrique Soares e Elen Durando

Jeff Speck

CIDADE CAMINHÁVEL

TRADUÇÃO E NOTAS:
ANITA DI MARCO E ANITA NATIVIDADE

PERSPECTIVA

Farrar, Straus and Giroux
18 West 18th Street, New York 10011
Copyright © 2012 by Jeff Speck
Todos os direitos reservados

Primeira edição, 2012
Agradecimentos a Charles Marohn por permitir o uso de um trecho da revista virtual *Grist*.

Título original: *Walkable City: How Downtown Can Save America, One Step at a Time*.

Dados Internacionais de Catalogação na Publicação (CIP)
(Câmara Brasileira do Livro, SP, Brasil)

S728c
    Speck, Jeff
       Cidade caminhável / Jeff Speck ; tradução Anita Dimarco, Anita Natividade. - 1. ed. - São Paulo : Perspectiva, 2016.
       272 p. ; 23 cm. (A+U ; 2)

       Tradução de: *Walkable city*
       Inclui bibliografia e índice
       ISBN 978-85-273-1053-6

       1. Urbanismo. 2. Planejamento urbano - Brasil. 3. Desenvolvimento sustentável - Brasil. I. Título. II. Série.

16-30870   CDD: 711.4
                                                          CDU: 711.4

02/03/2016 02/03/2016

1ª edição – 3ª reimpressão

Direitos reservados em língua portuguesa à
EDITORA PERSPECTIVA LTDA.

Alameda Santos, 1909, cj. 22
01419-100 São Paulo SP Brasil
Tel.: (11) 3885-8388
www.editoraperspectiva.com.br

2023

PARA ALICE

Sumário

13   Prólogo

17   **UMA TEORIA GERAL DA CAMINHABILIDADE**

23   **PARTE I:**
POR QUE CAMINHABILIDADE?

      27   Caminhar, a Vantagem da Cidade

            A Geração Que Caminha; Uma "Tempestade Perfeita" Demográfica; O Ganho da Caminhabilidade

      43   Por Que os Garotos Não Podem Ir a Pé?

            A Bomba da Obesidade; Limpando o Ar; *Car*-nificina Americana; Tenso e Solitário

      55   O Verde Errado

            Não se Escreve Carbono Sem *Car*; Deixando de Ver a Floresta Por Causa das Árvores; Manhattan como Meca; Feliz Urbanismo

67   **PARTE II:**
OS DEZ PASSOS DA CAMINHABILIDADE

A CAMINHADA PROVEITOSA

      79   PASSO 1:
Pôr o Automóvel em Seu Lugar

            Estradas *Versus* Cidades; Porque Preciso: Demanda Induzida; Não São Só as Vias Expressas; Primeiro, Livre-se dos Engenheiros de Tráfego; Remova-as e Eles Irão; Um Passo Longe Demais: Zonas de Pedestres; Pedágio Urbano: Inteligente Demais Para Ser Fácil; A Visão de Longo Prazo

102   PASSO 2:
Mesclar os Usos

Em Geral, É a Moradia; Acessibilidade Invisível; O Resto do Quadro

109   PASSO 3:
Adequar o Estacionamento

Quanto Custa o Estacionamento e o Que Ele Custa Para Nós; Demanda Induzida Revisitada; Vício Vira Lei; O Custo das Exigências de Estacionamento; Alguns Lugares Mais Inteligentes; O Problema Com o Estacionamento Barato Junto ao Meio-Fio; O Preço Correto; Um Conto de Duas Cidades; O Que Fazer Com Todo Esse Dinheiro?; Uma Pechincha de 1,2 Bilhão de Dólares

130   PASSO 4:
Deixar o Sistema de Transporte Fluir

Onde os Estados Unidos Estão; São os Bairros, Idiota; Não Mexa Com Dallas; Outro Tipo de Transporte; O Que Fazem os Bondes; Transporte Para Motoristas; Trens *Versus* Ônibus; Compartilhe Se Puder

A CAMINHADA SEGURA

149   PASSO 5:
Proteger o Pedestre

Tamanho Importa; Uma Conversão Longe Demais; Faixas Gordas; Para Que Simplificar, Se Podemos Complicar?; A Apoteose da Segurança; A Epidemia de Mão Única; Calçadas Sagradas; Sinais Sem Sentido

170   PASSO 6:
Acolher as Bicicletas

Um Jeito Melhor de se Deslocar; Amsterdã, Copenhague, Portland e Outras Cidades Estrangeiras; Ei! Estou Aqui Pedalando!; Quão Seguro É Seguro?; Conflitos Com Ciclistas Veiculares; Ciclofaixas, Vias Separadas, Rotas Compartilhadas; Ciclismo Avançado; Não Seja Ganancioso

A CAMINHADA CONFORTÁVEL

189   PASSO 7:
Criar Bons Espaços

Abrace-me; Fetichismo do Objeto; Quanto Menor, Melhor; Sem Clima Ruim

197   PASSO 8:
Plantar Árvores

Árvores Para a Vida; O Mais Verde dos Produtos Verdes; Árvores Compensam; Qual Árvore Onde?

A CAMINHADA INTERESSANTE

207   PASSO 9:
Criar Faces de Ruas Agradáveis e Singulares

Estacionamento Invisível; Transições Atraentes *Versus* Transições Que Afastam; Ataque das Estrelas da Arquitetura; Muito de Uma Coisa Só; Natureza Monótona

220   PASSO 10:
Eleger Suas Prioridades

Triagem Urbana; Âncoras e Caminhos; A Lição de LoDo; Áreas Centrais em Primeiro Lugar

227   Notas

245   Agradecimentos

249   Bibliografia

261   Índice Geográfico

265   Índice Geral

Prólogo

Este não é um novo grande livro sobre as cidades americanas; não é preciso. Uma revolução intelectual não é mais necessária. O que caracteriza a discussão sobre as cidades, hoje em dia, não é uma obstinação tola ou falta de consciência sobre o que precisa ser feito; ao contrário, é uma total desconexão entre essa conscientização e as ações dos responsáveis pela forma física de nossas comunidades.

Há três décadas, sabemos como tornar as cidades melhores e mais habitáveis – depois de termos esquecido por quatro décadas – e, mesmo assim, não fomos capazes de melhorá-las. Jane Jacobs, que escreveu em 1960, em 1980 já havia conquistado os urbanistas. Mas os urbanistas ainda têm de conquistar a cidade.

Exceto algumas cidades grandes. Se você mora em Nova York, Boston, Chicago, São Francisco, Portland, ou uma série de outros lugares especiais, pode acreditar que as coisas estão no caminho certo. Mas são exceções. Nas cidades pequenas e médias, onde mora a maioria dos norte-americanos, as decisões cotidianas das autoridades locais, quase sempre, ainda pioram sua vida. Não se trata de um planejamento urbano ruim e, sim, da ausência de planejamento, ou melhor, de tomadas de decisões desconectadas do planejamento. Por tantos anos, os urbanistas estiveram tão errados que hoje, quando a maior parte deles está certa, são amplamente ignorados.

Mas este não é um livro sobre planejamento como profissão, nem mesmo um argumento em prol de um maior planejamento, por si só. Ao contrário, é uma tentativa de simplesmente delinear o que há de errado com a maioria das cidades nos Estados Unidos e como consertar isso. Este livro não trata de por que as cidades funcionam ou como funcionam, mas sobre o que funciona nas cidades. E o que funciona melhor nas melhores cidades é a "caminhabilidade".

Caminhabilidade é, ao mesmo tempo, um meio e um fim, e também uma medida. Enquanto as compensações físicas e sociais do caminhar são muitas, talvez a caminhabilidade seja muito mais útil, já que contribui para a vitalidade urbana, além de ser o mais significativo indicador dessa vitalidade. Após inúmeras décadas redesenhando áreas da cidade, tentando torná-las mais habitáveis e bem-sucedidas, observei meu foco se estreitar na direção dessa questão como a única que parece influenciar e incorporar a maior parte das demais. Garanta uma caminhabilidade adequada e muito do restante virá a seguir.

A discussão é necessária porque, desde meados do século XX, seja intencional ou acidentalmente, as cidades dos Estados Unidos, em sua maioria, acabaram tornando-se zonas não transitáveis a pé. Na ausência de maior visão ou iniciativa, os engenheiros – venerando os deuses gêmeos do Trânsito Tranquilo e Estacionamento Amplo – transformaram os centros de nossas cidades em lugares fáceis de chegar, mas aonde não vale a pena ir. Códigos de obras e zoneamento desatualizados, geralmente importados dos chamados *suburbs*, ou bairros residenciais distantes*, adequaram-se à – pouco atraente – paisagem das ruas com os edifícios particulares, igualmente antissociais, completando uma esfera pública insegura, desconfortável e simplesmente tediosa. Na medida em que um número crescente de americanos opta por estilos de vida mais urbanos, em geral, acabam se defrontando com centros que não os recebem bem. Como resultado, um pequeno número de cidades com visão de futuro está acolhendo a grande maioria de jovens adultos, que deixam os distantes bairros residenciais de classe alta, e de casais agora sem filhos e com recursos para viver onde quiserem, enquanto a maior parte das cidades médias fica a ver navios.

Como cidades como Providence, Grand Rapids e Tacoma podem competir com Boston, Chicago e Portland? Ou, sendo ainda mais realista: como essas cidades comuns podem oferecer, a seus cidadãos, a qualidade de vida que os faça querer ficar? Apesar das muitas respostas a essa pergunta, talvez nenhuma tenha sido tão relegada quanto o projeto, o desenho urbano, e como uma ampla série de simples correções de projeto poderia reparar décadas de políticas e práticas contraproducentes e levar a uma nova era de vitalidade nas ruas dos Estados Unidos.

Essas correções apenas dão uma chance razoável ao pedestre e, ao mesmo tempo, acolhem bicicletas, aumentam o transporte público e transformam as áreas centrais em lugares atrativos para um maior número de pessoas. A maior parte dessas ações não é dispendiosa, algumas requerem pouco mais do que tinta amarela. Porém, individualmente, cada uma faz diferença; em conjunto, transformam a cidade e a vida de seus habitantes.

Até mesmo Nova York e São Francisco ainda cometem alguns equívocos, mas continuarão a ostentar o melhor e mais brilhante do país, a menos que outras cidades comuns aprendam com os sucessos daquelas grandes cidades e, igualmente, evitem os erros cometidos. Nós, urbanistas, contamos com esses lugares comuns, porque os Estados Unidos finalmente serão conduzidos ao "século urbano", não por poucas exceções, mas por um movimento coletivo das cidades comuns para, novamente, fazerem o que as cidades fazem melhor, que é reunir as pessoas – a pé.

Uma Teoria Geral da Caminhabilidade

Como urbanista, faço projetos para novos lugares e para tornar velhos lugares melhores. Desde o final da década de 1980, trabalhei em quase 75 projetos urbanos para cidades grandes, médias e pequenas, velhas e novas. Desse total, quase a terça parte foi construída ou está em construção, o que parece bem pouco, mas, na verdade, é uma média bem razoável. Isto significa que tive tanto agradáveis surpresas quanto inúmeras oportunidades para aprender a partir de meus erros.

No meio desse trabalho, afastei-me por quatro anos para dirigir o departamento de projeto no National Endowment for the Arts-NEA (Fundo Nacional Para as Artes). Aí, ajudei a gerir um programa intitulado Mayors' Institute on City Design (Instituto de Prefeitos para o Desenho Urbano), que reúne arquitetos com os líderes das cidades para intensas sessões de planejamento. A cada dois meses, em algum lugar dos Estados Unidos, reuníamos oito prefeitos e oito arquitetos, nos trancávamos em uma sala por dois dias e tentávamos resolver os desafios mais urgentes de planejamento urbano de cada cidade[1]. Como se pode imaginar, trabalhar, lado a lado, com centenas de prefeitos, um de cada vez, provou ser um aprendizado de projeto maior do que qualquer outro que eu já tenha feito antes, ou desde então.

Especializei-me em áreas urbanas centrais e, quando sou contratado para fazer o plano de uma área central, gosto de me mudar para a região com minha família, de preferência por, pelo menos, um mês. Há muitas razões para me mudar para a cidade enquanto idealizo o projeto. Primeiro, é mais eficaz em termos de deslocamento e organização de reuniões, algo que pode se tornar muito caro. Segundo, permite, de fato, conhecer o lugar, guardar na memória cada edifício, rua e quadra. Também dá a chance de familiarizar-se com os moradores com inúmeras justificativas como tomar café, jantar na casa deles, tomar um drinque em bares da vizinhança e através de encontros casuais. É justamente nesses encontros não planejados que se consegue obter uma compreensão real do lugar.

Todos são grandes motivos, mas a razão principal de passar um tempo em uma cidade é viver a vida do cidadão. Deslocar-se entre um hotel e o local das reuniões não é o que eles fazem. Eles levam seus filhos à escola, dão uma passadinha na lavanderia, vão ao trabalho, saem para almoçar, dão um pulo na academia ou vão ao supermercado, voltam para casa e pesam o que seria melhor: uma caminhada à noitinha ou uma cerveja após o jantar. Seus amigos de fora da cidade aparecem no final de semana e, à noite, saem para dar uma volta. Estas são algumas das muitas coisas normais que os não urbanistas fazem e eu tento fazer o mesmo.

Há alguns anos, enquanto trabalhava em um projeto para Lowell, Massachusetts, alguns velhos amigos do ensino médio juntaram-se a nós para um jantar na rua Merrimack, o coração de um adorável centro urbano do século XIX. Nosso grupo consistia de quatro adultos, um bebê em um carrinho e minha supergrávida esposa. Em frente ao restaurante do outro lado da rua e perdidos em bate-papos, esperávamos a mudança do semáforo. Talvez tenha se passado um minuto, antes que víssemos que havia um botão no semáforo para travessia. Apertamos o botão. A conversa durou mais um minuto, ou quase. Finalmente, desistimos e atravessamos a rua, de qualquer jeito. Quase ao mesmo tempo, um carro derrapou na esquina, talvez, a uns setenta quilômetros por hora, em uma rua que tinha sido alargada para facilitar o tráfego.

Felizmente, o quase acidente não deixou marcas, mas não será esquecido. Atravessar a rua descuidadamente, sem seguir as regras de trânsito e com um carrinho de bebê, é uma maneira infalível de se sentir um péssimo pai, sobretudo se algo der errado. Meu único consolo, dessa vez, foi que me encontrava em posição de fazer algo a respeito.

Neste momento, enquanto escrevo, estou novamente em trânsito com minha família, desta vez em Roma. O bebê agora está em um carregador de colo e o irmão se alterna entre um carrinho e seus próprios pés, dependendo do terreno e de seu estado de espírito. É interessante comparar nossa experiência em Roma com aquela em Lowell, ou mais ainda, a experiência de caminhar na maior parte das cidades dos Estados Unidos.

À primeira vista, Roma parece terrivelmente inóspita aos pedestres. Tantas coisas estão erradas. Metade das ruas não tem calçadas, a maior parte dos cruzamentos não tem faixas de pedestres, o calçamento é irregular e esburacado, rampas para portadores de necessidades especiais são praticamente ausentes. As colinas são íngremes e frequentes (ouvi dizer que são sete). E... será que preciso mencionar os motoristas?

Todavia, aqui estamos entre tantos outros pedestres, turistas e moradores – caminhando no bairro do Trastevere, mas apreciando cada minuto da caminhada. Esta anárquica pista de obstáculos é, de alguma maneira, um imã para os pedestres, recentemente escolhida, pelos leitores do Guia de Turismo *Lonely Planet*, como uma das "Dez Melhores Cidades Camináveis" do mundo. Em quilometragem, os romanos dirigem uma fração do que os americanos. Um de nossos amigos, que trabalha na embaixada norte-americana, comprou um carro assim que chegou à cidade, por hábito. Agora, o carro fica estacionado na entrada do edifício, alvo certo para os pombos.

A paisagem urbana tumultuada, que não atende a qualquer medida americana convencional de "ser favorável aos pedestres", é um paraíso para os caminhantes. Então, o que acontece por aqui? Com certeza, em relação ao quesito deslocamentos a pé, a cidade que Anatole Broyard descreveu como "um poema forçado a funcionar como uma cidade" começa com algumas vantagens. A classificação do guia *Lonely Planet*, provavelmente, é moldada mais em função do espetáculo do que do conforto do pedestre. Mas os mesmos monumentos, se organizados de forma – digamos – mais americana, dificilmente teriam alguma chance. (Pense em Las Vegas, com seu Índice de Caminhabilidade igual a 54.)[2] A principal coisa que torna Roma e outras vencedoras – Veneza, Boston, São Francisco, Barcelona, Amsterdã, Praga, Paris e Nova York – tão tranquilas de serem percorridas a pé é aquilo que os urbanistas chamam de tecido urbano, o conjunto cotidiano de ruas, quadras e edifícios que une os monumentos. Apesar das inúmeras falhas técnicas, o tecido urbano de Roma é magnífico.

No entanto, esse é um dos inúmeros aspectos-chave do desenho urbano ausentes das discussões sobre *caminhabilidade* das cidades, em quase todo lugar. Isso porque a discussão tem sido mais sobre criar facilidades adequadas e atrativas para os pedestres do que sobre criar cidades caminháveis. Não falta literatura sobre o tema ou mesmo um campo incipiente de "estudos sobre caminhabilidade", que se concentre sobre os impedimentos ao acesso e à segurança do pedestre, sobretudo nos bairros afastados de Toronto[3]. Embora ajudem, esses esforços são inadequados. O mesmo vale para programas de embelezamento de cidades, como o famoso "Cinco Bs", da década de 1980 (em inglês *bricks, banners, bandstands, bollards, and berms*): tijolos, *banners*, coretos, balizadores e bordas que agora enfeitam muitos centros abandonados[4].

Muito dinheiro e esforços foram usados para improvisar calçadas, faixas de travessia, iluminação pública e latas de lixo, mas qual a importância disso tudo, principalmente, no aspecto de convencer as pessoas a caminhar? Se a questão do caminhar se resumisse apenas em criar zonas seguras para os pedestres, então por que mais de 150 ruas principais*, transformadas em áreas para pedestres nas décadas de 1960 e 70, fracassaram quase imediatamente?[5] Com certeza, há mais coisas para encorajar as caminhadas do que apenas criar espaços bonitos e seguros.

O pedestre é uma espécie extremamente frágil, o canário na mina de carvão da habitabilidade urbana. Sob as condições corretas, esta criatura se desenvolve e se multiplica. Mas criar tais condições requer atenção a uma extensa gama de critérios, alguns mais fáceis de serem atendidos que outros. Enumerar, e compreender, tais critérios é um projeto de vida – o meu – e é, incessantemente, um trabalho em andamento. Parece presunção alegar que solucionei esse problema, mas já que passei bom tempo tentando, vale a pena comunicar o que aprendi até aqui. E já que isso tende a explicar tudo, chamo essa discussão de Teoria Geral da Caminhabilidade.

A Teoria Geral da Caminhabilidade explica como, para ser adequada, uma caminhada precisa atender a quatro condições principais: ser proveitosa, segura, confortável e interessante. Cada uma delas é essencial, mas não é suficiente quando isolada. *Proveitosa* significa que a maior parte dos aspectos da vida cotidiana está por perto e são organizados de tal modo que uma caminhada atenda às necessidades do morador. *Segura* significa que a rua foi projetada para dar aos pedestres uma chance contra acidentes com automóveis: os pedestres não têm apenas que estar seguros; precisam se *sentir* seguros, condição ainda mais difícil de atender.

Confortável significa que edifícios e paisagem conformam as ruas como "salas de estar ao ar livre", em contraste com os imensos espaços abertos que, geralmente, não conseguem atrair pedestres. *Interessante* significa que as calçadas são ladeadas por edifícios singulares agradáveis e com fartura de sinais de humanidade.

Estas quatro condições são, sobretudo, uma forma de refletir sobre uma série de regras específicas, a seguir organizadas no que chamo de Os Dez Passos da Caminhabilidade, a serem explorados adiante. Em conjunto, acredito que compõem uma receita completa para tornar nossas cidades mais caminháveis.

Porém, antes, devemos compreender que uma cidade caminhável não é apenas uma noção idealista e bela. Ao contrário, é uma solução simples, prática, para vários problemas complexos que enfrentamos como sociedade, problemas que minam, diariamente, a competitividade econômica, a sustentabilidade ambiental e o bem-estar social de nossos países. Por isso, este livro é menos um tratado de projeto que uma convocação essencial. Por que precisamos tanto de caminhabilidade é o tema da próxima seção.

POR QUE CAMINHABILIDADE?

Apesar de nunca ter sido declarada uma guerra, muitas cidades americanas parecem ter sido feitas e refeitas com a incumbência de derrotar os pedestres. Vias alargadas, calçadas diminuídas, árvores suprimidas, guias rebaixadas para dar acesso a lanchonetes *drive-thru* e imensas áreas de estacionamento de quarenta mil metros quadrados reduziram muitas das nossas paisagens urbanas a zonas de automóveis, nas quais a vida dos pedestres é apenas uma possibilidade teórica.

Às vezes, as causas dessa transformação são surpreendentes. Em Miami, por exemplo, as pessoas se perguntam por que os cruzamentos em bairros residenciais são tão grandes: duas vias relativamente estreitas se encontram em uma imensidão de asfalto, que, aparentemente, alguém levaria horas para atravessar. A resposta é que, certa vez, o sindicato dos bombeiros fez um acordo de não liberar nenhum caminhão sem levar, no mínimo, quatro homens. Isso é ótimo para a segurança e melhor ainda para a segurança no emprego, mas o único caminhão que levava quatro homens sentados era o que tinha o cabo e a escada. Então, durante anos, bairros residenciais em Miami tiveram de ser projetados em torno de imensos raios de curva previstos para os caminhões de combate a incêndios em edifícios altos[1].

Hoje, esta piada não é rara no cenário de profissões desconectadas e interesses especiais que determinam a forma de nossas comunidades. O mundo moderno está cheio de especialistas pagos para ignorar critérios além de sua área específica. Os departamentos de educação e parques irão pressionar para conseguir instalações maiores, mas em menor número, já que exigem mais fácil manutenção – e ostentação. O departamento de obras públicas ou serviços urbanos irá insistir que novos bairros sejam projetados, sobretudo, voltando-se para as atividades de remover neve e lixo. O departamento de transportes irá construir novas vias para melhorar o tráfego gerado pela grande expansão urbana que elas mesmas criaram. Cada uma dessas abordagens pode parecer correta sozinha, mas não em uma cidade.

Se o que se espera é o funcionamento adequado das cidades, elas devem ser planejadas por generalistas, como já o foram. Generalistas compreendem que consolidar parques significa que menos pessoas irão caminhar até eles. Generalistas compreendem que a infraestrutura organizada em torno do serviço de grandes caminhões nem sempre é convidativa às pessoas. E generalistas, por fim, estão começando a entender que, em geral, mais vias de tráfego só levam a um aumento de trânsito.

E mais, generalistas – como urbanistas e, espero, prefeitos – fazem as perguntas essenciais que, tantas vezes, são esquecidas no corre-corre da atividade de governar a cidade. Perguntas como: que tipo de cidade irá impulsionar nosso desenvolvimento econômico? Que tipo de cidade manterá nossos cidadãos não só protegidos, mas também saudáveis? Que tipo de cidade será sustentável para as próximas gerações?

Estes três aspectos – prosperidade, saúde e sustentabilidade – são, não por mera coincidência, os três principais argumentos para tornar nossas cidades mais caminháveis.

Caminhar, a Vantagem da Cidade

Muitos clientes me fazem a mesma pergunta: "Como podemos atrair empresas, cidadãos e, sobretudo, jovens talentos empresariais?" Em Grand Rapids, Michigan, onde fui contratado pelos principais filantropos da cidade, perguntavam de outra forma: "Como impedir nossos filhos de deixarem a cidade? Como impedir nossos netos de saírem daqui"?

A resposta é óbvia: as cidades precisam garantir o tipo de ambiente que aquelas pessoas desejam. Levantamentos realizados – como se precisássemos disso – mostram como a classe dos cidadãos criativos, especialmente a geração Y*, prefere, em geral, comunidades com ruas vibrantes e cheias de vida, a cultura de pedestres que só pode vir da caminhabilidade.

A falta de vitalidade nas ruas foi uma das razões pelas quais a direção da Wolverine World Wide, fabricante dos calçados Merrell e Patagonia, teve dificuldades para impedir que novos trabalhadores da área de criação desistissem do trabalho na nova sede em um distante bairro residencial chique, a oeste de Michigan. O problema não era a empresa, mas a impressão das esposas recém-chegadas que não tinham como entrar no cenário social... ainda que os moradores do oeste de Michigan sejam conhecidos por sua receptividade e hospitalidade. Então, o que era? Acontece que aquele cenário social só poderia ser acessado de carro e, portanto, por meio de convite. Sem uma cultura de pedestres, não havia oportunidade para encontros casuais que se transformassem em amizades. Quando surgiu o momento de lançar uma nova divisão, eles decidiram implantá-la em Portland, Oregon.

Desde aquela época, a Wolverine tinha criado um novo centro de inovação juntamente com três outras empresas do oeste de Michigan, na área central de Grand Rapids. De acordo com Blake Krueger, presidente e diretor executivo da Wolverine, a empresa precisava de "um núcleo urbano que atraísse e conservasse a classe criativa do milênio! É preciso uma cidade vibrante para essas pessoas. Eles estão em um ambiente mais criativo para viver, morar e se divertir no centro da cidade do que presos nos bairros residenciais distantes". Aquela unidade agora inclui *designers* e profissionais de desenvolvimento de produto em dezenas de marcas diferentes.

Para muitas empresas, um satélite urbano não é suficiente. A Brandmuscle, anteriormente em Beachwood, Ohio, recentemente realocou todos os seus 150 empregados para o centro de Cleveland, em parte graças aos desejos de grande parcela de sua força de trabalho, na faixa dos vinte e poucos anos. Agora a funcionária Kristen Babjack se vangloria de seu estilo de vida urbano: "Saímos do apartamento e caminhamos poucos metros para comer algo no restaurante ou fazer compras. Temos ginásios e áreas específicas para esportes e concertos todos em uma área de acesso muito fácil a pé."[1] Histórias similares tornaram-se notícia em Saint Louis, Buffalo e até mesmo na sofrida Detroit.

A vantagem econômica, que já começou a fluir para lugares caminháveis, pode ser atribuída a três fatores-chave. Primeiro, para certos segmentos da população, o mais importante deles o dos "jovens criativos", o fato de morar no centro é simplesmente mais atraente. Muitos garantem que, nem mortos, estariam em algum outro lugar. Segundo, as mudanças demográficas significativas que vêm ocorrendo neste momento significam que esses setores pró-urbanos da população estão se tornando os dominantes, criando um pico de demanda que deverá durar décadas. Em terceiro lugar, a escolha para vivenciar a vida caminhando gera uma considerável economia para aqueles domicílios e grande parte dela é gasta localmente. Vou tratar desses fatores, um a um.

A Geração Que Caminha

Quando trabalhei para a empresa de planejamento DPZ[2], em Miami na década de 1990, todos, sem exceção, dirigiam até o escritório. Usar o transporte coletivo ou ir de bicicleta não fazia sentido, já que os ônibus levavam muito tempo e ir de bicicleta era mais que perigoso. Em visitas mais recentes, descobri que uma parcela significativa dos jovens urbanistas agora pedala ou vai de ônibus, ainda que as condições para os dois modos não estejam nada melhores.

São as mesmas pessoas que haviam colocado um recipiente para compostagem de lixo na cozinha do escritório... Então, serão apenas as exceções à regra?

Acontece que, desde o final dos anos de 1990, o número de quilômetros dirigidos pelos norte-americanos, na faixa dos vinte e poucos anos, caiu de 20,8 para 13,7%. E se olharmos para os mais jovens, dos dezesseis aos dezenove anos, provavelmente as mudanças futuras serão maiores. O número de jovens de dezenove anos que optou por não tirar carteira de motorista quase triplicou desde o final dos anos de 1970, aumentou de 8 para 23%[3]. Este dado é particularmente significativo quando se considera a mudança da paisagem dos Estados Unidos desde os anos de 1970, quando a maior parte dos jovens americanos podia ir a pé à escola, à loja e ao campo de futebol, em um contraste gritante com as realidades da expansão urbana atual, dos bairros distantes, centrada no automóvel.

Essa tendência, vista como cultural e não econômica, começou bem antes da recessão de 2008 e os subsequentes aumentos de combustível. A empresa de pesquisa de mercado J.D. Power – dificilmente parte do *lobby* antiautomóvel – relata que "discussões *on-line* entre jovens adolescentes indicam mudanças de percepção em relação à necessidade e ao desejo de possuir carro"[4]. Richard Florida observa: "os mais jovens hoje [...] não mais veem o carro como despesa necessária ou fonte de liberdade pessoal. Na verdade, a visão que vem crescendo é justamente contrária: não possuir carro e casa é visto, por um número cada vez maior de jovens, como um caminho para maior flexibilidade, escolha e autonomia pessoal"[5]. Essas tendências são apenas a menor parte de um quadro maior que tem menos a ver com carros e mais a ver com cidades e, especificamente, com a forma como os jovens profissionais de hoje se veem em relação à cidade, sobretudo se comparados com as gerações anteriores.

Nascido quando o *baby-boom* terminou, cresci vendo três programas de TV, quase diariamente: *Gilligan's Island* (A Ilha dos Birutas), *The Brady Bunch* (A Família Sol-Lá-Si-Dó ou A Família Brady), e *The Partridge Family* (A Família Do-Ré-Mi)*. Enquanto o primeiro pode ter dito muito pouco a respeito de urbanismo, os outros dois são extremamente instrutivos. Eles idealizavam o padrão daqueles distantes bairros residenciais chiques, de meados do século XX, e suas casas térreas em lotes com muito verde, cercadas por mais do mesmo. Aquilo era normal e era bom. Como futuro arquiteto, era particularmente sensível aos charmes da casa em desnível, construída por Mike Brady. Isso não quer dizer que não havia programas urbanos na TV. Vi quatro deles: *Dragnet, Mannix, The Streets of San Francisco* e *Hawaii 5-0* (Havaí 5-0) – todos sobre um só tema: crime[6].

Agora, contraste minha experiência de crescer nos anos de 1970 com aquela de uma criança crescendo por volta dos anos de 1990, vendo *Seinfeld, Friends* e, por fim, *Sex and the City*. Nesses programas, a cidade grande (Nova York, nos três casos) era carinhosamente retratada como uma força sempre interessante e afável, quase sempre como uma personagem e cúmplice, em si mesma. A mais urbana das cidades americanas era o novo "normal" e, com certeza, era "bom".

Dessa comparação, minha primeira lição é que vi televisão demais quando criança. Mas o principal aqui é que os jovens profissionais de hoje cresceram em uma cultura de massa – da qual a TV é só uma parte – que os predispôs a ter um olhar favorável em relação às cidades; na verdade, almejar viver nelas. Cresci nos bairros residenciais distantes, vendo programas sobre esses bairros. Eles cresceram nesses mesmos bairros residenciais distantes vendo séries sobre as cidades. Minha complacência foi substituída pelo desejo deles.

Esse grupo Y representa a maior bolha populacional em cinquenta anos. Dos universitários desse grupo, 64% primeiro escolhem onde querem morar e só depois é que procuram trabalho[7]. No total, 77% deles planejam viver em áreas centrais das cidades americanas[8].

Uma "Tempestade Perfeita" Demográfica*

Enquanto isso, a geração criada assistindo a *Friends* não é o único grande grupo procurando por novos lugares para viver. Há um grupo ainda maior: os pais desses jovens, os pioneiros da época do *baby-boom*. Cidadãos que toda cidade quer – com economias pessoais significativas e sem filhos em idade escolar.

E de acordo com Christopher Leinberger, economista da Brookings Institution que primeiro despertou minha atenção ao fenômeno *Brady Brunch/Friends*, aqueles pais que já estão com o ninho vazio querem caminhabilidade:

> Esses cerca de 77 milhões de americanos representam quase um quarto da população. Com os pioneiros do grupo quase na faixa dos 65 anos, o grupo começa a achar que suas casas nos distantes bairros estão muito grandes. Seus dias de criar filhos já estão no fim e todos aqueles aposentos vazios têm que ser aquecidos, resfriados e limpos, o quintal, sem uso, precisa de manutenção. As casas térreas dos bairros residenciais podem ser socialmente isoladas, especialmente quando olhos envelhecidos e reflexos mais lentos tornam menos confortável ter que dirigir para ir a qualquer lugar. Para muitos dessa geração, liberdade significa morar em comunidades acessíveis, caminháveis e com convenientes integrações de transporte público e bons serviços como bibliotecas, atividades culturais e saúde.[9]

Nos anos de 1980, meus colegas urbanistas e eu começamos a ouvir dos sociólogos algo chamado NORC (*naturally occurring retirement community*), comunidade de aposentados que se forma naturalmente. Na última década, observei um crescente número de pessoas, da geração dos meus pais, abandonar suas casas em grandes lotes para se estabelecer em centros urbanos de uso misto. Meus próprios pais, finalmente, decidiram mudar-se da verdejante Belmont Hill, em Massachusetts, para Lexington Center, um bairro um pouco menos verdejante, mas muito mais caminhável. Para eles, o aumento de caminhabilidade faz toda a diferença entre uma existência essencialmente presa em casa e aquilo que, assim esperamos, se transforme em várias décadas de continuada independência. À beira de seus oitenta anos, meus pais podem ser considerados retardatários, mas como os jovens nascidos nos anos anteriores a 1950, eles representam uma simples gota do que vai se tornar um rio. Leinberger observa como, a partir de agora, em média 1,5 milhão de americanos, por ano, deverão completar 65 anos, o quádruplo da taxa de dez anos atrás[10]. Essa taxa não irá se estabilizar até 2020 e não veremos a volta aos níveis de hoje até 2033.

Junto com seus filhos independentes, estes aposentados irão superar numericamente aquelas famílias que criam os filhos e, em geral, preferem os tais bairros residenciais remotos. Essa convergência já próxima representa "o maior evento demográfico desde o pós-guerra, desde o tempo do *baby-boom*"[11]. Dos 101 milhões de novos domicílios esperados entre agora e 2025, projeta-se 88% deles sem crianças. Esta é uma tremenda mudança em relação aos anos de 1970, quando quase metade dos domicílios tinha crianças[12]. Essas novas casas só-de-adultos não vão dar a mínima para a qualidade das escolas locais ou o tamanho de seus quintais. "Este fato abrirá muitas possibilidades", observa Leinberger[13].

Em relação à estranheza desta estatística atual, como pai de crianças pequenas, sempre lutei por melhores escolas públicas e parques de vizinhança para beneficiar as famílias. Lembro que uma comunidade não pode florescer, plenamente, na ausência de qualquer grupo geracional, já que todos nos apoiamos mutuamente. Gosto de citar David Byrne: "Se pudermos construir uma cidade boa para as crianças, podemos construir uma cidade boa para todos."[14] É verdade, mas sempre me lembram de que já vivi, confortavelmente e por dez anos, em uma das exceções extremas à minha regra, em South Beach, Miami, onde facilmente poderia passar um mês sem ver um carrinho de bebê. Nenhum adulto, no meu bairro, parecia ter entre 35 e 55 anos e nenhum parecia fértil (produtivamente). No entanto, South Beach era, e permanece, um grande lugar em termos físicos, sociais e econômicos. Demograficamente falando, South Beach é o futuro de muitas cidades americanas.

Esse também parece ser o caso da caminhável Washington DC que, na última década, viu um aumento de 23% no número de residentes entre vinte e 34 anos, junto com o aumento do número de adultos nos seus cinquenta anos e início dos sessenta. Enquanto isso, o número de crianças abaixo de quinze anos caiu 20%[15].

Claramente, Leinberger é otimista quanto ao maior impacto dessas tendências populacionais nas cidades. Escrevendo na revista digital *Grist*, ele conclui que "atender à demanda reprimida por um ambiente urbano caminhável vai levar uma geração". Será uma vantagem para o setor imobiliário e alicerçará a economia americana por décadas, assim como a construção dos subúrbios de baixa densidade na segunda metade do século xx[16]. Ele argumenta que as pessoas estarão retornando para o centro das cidades, quer isso salve ou não a nossa economia.

A questão que permanece é: irão se mudar de volta para suas cidades, ou para outra cidade? A resposta pode estar na caminhabilidade.

Christopher Leinberger já foi o dono da Robert Charles Lesser & Co., maior empresa de consultoria imobiliária nos Estados Unidos; isso significa que ajudou a construir grande parte dessa expansão urbana. Agora, está convencido de que muitos daqueles novos bairros residenciais, tão longe dos centros urbanos, estão prontos para se tornarem "a próxima favela"[17].

A fim de estudar o desempenho do mercado imobiliário, Leinberger divide o ambiente construído nos Estados Unidos em duas categorias: *urbanismo caminhável* e *sub-urbanismo dirigível*, naqueles bairros residenciais afastados[18]. Na área de Detroit, ele acredita que uma moradia em locais caminháveis consegue um aumento de 40% em relação às similares nos locais de sub-urbanismo dirigível; em Seattle, o aumento é de 51%; em Denver, 150%. A cidade de Nova York, sem nenhuma surpresa, está no topo da lista com 200% de aumento – ou seja, as pessoas pagam três vezes mais por metro quadrado por apartamentos em bairros caminháveis se comparados com as casas daqueles bairros distantes. Na maior parte dos mercados, a demanda para um urbanismo caminhável ultrapassa dramaticamente a oferta: em Atlanta, dos que responderam a uma pesquisa e querem viver em um lugar caminhável na cidade, apenas 35% são capazes de encontrar e têm condições financeiras para tal[19].

Dinâmica similar pode ser encontrada no trabalho para imóveis comerciais. Em Washington DC o aluguel de escritórios em áreas caminháveis, recentemente, atingiu um valor 27% a mais sobre escritórios em áreas residenciais distantes dirigíveis; além disso, aqueles apresentavam índices de desocupação de um dígito, em vez de dois dígitos. O *Wall Street Journal* confirmou tendências similares em todo o país: enquanto o índice de desocupação dos escritórios nas comunidades residenciais distantes pulou 2,3 pontos desde 2005, a ocupação nos centros das cidades americanas manteve-se estável[20]. Vendo esses números, Leinberger conclui:

> A área metropolitana que não oferecer um urbanismo caminhável, provavelmente está destinada a perder oportunidades de desenvolvimento econômico; a classe criativa irá gravitar para aquelas áreas que oferecem múltiplas escolhas em condições de vida [...] Como mostraram as pesquisas com consumidores, realizadas no centro de Filadélfia e Detroit em 2006, isto pode ser verdadeiro, sobretudo para os de maior nível de escolaridade, que parecem ter uma predileção por viver em ambientes urbanos caminháveis.[21]

A demanda crescente por lugares favoráveis aos pedestres reflete-se no grande sucesso do Walk Score (Índice de Caminhabilidade), um *site* que calcula esta característica dos bairros[22]. Tudo começou numa brincadeira, em 2007, com Matt Lerner, Mike Mathieu e Jesse Kocher, três sócios em uma empresa de *software* com o incongruente nome de *Front Seat* (Assento Dianteiro). "Eu tinha ouvido uma história na NPR – National Public Radio –, sobre a quilometragem dos alimentos na Inglaterra, ou seja, etiquetar os alimentos com a distância percorrida para chegar até você", Lerner me disse recentemente, "e pensei, por que não medir a quilometragem das casas: saber quantos quilômetros você precisa percorrer de sua casa até as atividades cotidianas"?

Os endereços foram classificados em cinco categorias, com uma pontuação de cinquenta, necessária para cruzar o limiar da dependência do carro para algo um pouco caminhável. Setenta pontos mostram uma classificação bastante caminhável e qualquer coisa acima de noventa qualifica um paraíso do indivíduo que anda a pé. Chinatown, em São Francisco, consegue cem pontos, bem como Tribeca em Nova York, enquanto a avenida Mulholland Drive em Los Angeles fica com nove pontos. South Beach em Miami ganha 92. A sede da Nike, em Beaverton, Oregon, atinge o placar de 42 para dependência do carro, enquanto o endereço do nacionalmente famoso "guru do caminhar", Leslie Sansone, de New Castle, Pensilvânia, tem uma pontuação de 37[23].

Sintomaticamente, o Índice de Caminhabilidade tornou-se um sucesso entre as imobiliárias. Impulsionadas por sua demanda, a equipe do *Front*

Seat recentemente desenvolveu o Walk Score Professional, um *site* de assinatura que já dispõe de *links* de mais de dez mil outros *sites*, a maioria deles pertencentes a corretores de imóveis.

Falei com uma dessas profissionais, Eva Otto, cujo rosto ilustra um depoimento na página principal do *site*. Ela está confiante que "em um lugar como Seattle, a caminhabilidade é tudo ou nada para alguns compradores! Pode aumentar em 5 ou 10% o desejo de uma pessoa pagar por uma casa". Para cada propriedade com a qual trabalha, ela coloca o mapa de amenidades do *site* dentro da casa, em um lugar óbvio. Comenta ela ainda que os compradores estão cada vez mais conscientes de "como sua qualidade de vida pode ser surpreendente e agradável quando não há necessidade de ir a todos os lugares de carro, além da casa".

Se o Índice de Caminhabilidade é tão útil ao ajudar as pessoas a decidirem onde morar, então também pode nos auxiliar a determinar o quanto valorizam a caminhabilidade. Agora que já existe há alguns anos, alguns economistas engenhosos tiveram a oportunidade de estudar a relação entre o Índice da Caminhabilidade e o valor dos imóveis e colocaram um preço: quinhentos a três mil dólares *por ponto* obtido no placar.

Em artigo para o *site* CEO for Cities (Executivos para as Cidades), Joe Cortright examinou os dados de noventa mil casas à venda em quinze mercados por todo o país – lugares como Chicago, Dallas e Jacksonville. Depois de controlar todos os outros fatores conhecidos por afetar o preço da casa, ele encontrou uma clara correlação positiva em todos, exceto em dois destes mercados[24]. Em um exemplo típico, em Charlotte, Carolina do Norte, Cortright constatou que um aumento da média metropolitana no Índice de Caminhabilidade de 54 (um pouco caminhável) para 71 (muito caminhável) correspondia, em média, a um aumento do preço da casa de 280 mil para 314 mil dólares[25]. Isso dá dois mil dólares por ponto, ou duzentos mil dólares se percorrer toda a escala. Interessante é que duzentos mil dólares é aproximadamente o mínimo que se paga por um lote para construir nas zonas mais caminháveis de Washington DC.

Claro, em geral é bastante proveitoso gravar os dados perguntando aos indivíduos reais o que querem. A empresa de pesquisa de mercado Belden Russonello & Stewart entrevistou milhares de americanos adultos para a Associação Nacional de Corretores Imobiliários e descobriu o seguinte: "Ao escolher uma comunidade, quase metade do público (47%) preferiria viver em uma cidade ou bairro residencial chique e distante, mas com uso misto de casas, lojas e escritórios [...] Apenas um em dez dizia preferir um desses bairros residenciais, de classe alta, só com casas."[26] Dado que hoje a ampla maioria dos ambientes construídos nos Estados Unidos é de elegantes bairros distantes só com casas, não é surpresa que a demanda para o urbanismo caminhável já tenha ultrapassado a oferta. Essa disparidade só vai aumentar.

O Ganho da Caminhabilidade

Em 2007, Cortright, responsável pelo estudo citado acima de valores do Índice de Caminhabilidade, publicou um artigo no qual ele fazia a seguinte questão: o que Portland ganha por ser caminhável?[27] Ganha muito.

Para melhor entender, devemos descrever o que torna Portland diferente. De certo, não é Manhattan. Não é nem grande, nem pequena e sua densidade residencial, pelos padrões americanos, é bem normal. Recentemente, a cidade atraiu boa quantidade de indústrias, mas não mostrou grande predisposição histórica para isso, nem é privilegiada com riqueza mineral. Chove muito na cidade e, dado interessante, os moradores se orgulham de não usar guarda-chuva. Talvez ainda mais fascinante seja o modo como os habitantes se recusam a desobedecer aos sinais de NÃO ATRAVESSE, mesmo que seja uma hora da madrugada, em uma rua pequena de duas faixas, imersa no mais absoluto silêncio... e mesmo que um sujeito jovial da costa leste dos Estados Unidos esteja andando alegremente no cruzamento (não é o caso de dar nomes).

Mas o que realmente torna Portland incomum é como a cidade escolheu crescer. Enquanto a maioria das cidades americanas abria mais vias expressas, Portland investiu no transporte coletivo e no ciclismo. Enquanto a maior parte das cidades alargava suas vias para acelerar o tráfego, Portland implantou um programa de "skinny streets" (ruas magrinhas). Enquanto a maior parte das cidades acumulava terras para expansão urbana futura, Portland instituiu um limite para o crescimento urbano. Esses esforços e outros similares, ao longo de décadas – um piscar de olhos nos tempos de um urbanista –, mudaram a forma como os seus habitantes vivem[28].

Esta mudança não é exagerada – não fosse pelas hordas errantes de ciclistas, seria invisível – mas é significativa. Enquanto quase todas as cidades dos Estados Unidos veem, a cada ano, seus moradores dirigirem para mais e mais longe e perderem mais e mais tempo no trânsito, em Portland, a quilometragem máxima percorrida de carro pelos moradores foi atingida em 1996. Agora, comparados às outras áreas metropolitanas, os moradores de Portland, em média, dirigem 20% menos[29].

Pequena mudança? Não mesmo: de acordo com Cortright, estes 20% (6,4 km/cidadão/dia) somam 1,1 bilhão de dólares de economia por ano, o que equivale a 1,5% de toda a renda pessoal obtida na região. E este número ignora o tempo não desperdiçado no trânsito: os horários de pico, de fato, caíram de 54 para 43 minutos/dia[30]. Cortright avalia que esta melhoria resulta em outro 1,5 bilhão. Some estes dois valores e você verá que é muito dinheiro.

O que acontece com essa economia? Portland é conhecida por ter o maior número de livrarias e bagageiros *per capita*. Dizem também que a cidade tem o maior número de clubes de *striptease per capita*. Claro, estas afirmações são exageros, mas refletem um consumo no item recreação de todos os tipos, acima da média. Portland tem mais restaurantes *per capita* do que as outras grandes cidades, exceto São Francisco e Seattle. Os habitantes do Oregon também passam bastante tempo bebendo[31], o que pode ser uma coisa boa ou não, mas de qualquer forma, o fato de dirigirem menos nos deixa felizes.

E o mais importante, não importa como sejam usadas essas economias, muito provavelmente a maior parte deve ficar na cidade, não sendo gasta dirigindo. Quase 85% do dinheiro gasto com automóveis e gasolina saem da economia local[32] – grande parte, com certeza, para os bolsos dos príncipes do Oriente Médio. Uma quantidade significativa de dinheiro economizado, provavelmente, vai para as moradias, já que esta é uma tendência nacional: as famílias que gastam menos com transporte gastam mais em suas casas[33], o que, com certeza, é o mais local possível.

A conexão moradia-direção é importante e tem sido tema de inúmeros estudos recentes, especialmente depois que os custos de transporte subiram e muito. Enquanto o valor gasto em transportes costumava utilizar um décimo do orçamento de uma família-padrão (1960), agora consome mais de um dólar em cada cinco[34]. Dito isso, a família americana média gasta hoje cerca de catorze mil dólares por ano dirigindo inúmeros carros[35]. De acordo com o dado, a família trabalha do dia 1º de janeiro ao dia 13 de abril só para pagar gastos de seus carros. Notavelmente, a típica família "trabalhadora", de classe média, com uma renda que varia de vinte a cinquenta mil dólares por ano, paga mais por transporte do que por moradia[36].

Tal situação existe porque a típica família de classe média dos Estados Unidos mora hoje em dia naqueles bairros distantes, onde reina soberana a prática do *drive-'til-you-qualify**. Famílias de recursos mais limitados moram cada vez mais longe dos centros das cidades a fim de achar moradias mais em conta e que atendam às exigências dos bancos de financiamento. Infelizmente, ao fazê-lo, eles percebem muitas vezes que os custos de dirigir ultrapassam qualquer economia na habitação[37]. O fenômeno foi documentado em 2006, quando o preço da gasolina ficou, em média, a 2,86 dólares o galão. Na época, domicílios situados em zonas de automóveis gastavam quase um quarto de sua renda em transportes, enquanto aqueles morando em bairros caminháveis gastavam bem menos que a metade daquela quantia[38].

Não é de se estranhar, portanto, que o epicentro das penhoras tenha ocorrido nos arredores das cidades quando o preço da gasolina explodiu (quatro dólares/galão, pouco mais de um dólar/litro) e a bolha imobiliária estourou, "lugares que exigiam que as famílias tivessem uma frota de carros para participarem da sociedade, drenando a capacidade de pagamento de sua hipoteca", como observa Leinberger. "Os preços das casas nos bairros distantes tendem a cair duas vezes a média metropolitana enquanto as habitações em áreas caminháveis tendem a manter seu valor e estão voltando, e muito bem, em mercados selecionados hoje."[39] Os centros das cidades não só têm melhor preço do que os tais núcleos residenciais distantes, como também cidades caminháveis têm melhores preços que aquelas onde o andar de automóvel é a tônica. Catherine Lutz e Anne Lutz Fernandez observam: "as cidades com maiores quedas no preço das casas (como Las Vegas, queda de 37%) foram as mais dependentes de veículos particulares e as poucas cidades com ganhos no preço das casas [...] têm boas alternativas de transporte"[40].

Péssimas notícias para Orlando e Reno, mas boas notícias para Portland... e também Washington DC, que continua a se beneficiar de investimentos anteriores em transporte público. De 2005 a 2009, à medida que a população do distrito crescia – 15.862 pessoas – os licenciamentos de veículos caíram quase quinze mil unidades[41]. O National Building

Museum (Museu Nacional da Construção), em sua Iniciativa de Cidades Inteligentes, observa que essa redução no uso dos automóveis resulta em uma economia de 127.275 milhões de dólares, valor que fica na economia local a cada ano[42].

São esses os benefícios econômicos de não dirigir. Mas será que existem benefícios adicionais em caminhar, andar de bicicleta e utilizar o transporte coletivo? As evidências aqui são um pouco mais raras, mas as indicações são positivas. Ignorando os benefícios para a saúde, há uma clara distinção a ser feita na categoria criação de empregos. Sabe-se que trabalhos em rodovias e vias expressas, com suas imensas máquinas e pequeno número de trabalhadores, são ruins para aumentar as estatísticas de empregos. Diferentemente, a construção para implantação de transporte coletivo, ciclovias e calçadas, alcança índices melhores na ordem de 60 a 100%. Um estudo do Plano Americano de Recuperação e Reinvestimento, do presidente Obama, registrou um índice de empregos 70% maior no transporte público do que em rodovias. Por essa medida, tal programa de criação de empregos teria criado 58 mil postos a mais se os investimentos para construção de estradas tivessem sido alocados no transporte público[43].

Como isso se traduz localmente? Portland gastou perto de 65 milhões de dólares em instalações e equipamentos para bicicletas nas últimas décadas. Não é muito dinheiro, considerando-se o padrão de infraestrutura – para reconstruir apenas um dos trevos das vias expressas mais de 140 milhões foram gastos[44]. Todavia, além de ajudar a promover o número de ciclistas esperado para quinze vezes a média nacional[45], estima-se que o investimento tenha criado cerca de novecentos postos de trabalho, quase quatrocentos a mais do que seria criado se o dinheiro fosse gasto na construção de vias.

Mas a real história de Portland não é nem das economias de transporte nem seu emprego em ciclovias, mas de algo mais: jovens antenados estão indo em massa para Portland. Na visão de Cortright e Carol Coletta: "Na década de 1990, o número de pessoas com curso universitário entre 25 e 34 anos aumentou 50% na área metropolitana de Portland – cinco vezes mais rápido do que no país como um todo, e a maior taxa de crescimento nesse grupo de idade foi registrada nos bairros mais próximos ao centro"[46].

Além dos recursos economizados e reinvestidos, há outro tipo de ganho da caminhabilidade: são os recursos atraídos por ser um lugar onde as pessoas querem viver. Sem dúvida, é o caso de São Francisco, onde caçadores de novos talentos de grandes empresas como Yelp e Zynga (os criadores do jogo social FarmVille) utilizam, ativamente, o urbanismo como ferramenta de recrutamento. "Somos capazes de atrair talentos criativos e tecnológicos porque estamos na cidade", reconhece Colleen McCreary, chefe de recursos humanos da Zynga[47].

No entanto, em última análise, parece que a produtividade urbana tem causas mais profundas. Há evidências crescentes de que cidades mais adensadas e caminháveis geram riqueza (tão somente em virtude da proximidade que oferecem). Este conceito é tanto profundamente óbvio – as cidades existem, afinal, porque as pessoas se beneficiam de estarem juntas –, como tentadora e desafiadoramente difícil de provar. Isso não impediu que nossos principais pensadores, incluindo Stewart Brand, Edward Glaeser, David Brooks e Malcolm Gladwell falassem a respeito.

Falando no Instituto de Aspen, David Brooks destacou como a maior parte dos pedidos de patentes nos Estados Unidos, ao listar patentes similares que os influenciaram, aponta para outras pessoas inovadoras localizadas a menos de quarenta quilômetros de distância[48]. Ele também mencionou um experimento recente na Universidade de Michigan, onde os "pesquisadores reuniram presencialmente grupos de pessoas e lhes pediram para participar de um difícil jogo de cooperação. Organizaram, então, outros grupos e fizeram com que se comunicassem eletronicamente. O grupo que se comunicou presencialmente desabrochou. Os grupos de comunicação eletrônica se romperam e brigaram"[49].

A comunicação direta, presencial, certamente é possível em qualquer ambiente. Mas é mais fácil em uma cidade caminhável. Susan Zeilinski, diretora executiva do SMART Center da Universidade de Michigan, explica: "Na Europa, consegue-se fazer cinco boas reuniões em um dia. Na Austrália, talvez três e, em Atlanta, talvez duas, porque a pessoa foi mais e mais longe e mais e mais rápido, mas não estava em local acessível que permitisse muitas reuniões. Perde-se muito tempo no trânsito."[50] Essa discussão levanta uma questão teórica que os cientistas começaram a admitir: existem regras subjacentes que controlam o sucesso de um lugar?

Geoffrey West e Luis Bettencourt, físicos teóricos, acreditam que sim. Não acreditam em teoria urbana – "um campo sem princípios" – e só estão interessados em matemática. West explica que "os dados mostram, com nitidez, que as pessoas tornam-se muito mais produtivas quando se reúnem"[51]. As mesmas leis físicas atuam ao contrário? Escrevendo sobre a pesquisa de West na *The New York Times Magazine*, Jonah Lehrer observa:

> Nas últimas décadas, no entanto, muitas das cidades com o mais rápido crescimento dos Estados Unidos, como Phoenix e Riverside, na Califórnia, nos deram um modelo urbano muito diferente. Trocaram espaços públicos por habitações unifamiliares, atraindo famílias da classe média que queriam ter suas próprias cercas branquinhas. West e Bettencourt apontam, no entanto, que os confortos mais baratos dos bairros residenciais distantes têm fraco desempenho em uma série de parâmetros urbanos. Phoenix, por exemplo, foi caracterizada por níveis de renda e inovação abaixo da média (como aferido pela produção de patentes), nos últimos quarenta anos.[52]

São constatações alinhadas com um estudo recente feito pela Environmental Protection Agency-EPA (Agência de Proteção Ambiental) que descobriu, em todos os estados, uma relação inversa entre produtividade e deslocamento veicular: quanto mais as pessoas dirigem em determinado Estado, mais fraco é o desempenho econômico daquele lugar[53]. Aparentemente, os dados estão começando a sustentar a ousada argumentação dos urbanistas de que tempo perdido no trânsito é improdutivo.

Ao contrário, a área metropolitana de Portland abriga, atualmente, mais de 1200 empresas de tecnologia. Como Seattle e São Francisco, é um dos locais para onde os jovens criativos da geração Y estão se dirigindo em números desproporcionais. Este fenômeno é o que o demógrafo William Frey observa quando diz: "Uma nova imagem urbana dos Estados Unidos está em formação. O que costumava ser a 'fuga dos brancos'* está se transformando em fuga dos brilhantes (*bright flight*) para cidades que se transformaram em imãs para jovens adultos, que conseguem ver como elementos de atração o acesso a empregos na área de tecnologia, transporte público e um novo ambiente urbano."[54]

A sabedoria convencional costumava ser: primeiro se criava uma economia forte e o aumento da população e a melhor qualidade de vida se seguiriam. Parece que, agora, o inverso é mais provável: criar uma qualidade de vida melhor é o primeiro passo para atrair novos moradores e postos de trabalho. Este é o motivo pelo qual Chris Leinberger acredita que "todas as extravagantes estratégicas de crescimento econômico, como incrementar um aglomerado biomédico, um aglomerado aeroespacial, ou qualquer que seja o desenvolvimento econômico ao sabor do momento, não se compara com a força de uma grande área urbana caminhável"[55].

Por Que os Garotos Não Podem Ir a Pé?*

O melhor dia para um urbanista nos Estados Unidos foi 9 de julho de 2004, quando Howard Frumkin, Lawrence Frank e Richard Jackson publicaram seu livro *Urban Sprawl and Public Health* (Expansão Urbana e Saúde Pública). Até então, os principais argumentos favoráveis à construção de cidades caminháveis eram, sobretudo, estéticos e sociais. Mais ainda, quase ninguém, exceto os urbanistas, construía tais cidades. Acontece que, enquanto pregávamos no deserto sobre as frustrações, anomia e puro desperdício da grande expansão urbana, um pequeno grupo de clínicos gerais fazia algo muito mais útil, em silêncio, ao documentar como nosso ambiente construído estava nos matando.

Para o dr. Jackson, a revelação aconteceu em 1999, quando dirigia pela avenida Buford de Atlanta – votada no Congresso para o Novo Urbanismo como uma das dez piores ruas dos Estados Unidos[1] –, uma pista de sete faixas ladeadas por apartamentos de baixa renda com jardim, "sem calçadas e mais de três quilômetros entre os semáforos"[2]. Nesse local, ao lado da rodovia, numa tarde com temperatura de 35° C, ele viu uma mulher de seus setenta anos lutando com sacolas de compras. E tentou relacionar o dilema da senhora com o seu próprio trabalho como epidemiologista:

> Se aquela pobre mulher tivesse infartado, nós, médicos, teríamos escrito que a causa da morte havia sido infarto e não falta de árvores, de transporte público, ou um ambiente urbano ruim e os efeitos de ilhas de calor. Se tivesse sido morta por um caminhão, a causa da morte teria sido descrita como "trauma por veículo automotor", e não falta de calçadas e de

transporte, terrível planejamento urbano e fracasso das lideranças políticas. Aquele foi meu momento de "ahá". Aqui estava eu, concentrando-me em riscos remotos de doenças, quando o maior risco que as pessoas enfrentavam vinha do ambiente construído.[3]

Jackson, consultor de saúde na gestão de Arnold Schwarzenegger como governador da Califórnia, passou os cinco anos seguintes quantificando como grande parte do que nos aflige e adoece pode ser diretamente atribuída ao fracasso da caminhabilidade na era do automóvel. O livro que se seguiu, finalmente, colocou um pouco de conteúdo profissional técnico no cerne das advertências do planejamento urbano contra a expansão urbana desmedida.

Os números são convincentes. Apesar de gastar um dólar em cada seis em assistência médica, os Estados Unidos registram algumas das piores estatísticas de saúde entre os países desenvolvidos. De acordo com o CDC – Centers for Disease Control (Centro de Controle de Doenças), um terço das nossas crianças nascidas depois de 2000 terá diabetes. Isso se deve em parte à dieta, mas também ao planejamento urbano: a erradicação sistemática das *caminhadas proveitosas* de nossas comunidades ajudou a criar a geração menos ativa da história dos Estados Unidos. Esse absurdo é agravado pelas lesões reais resultantes de acidentes de automóveis – a maior causa de mortes de crianças e jovens no país –, bem como epidemias de asma, diretamente relacionadas aos escapamentos dos veículos. Comparações feitas entre cidades caminháveis e bairros residenciais distantes, dependentes dos automóveis, apresentam estatísticas esclarecedoras: por exemplo, que os usuários de transporte coletivo têm três vezes maior probabilidade de atingir o índice recomendado pelo CDC – trinta minutos de atividade física por dia – do que motoristas[4]. Cada vez mais, fica evidente que a crise da assistência médica nos Estados Unidos é, em grande parte, uma crise de desenho urbano, ficando a caminhabilidade no centro da cura.

Nossas crianças são particularmente afetadas. Enquanto 50% delas caminhavam para ir à escola em 1969, menos de 15% caminham hoje[5]. E, às vezes, quando as crianças vão a pé para a escola, seus pais recebem a visita da polícia: um jornal de Salt Lake City trouxe, em dezembro de 2010, a história de Noah Talbot, do bairro de South Jordan, que foi pego pela polícia quando estava a caminho da escola e sua mãe recebeu uma notificação por negligência[6]. Jackson e seus coautores observam como "as crianças estão cada vez mais medicadas por *deficit* de atenção ou hiperatividade, mesmo quando muitos estão perdendo oportunidades de se exercitarem na escola ou nas comunidades. Existem classes de terceiro ano nas quais um terço dos alunos está sob uso de Ritalina ou medicamentos similares."[7]

Para resumir as descobertas de *Urban Sprawl and Public Health* – repercutidas por um número crescente de epidemiologistas em todo o país –, a conveniência que induz à não atividade, geralmente alta velocidade e os gases tóxicos dos escapamentos de nossos carros contribuíram em enorme escala para a constatação de que "pela primeira vez na história, a geração atual de jovens irá viver menos do que seus pais"[8].

A Bomba da Obesidade

Em qualquer discussão efetiva sobre a saúde dos Estados Unidos (e assistência médica), a obesidade tem de estar na linha de frente[9]. Em meados da década de 1970, apenas um em cada dez americanos era obeso, o que nos colocava no patamar de grande parte da Europa hoje. O que aconteceu durante os trinta anos de intervalo é espantoso: até 2007, o índice tinha subido para um em cada três[10], com o segundo terço da população já claramente "acima do peso"[11]. A taxa de obesidade infantil quase triplicou desde 1980 e a taxa para os adolescentes mais que quadruplicou[12]. De acordo com as regras militares dos Estados Unidos, 25% dos jovens homens e 40% de jovens mulheres estão gordos demais para se alistarem[13].

Há não muito tempo, em 1991, nenhum estado apresentava taxas de obesidade adulta acima de 20%. Em 2007, apenas um estado, Colorado, estava abaixo de 20%[14]. Projetando as previsões atuais para o futuro, tudo indica que 100% da população será de obesos em 2080, algo que meus filhos estarão vivos para ver – ou não, se forem obesos.

Em termos de peso real, os homens estão agora quase 8 kg mais pesados do que no final dos anos de 1970 e as mulheres, 8,5 kg mais pesadas. Isso significa que, independentemente do crescimento populacional, como país, ganhamos 2,475 bilhões de quilos. Com certeza, o problema real não é a obesidade em si, mas as outras doenças que ela causa ou piora[15]. Estas incluem doenças coronarianas, como a hipertensão, uma variedade de tipos de câncer – incluindo colorretal e do endométrio –, cálculos biliares e osteoartrite. Hoje, o peso excessivo mata mais americanos do que o cigarro[16].

Na última década, surgiram inúmeros estudos que atribuíram a obesidade e as doenças a ela relacionadas, diretamente, ao uso do automóvel e, mais ainda, à paisagem vista de dentro do automóvel[17].

Um estudo descobriu que, para cada cinco minutos adicionais que moradores da área de Atlanta dirigiam por dia, havia 3% a mais de probabilidade de ficarem obesos[18]. Outro mostrou que os motoristas que optam pelo transporte público perdem, em média, 2,25 kg[19]. Um terceiro, realizado em San Diego, reforçava que 60% dos moradores de um bairro com "baixa caminhabilidade" estavam com sobrepeso, se comparados com os 35% de uma comunidade "altamente caminhável"[20]. Outro estudo em Atlanta descobriu que "a proporção de homens brancos obesos diminuiu de 23% para 13% quando a densidade da comunidade residencial aumentou de menos de duas para mais de oito moradias/acre (aproximadamente quatro mil metros quadrados)"[21]. Estes cuidadosos estudos acadêmicos fizeram um controle sobre idade, renda e outros fatores relacionados à massa corporal.

Por fim, uma investigação de seis anos com cem mil moradores de Massachusetts constatou que as médias mais baixas de massa corporal localizavam-se em Boston e seus bairros residenciais mais próximos, enquanto as mais altas estavam nos bairros mais distantes, situados além da rodovia Interestadual 495 e que dependiam de automóveis. O jornal *Boston Globe* observou que "as autoridades da área de saúde sugerem que esses índices mais altos eram, em parte, devidos à falta de oportunidade para recreação diária e ao estilo de vida corrido de muitos moradores que faziam longos trajetos diários para ir e vir do trabalho"[22].

Tenho receio de confundir causalidade com correlação e seria justo dizer que indivíduos mais pesados provavelmente são os que preferem dirigir, em vez de caminhar e, portanto, devem preferir a área de expansão urbana – os bairros distantes – aos mais centrais. Teoricamente, é possível dizer que, em vez de aqueles bairros residenciais afastados produzirem indivíduos mais gordos, são os indivíduos mais gordos que fazem esses bairros. Mas apenas um especialista cruel, financiado pela indústria automobilística – e há vários deles[23] –, diria que as pessoas não têm chances de serem mais saudáveis em ambientes convidativos às caminhadas.

Sabe-se que uma ideia atingiu seu ponto de inflexão quando começa a fazer inimigos, e a relação bairro residencial remoto/obesidade finalmente começou a fazer. A American Dream Coalition (Aliança do Sonho Americano): "Defendendo a Liberdade, a Mobilidade e a Casa Própria Acessível", um consórcio de interesses automotivos e construção de imóveis em áreas distantes de expansão urbana, surgiu com o hilário conceito do *Compactador*. Como colocado em seu *website* na voz (estereotipadamente afeminada) do seu personagem de ficção Fantástico Biff:

> Os urbanistas e os metrossexuais concordam que os bairros residenciais distantes o deixam gordo! Com o *Compactador*, você vai se mudar para longe das casas monótonas e sutilmente racistas desses bairros para pequeninos apartamentos em áreas com alta densidade e transporte público. Só o *Compactador* usa uma teoria patenteada de planejamento para criar noites ruidosas, crimes aleatórios e assédio de mendigos, provocando altos níveis de estresse e padrões alimentares anormais, tão importantes para uma rápida perda de peso.[24]

Tanto como urbanista e como suposto metrossexual, sinto minha credibilidade diminuir. Mas tenho de admitir que essa peça publicitária é mais engraçada que ofensiva e, com propriedade, ridiculariza uma pretensão esnobe contra a expansão urbana, da qual eu, provavelmente, compartilho. Mas, enfim, tenho de me perguntar: em quem confio mais? Nos médicos – que nada têm a ganhar em nenhum dos dois casos – ou nos construtores dos loteamentos das áreas de expansão urbana? Fico com os médicos.

Limpando o ar

Durante os Jogos Olímpicos de 1996, mais de dois milhões de visitantes foram a Atlanta, aumentando a população da cidade em 50%. A maior parte desses visitantes – eu entre eles – passou horas bufando em torno das quentes e superlotadas arenas esportivas. Contudo, durante esse tempo, as hospitalizações por asma, surpreendentemente, caíram 30%[25]. O que aconteceu?

A diferença foi o caminhar. Advertidos da impossibilidade de trafegar de carro pelo centro da cidade durante os jogos, muitos moradores, que habitualmente usavam o carro para ir ao trabalho, resolveram tomar o transporte coletivo e caminhar. Em uma época em que Atlanta "era uma das cidades que mais violava os padrões nacionais para o ozônio ao nível do solo, cuja maior parte era causada por emissões veiculares"[26], os níveis de poluição caíram drasticamente[27].

A poluição não é mais o que era. O nevoeiro poluído nos Estados Unidos agora vem, sobretudo, dos canos de escapamento, não de fábricas. Está consideravelmente pior que há uma geração e muito pior, sem surpresas desta vez, nas cidades que mais dependem de automóveis, como Los Angeles e Houston. Phoenix envergonhou Atlanta em 2007, com o equivalente a um período de três meses nos quais a cidade foi considerada não recomendável para os habitantes saírem de suas casas[28].

Por causa disso, a asma cresce enormemente. Quase um em cada quinze americanos sofre de asma e os custos econômicos da doença são estimados em 18,2 bilhões de dólares por ano. Quase quatorze americanos morrem, a cada dia, de ataques de asma, cujo índice é três vezes maior do que o de 1990[29].

É evidente que a dependência do automóvel de uma comunidade não é o único fator que contribui para a asma. Mas a lista da WebMD de 2011, sobre as melhores e piores cidades para a asma[30], mostra a ligação entre caminhabilidade e uma melhor respiração: os residentes das cinco "piores" cidades (Richmond, Knoxville, Memphis, Chattanooga e Tulsa) dirigem, a cada dia, 27% mais longe que os habitantes das cinco "melhores" cidades (Portland, São Francisco, Colorado Springs, Des Moines e Minneapolis)[31].

Car-nificina Americana

Mesmo se formos discutir a noção de que caminhar faz bem, é indiscutível que os carros matam muitas pessoas. Acidentes de automóveis mataram mais de 3,2 milhões de americanos, bem mais que todas as nossas guerras juntas[32]. Acidentes de automóveis são a principal causa de morte dos americanos entre 1 e 34 anos de idade[33] e seu custo para o país é estimado em centenas de bilhões de dólares anualmente[34].

A maioria dos indivíduos acha natural correr riscos ao dirigir, como se fossem fenômenos naturais e inevitáveis. Não nos preocupamos com a porcentagem de 0,5% de chance de nossa vida acabar em um acidente[35], ou a probabilidade aproximada de uma em três de ficarmos gravemente feridos em um desastre desde que os riscos pareçam inevitáveis[36]. Mas os dados de outros países desenvolvidos mostram outra história. Enquanto em 2004 os Estados Unidos registraram 14,5 mortes no trânsito para cada cem mil habitantes, a Alemanha com suas autoestradas sem limite de velocidade registrou apenas 7,1. A Dinamarca registrou 6,8; o Japão, 5,8 e o Reino Unido, 5,3[37]. E quem ganha de todos eles? Nova York, com um índice de 3,1. De fato, desde os acontecimentos de 11 de setembro de 2001, a cidade salvou mais vidas no trânsito do que perdeu naquele dia[38].

Se todo o país tivesse as estatísticas de trânsito de Nova York, poderíamos evitar mais de 24 mil mortes por ano[39].

Tanto São Francisco como Portland competem com Nova York, respectivamente, com índices de 2,5 e 3,2 mortes em cada cem mil habitantes. Enquanto isso, Atlanta surge com 12,7 e a antiurbana Tampa aparece com um colossal índice de 16,2[40]. Claramente, não é apenas o quanto você dirige, mas onde você dirige e, mais ainda, como aqueles lugares foram projetados. Cidades mais antigas e mais densas têm números muito menores de mortes por acidentes do que as mais novas e com grandes áreas de expansão urbana. Justamente os lugares plasmados em função dos automóveis é que parecem mais eficazes em destroçá-los entre si.

Menciono tudo isso para lembrar o fato de que, apesar de nós, americanos, assumirmos os riscos de ferimentos por colisões como naturais, na verdade isto é algo bem dentro do nosso controle: em longo prazo, como função da maneira de projetar os lugares; e, em curto prazo, como função de onde escolher viver. A discussão torna-se particularmente irônica quando consideramos quantas pessoas, ao longo de décadas, fugiram da cidade em direção aos novos bairros residenciais distantes, ostensivamente, em prol da segurança de suas famílias. Dr. Jackson é famoso por perguntar à sua plateia "em que tipo de comunidade você provavelmente terminaria morto em uma poça de sangue?"[41] Ele aponta o trabalho de Alan Durning, que analisou os riscos combinados de morrer de duas causas – acidentes de carro e crime – em Seattle, Portland e Vancouver (Colúmbia Britânica, Canadá). Ele descobriu que, em média, se juntar os dois fatores, você estará 19% mais seguro no centro adensado das cidades do que nos bairros residenciais distantes[42].

Mais recentemente, vários estudos foram completados por William Lucy na Universidade de Virgínia, focalizando acidentes de automóvel e assassinatos por estranhos. Em um deles, descobriu-se que os dez lugares mais seguros no estado de Virgínia eram os dois condados próximos a Washington DC e oito das cidades mais densamente povoadas, enquanto os dez lugares mais perigosos eram condados com pequena população[43]. Outro estudo comparou as estatísticas de crime e colisão em oito grandes cidades americanas entre 1997 e 2000. Os dados e os resultados aqui são mais sutis. A teoria básica se manteve: colisões de veículos superam, em muito, os assassinatos por estranhos como causa de morte em todas as localidades; e em locais mais antigos, como Pittsburgh, as áreas centrais das cidades eram consideravelmente mais seguras, como um todo. Mas, em lugares mais modernos, como Dallas e Houston, cujos centros praticamente não permitiam caminhadas a pé, as estatísticas de colisões de automóveis eram quase tão ruins quanto nos distantes núcleos residenciais. Mesmo com o índice de catorze mortes/ano no trânsito, em uma população de cem mil habitantes, Dallas ainda era mais segura do que metade de seus condados próximos[44].

Tenso e Solitário

Jacqueline McFarland é assistente social especializada em estresse de trânsito dos moradores de Atlanta que, todos os dias, fazem o trajeto casa-trabalho-casa. Ensina ao paciente aquilo que chama de Técnicas de Libertação Emocional (EFT, na sigla em inglês) para ajudá-los a permanecerem calmos no trânsito. "Basicamente, é como uma acupuntura em pontos do corpo, que libera questões emocionais."[45]

Tomara que funcione. Um estudo alemão constatou que uma "porcentagem incomumente alta de pessoas que tiveram problemas cardíacos, no dia do problema, tinha ficado algum tempo em congestionamentos de trânsito". Concluiu também que uma hora no trânsito triplica o risco de um problema cardíaco nas horas seguintes[46]. Um artigo belga publicado no *The Lancet* afirmou que a exposição ao trânsito é responsável por mais ataques cardíacos no mundo inteiro do que qualquer outra atividade, até mesmo esforço físico[47].

Mais perto de casa, um estudo feito em Miami identificou que "após dirigir seus carros por 45 minutos, na cidade, estudantes universitários desenvolveram aumento de pressão arterial, aceleração dos batimentos cardíacos e menor nível de tolerância a frustrações". Este estudo é citado no *Urban Sprawl and Public Health*, no qual o dr. Jackson e seus colegas falam, longamente, sobre estresse no trânsito, sobre o passar raiva nas ruas e seus profundos impactos sobre nosso bem-estar. E os números não são insignificantes – mas saindo do tema saúde, por um instante, vamos falar sobre felicidade. Será que dirigir e fazê-lo o tempo todo é como queremos gastar nosso tempo?

Embora muitos de nós adoremos guiar, odiamos os longos trajetos para ir e vir do trabalho. Não é de estranhar, portanto, indivíduos que mais gastam tempo nesses trajetos casa-trabalho-casa relatarem um "menor índice de satisfação com a vida", em relação àqueles que dirigem menos[48]. Outro estudo relatou que "um trajeto de 23 minutos tem o mesmo efeito sobre a felicidade do que 19% de redução na renda". E 23 minutos não é um trajeto muito grande – é um pouco abaixo da média nacional. Em outro levantamento, 5% dos pesquisados disseram que "estariam dispostos a se divorciarem, se isso significasse que iriam interromper esse trajeto casa-trabalho-casa e, em vez disso, pudessem trabalhar em casa"[49].

Daniel Kahneman, psicólogo da Universidade de Princeton, relata que o trajeto para ir-e-vir do trabalho está entre as atividades regulares menos favoritas, menos ainda do que cuidar da casa ou dos filhos. "Relações sexuais" estão no topo da lista – que surpresa, hein? – seguidas de perto por atividades de socialização após o trabalho[50].

Infelizmente, esse trajeto casa-trabalho-casa afeta as duas atividades. Em seu livro *Bowling Alone* (Jogando Boliche Sozinho), o professor Robert Putnam, de Harvard, documenta um declínio acentuado no capital social americano e salienta que, conforme suas observações, o tempo naquele trajeto é mais previsível do que qualquer outra variável para determinar a participação do indivíduo na vida civil. Afirma que "cada dez minutos extras, nesse trajeto, diminui seu envolvimento com questões da comunidade em 10% – comparecimento a um menor número de reuniões públicas, menor número de comissões a tomar parte, menos abaixo-assinados coletados, menos participação em serviços religiosos, etc."[51].

Esta constatação parece perfeitamente lógica – afinal, um dia tem duração limitada – mas é só parte de um quadro maior que inclui não só quanto tempo se leva para chegar em casa, mas também em que tipo de bairro moramos. Muito do envolvimento na vida civil é físico, cresce da interação com a rua. Jane Jacobs diz: "Por mais modestos, não intencionais e aleatórios que possam parecer, os contatos feitos nas calçadas são a pequena mudança a partir da qual poderá crescer a riqueza da vitalidade pública de uma cidade."[52]

Agora, algumas boas notícias. Voltemo-nos para Dan Buettner, o carismático colaborador da *National Geographic* e autor de *The Blue Zones: Lessons for Living Longer from the People Who've Lived the Longest* (Zonas Azuis: Lições Para Viver Mais Das Pessoas Que Vivem Mais). Depois de um giro no mundo nos lugares de maior longevidade, Buettner nos leva até o "poder nove: as lições das Zonas Azuis, uma destilação cultural das melhores práticas do mundo em saúde e longevidade". Primeira lição? "Movimente-se naturalmente". Ele explica: "Ser ativo sem ter que pensar muito sobre isso [...] Os grandes destaques da longevidade não correm maratonas, nem competem em triátlons; não se transformam em guerreiros de final de semana nas manhãs de sábado. Ao contrário, frequentemente se envolvem em atividade física regular de baixa intensidade, como parte de uma rotina diária de trabalho."[53] Buettner cita o médico Robert Kane, diretor do Centro de Educação Geriátrica de Minnesota, que diz: "Em vez de se exercitar simplesmente pelo exercício, tente fazer mudanças em seu estilo de vida. Pedale em vez de dirigir. Caminhe até a loja, em vez de dirigir [...] Coloque isso em seu estilo de vida."[54]

Como a maior parte dos autores que se ocupam do tema, Buettner e suas fontes desconsideram a discussão sobre o quanto essas escolhas de "estilo de vida", inevitavelmente, são decorrência do desenho do ambiente construído. Elas podem estar profundamente vinculadas ao lugar – as Zonas Azuis são zonas, afinal –, mas não há o menor reconhecimento de que caminhar até a loja possa ser mais factível, mais agradável e mais provável de se tornar um hábito em alguns lugares do que em outros. São aqueles lugares que garantem uma maior promessa para a saúde física e social de nossa sociedade.

Enrique Peñalosa, ex-prefeito de Bogotá, Colômbia, vê as coisas de maneira muito mais simples: "Deus nos fez animais que caminham – pedestres. Como um peixe precisa nadar, um pássaro voar, um cervo correr, nós precisamos caminhar; não para sobreviver, mas para sermos felizes."[55] É um belo pensamento, perfeitamente óbvio e, também, impossível de ser provado. Mas já sabemos que precisamos ser ativos para sermos saudáveis e que o caminhar é o modo mais fácil para a maioria dos seres humanos serem ativos, de forma útil. Vamos facilitar tudo isso.

O Verde Errado

Em 2011, Scott Bernstein, no Centro de Tecnologia das Comunidades, centro de Chicago, produziu uma série de mapas que estão mudando o modo como vemos nosso país. Nestes mapas, de maneira assombrosa, o vermelho e o verde mudaram de posições. Talvez, mais ainda que a discussão sobre saúde, esta mudança ameace tornar novamente relevante o tema da caminhabilidade.

Por vermelho e verde, refiro-me às emissões de carbono. Nos típicos mapas de carbono, as áreas com as maiores quantidades de emissão são mostradas em vermelho vivo e aquelas com as menores emissões, em verde, sendo que áreas no meio termo aparecem em cor de laranja e amarelo. Em suma, quanto mais quente a cor, maior a contribuição para a mudança climática.

Esses mapas sempre, ao longo da história, pareceram fotos, tiradas por satélites, do céu noturno dos Estados Unidos: calor em torno das cidades, temperatura mais fresca nos distantes bairros residenciais e mais ainda no interior. Onde houver aglomeração de pessoas, haverá muita poluição. Um mapa de carbono típico, como o produzido em 2002 pelo Projeto Vulcano na Universidade de Purdue, envia um sinal muito claro: interior bom; cidades ruins.

Por muito tempo, esses eram os únicos mapas do tipo e, com certeza, há uma lógica em olhar a poluição a partir de uma perspectiva lugar a lugar. Mas esta lógica baseou-se em um pressuposto descuidado: que o melhor modo de medir o carbono é por quilômetro quadrado. Não é.

O melhor meio de se medir o carbono é por pessoa. Os lugares devem ser julgados não pela quantidade de carbono que emitem, mas pela quantidade de carbono que nos fazem emitir. Em um dado momento, há um determinado número de pessoas nos Estados Unidos que podem ser encorajadas a viver onde deixam o menor impacto ambiental. E este lugar é a cidade – quanto mais densa, melhor.

Por isso, quando Bernstein substituiu o carbono por km² pelo carbono por domicílio, as cores simplesmente se inverteram. Agora, as áreas mais quentes em cada área metropolitana dos Estados Unidos – e seu *website* mostra centenas, de Abilene a Yuma – são, inevitavelmente, os bairros residenciais mais distantes. As áreas mais frescas estão justamente no centro das cidades.

Para ser mais exato: os mapas de Bernstein têm uma limitação. Não mostram a emissão total de carbono; só mostram o CO² do uso de carros domiciliares – dados que são muito mais fáceis de coletar. Mas esta limitação acabou mostrando-se útil, por várias razões: primeiro, porque nos faz confirmar que o uso do automóvel não é só o grande fator que contribui para o impacto total das emissões de carbono, mas também um indicador confiável daquele total; e segundo, porque limitar nossas emissões de gases causadores do efeito estufa, para muitos, é muito menos premente do que nossa dependência de petróleo do exterior.

Não Se Escreve Carbono Sem *Car*

Em última análise, enviamos para o exterior 612,5 mil dólares por minuto para sustentar nosso atual estilo de vida centrado no automóvel[1]. Nas últimas décadas, esta quantia elevou-se cumulativamente a "uma enorme e irreversível transferência da riqueza e poder dos Estados Unidos para os países produtores de petróleo do Oriente Médio e para a Rússia, rica em energia"[2]. Esta transferência de recursos, que está crescendo, em passo acelerado, para um terço de trilhão de dólares a cada ano, vem construindo esplêndidos sistemas de metrô em Dubai e Abu Dhabi – nossos carros estão comprando os trens deles. Acrescente-se a essa quantia a soma significativa de nosso orçamento militar, de setecentos bilhões de dólares, utilizado para proteger esses questionáveis interesses estrangeiros[3] e é fácil perceber como nosso apetite por petróleo pode nos destruir economicamente muito antes de o petróleo começar a secar.

Será que os carros elétricos são uma resposta a esse desafio? Com certeza, os carros híbridos não são. Seu consumo de combustível, ligeiramente melhor, oferece, sobretudo, uma boa maneira de fazer com que o indivíduo se sinta bem e sem sentimento de culpa ao dirigir mais, em veículos cada vez maiores. Sempre fico irritado quando vejo, em um estacionamento, em algumas vagas placas com os dizeres "Somente híbridos". Tais vagas recebem um Tahoe híbrido da Chevrolet que faz 33,6 km/galão ou 8,8 km/l, mas não aceitam um Ford Fiesta que faz 56 km/galão ou 14,8 km/l[4]. Em teoria, você poderia dirigir dois carros compactos Geo Metros de 1990, ao mesmo tempo, e ainda derrotar o Tahoe.

Ao invés disso, o carro elétrico parece representar uma promessa efetiva para reduzir nossa dependência de petróleo estrangeiro – mas a que custo ambiental? Na maior parte dos Estados Unidos, um carro movido a eletricidade é essencialmente um carro movido a carvão[5] e "carvão limpo" é, evidentemente, um oximoro[6]. Tanto na extração quanto na combustão – substituindo um hidrocarbono com carbono puro – o carvão pode fazer o petróleo parecer positivamente verde[7].

Para ser bem preciso, os carros elétricos são um pouco mais sustentáveis do que os carros a gasolina – por quilômetro. Dirigir 160 km em um Altima da Nissan significa uma emissão de quase 41 kg de gases do efeito estufa. Dirigir a mesma distância em um carro totalmente elétrico, como o Leaf da Nissan, emite 28 kg de gases – uma melhora considerável. Mas enquanto o motorista do Altima paga 14 centavos por milha de combustível, o motorista do Leaf paga menos que três centavos por milha[8] e esta diferença leva o motorista do Leaf a dirigir mais, graças à lei de oferta e procura.

Quanto mais? Não sabemos. Mas sabemos o que aconteceu na Suécia, onde os fortes subsídios do governo levaram à taxa mais alta de venda de carros "limpos" *per capita*. O resultado é que, assombrosamente, "as emissões de gases do efeito estufa do setor de transportes da Suécia estão em alta"[9]. Conforme relatado por Firmin DeBrabander:

> Mas, talvez, não devêssemos ficar tão surpresos. O que se pode esperar quando você coloca pessoas em carros nos quais elas se sentem bem ao dirigir (ou pelo menos, menos culpadas) e que também são baratos e correm? Evidentemente, irão dirigir mais. Tão mais, na verdade, que

acabam destruindo os ganhos de energia obtidos pelo aumento de eficiência do combustível.[10]

Os veículos elétricos são claramente a resposta certa para a pergunta errada. Isso fica cada vez mais claro quando observamos que as emissões dos escapamentos são apenas uma parte do impacto do setor automotivo. Como descrito pelo consultor estratégico Michael Mehaffy, esse impacto das emissões de carbono inclui "as emissões da construção dos veículos; a energia incorporada das ruas, pontes e outras obras de arte; a operação e reparos dessa infraestrutura; a manutenção e o conserto dos veículos; a energia do refino do petróleo e a energia para transportá-lo, junto com a tubulação, caminhões e toda a infraestrutura necessária para tal". Isso tudo aumenta em cerca de 50% a poluição na atmosfera a mais que as próprias emissões[11].

Mas isso é apenas o começo. Um efeito multiplicador muito maior vem da forma como todos os nossos outros padrões de consumo aumentam quando dirigimos. Em *Green Metropolis*, David Owen observa:

> O real problema com os carros não é que eles não conseguem um consumo adequado de quilômetros por litro; é que tornam muito fácil para as pessoas se espalharem, estimulando formas de desenvolvimento urbano intrinsecamente prejudiciais e um desperdício [...] A energia crítica despendida em um típico bairro residencial das novas expansões urbanas não é a do Hummer* na garagem, é tudo mais que este carro possibilita – as casas exageradamente grandes com quintais irrigados, a rede de novas ruas residenciais e ruas vicinais, a expansão onerosa e ineficiente além da malha viária, as lojas e escolas duplicadas, as jornadas de duas horas para ir ao trabalho.[12]

Assim, enquanto eu me esforçava para explicar que a maneira como nos movimentamos é mais importante do que a maneira como vivemos, acontece que a forma como nos movimentamos é que determina, em grande parte, como vivemos.

Deixando de Ver a Floresta Por Causa das Árvores

Quando construímos nossa casa em Washington DC, fizemos o possível para usar materiais sustentáveis. Colocamos piso de bambu, calefação de radiador, isolamento duplo, descargas com fluxo duplo, água aquecida por aquecedor solar e um sistema fotovoltaico de doze painéis de 2,5 kW. Uma acha de pinho cortado supostamente causa menos poluição crepitando em nosso fogão a lenha de alta tecnologia do que se fosse deixado para se decompor na floresta.

No entanto, toda essa parafernália contribui apenas com uma pequena parcela do que economizamos por morar em um bairro caminhável. Trocar todas as lâmpadas incandescentes por outras que gastam menos energia diminui tanto a emissão de carbono por ano quanto morar em um bairro caminhável reduz por semana[13]. Por que, então, a maioria de nossas conversas sobre sustentabilidade recai sobre o primeiro e não sobre o último item? Witold Rybczynski diz:

> Em vez de tentar mudar o comportamento para reduzir as emissões de carbono, os políticos e os empresários venderam o verde às pessoas como um tipo de acessório. "Continue a fazer o que você faz" é a mensagem, só acrescente outro painel de energia solar, uma turbina de vento, um piso de bambu, seja o que for. Mas uma casa aquecida por energia solar nessas comunidades residenciais distantes ainda é uma casa nos bairros residenciais longe da cidade e se você tiver que dirigir até lá – mesmo se for de Prius, da Toyota – isso dificilmente será sustentável.[14]

Nós, urbanistas, passamos a chamar este fenômeno de *parafernália verde*: a obsessão com produtos "sustentáveis" que, muitas vezes, provocam um efeito insignificante, do ponto de vista estatístico, sobre o impacto das emissões de carbono, quando comparado ao local onde moramos. E, como já foi sugerido, o maior impacto nas emissões de carbono vem do quanto o lugar nos faz dirigir.

Esse aspecto foi amplamente discutido em um estudo recente da EPA – Agência de Proteção Ambiental[15], que comparou quatro fatores: lugar caminhável *versus* lugar onde há necessidade de dirigir; construção convencional *versus* construção sustentável; residências unifamiliares *versus* edifícios multifamiliares; e carros convencionais *versus* carros híbridos. O estudo deixou claro que, embora cada fator seja importante, nenhum deles tem a relevância da caminhabilidade. Especificamente, o estudo mostrou ainda como, em locais onde dirigir é uma necessidade, o uso da energia de transporte está consistentemente acima do uso da energia doméstica, em alguns casos na proporção de 2,4 vezes mais (às vezes, em maior proporção). Resulta disso que a casa mais sustentável (com um Prius na porta) nos tais bairros residenciais distantes ainda perde de longe para a casa menos sustentável em um bairro caminhável[16].

É importante que a EPA compartilhe ao máximo estas boas notícias sobre como a localização supera um projeto de edificação, mas quem escuta? Com certeza, não a própria EPA. Apenas um mês depois de lançar o estudo acima, a agência anunciou que estava mudando sua sede da Região 7, centro da cidade de Kansas com 672 empregados, para o novo e extenso bairro residencial de Lenexa, Kansas (Índice de Caminhabilidade 28). Por que ir 32 km fora da cidade em um antigo parque de escritórios da Applebee? Bom, porque o edifício tem o selo LEED[17], é claro.[18]

Kaid Benfield, ambientalista de longa data do Natural Resources Defense Council (Conselho de Defesa dos Recursos Naturais), fez algumas contas e descobriu que enquanto "um morador médio, nas cercanias da sede da EPA na Região 7, emite 0,39 toneladas métricas de dióxido de carbono por mês [...], as emissões de carbono de transporte associadas com as da nova localidade saltam para os gritantes valores de 1,08 tonelada métrica por mês [...], uma vez e meia mais do que a média regional"[19].

Esses números são, com certeza, apenas uma estimativa para o verdadeiro aumento do impacto das emissões de carbono dos colaboradores da EPA, cuja maioria provavelmente não irá se mudar. Presumindo que as casas desses funcionários estejam distribuídas em torno da cidade de Kansas, em geral, a grande maioria aumentará seus trajetos casa-trabalho-casa, alguns em 32 km ou mais em cada sentido. Aqueles que usam o transporte coletivo agora terão que pegar a estrada.

Seria cômico se não fosse tão triste. O carbono economizado pelos *status* LEED dos novos edifícios, se é que há algum, será uma fração pequena do carbono gasto pela sua localidade[20]. Esse "deixando de ver a floresta por causa das árvores" é o que David Owen chama de "Mente LEED".

Muitos governos e empresas – e podem ser cumprimentados por isso – se comprometeram com a classificação LEED de edificações construídas, incluindo o governo federal, Nova York, Chicago, São Francisco, Distrito de Colúmbia e uma série de outros. A lista está aumentando, a cada dia, e parece ter alcançado um ponto no qual você não consegue ser contratado como arquiteto sem ter sido credenciado pelo LEED.

A localização urbana é, na verdade, um dos vários aspectos que contribui para a classificação LEED de uma edificação, mas é apenas um deles, de tal forma que a economia de carbono, fruto das localizações mais centralizadas, é, quase sempre, subestimada. E porque é melhor que nada, o LEED – como o Prius – é um passe que conduz a um pensamento mais profundo sobre o nosso maior impacto de emissões de carbono. Para a maior parte das organizações e agências, é suficiente. Infelizmente, como o urbanista de transporte Dan Malouff coloca, "uma arquitetura com selo LEED, mas sem um bom desenho urbano, é como derrubar uma floresta tropical usando escavadeiras híbridas."[21]

Manhattan Como Meca

Se, nos Estados Unidos, cidades adensadas e servidas por transporte público são melhores, então Nova York é a melhor. Esta é a clara e convincente mensagem em *Green Metropolis*, de David Owen, com certeza o mais importante texto ambiental da última década. O livro merece um pouco mais de atenção, tão profunda é a revolução que representa no pensamento.

Como o próprio Owen observa, historicamente, o movimento ambiental nos Estados Unidos tem sido antiurbano, como grande parte do pensamento americano. Esta linhagem tem raízes em Thomas Jefferson, que descrevia as grandes cidades como "pestilentas à moral, saúde e liberdades do homem". Não sem senso de humor ele continuou: "Quando acordarmos empilhados uns sobre os outros em grandes cidades, como na Europa, vamos nos tornar tão corruptos quanto na Europa e nos devorar mutuamente, como eles fazem."[22]

Uma vez que a população dos Estados Unidos em 1780 era menos que 1% da população atual total, é fácil compreender por que Jefferson só via a utilidade da dispersão. Então, como devia parecer que havia infinidade tanto de terra quanto de recursos, não havia razão para não se espalhar, especialmente porque o maior subproduto do transporte era o fertilizante.

Infelizmente, ao longo dos duzentos anos seguintes, o *ethos* antiurbano dos americanos permaneceu intacto à medida que todo o resto mudava. O desejo de se isolar na natureza, adotado em massa, levou às quantidades e qualidades que, hoje, denominamos de "áreas de expansão [ou dispersão] urbana" que, de alguma forma, conseguem combinar o congestionamento de tráfego da cidade com a cultura intelectual do campo[23]. Agora que os impactos ambientais dessa expansão para longe da cidade estão sendo medidos, uma nova geração de pensadores, finalmente, está virando o velho paradigma de cabeça para baixo. Essa nova geração inclui David Owen – mero escritor, como Jane Jacobs – e o economista Ed Glaeser, que se posiciona dessa forma: "Somos uma espécie destrutiva e se você ama a natureza, fique longe dela. A melhor maneira de proteger o meio ambiente é viver no coração de uma cidade."[24]

Nenhuma cidade nos Estados Unidos tem o desempenho de Nova York. O livro de Owen, que originalmente iria se chamar *Green Manhattan*, está recheado de dados surpreendentes. O típico nova-iorquino consome cerca de um terço da eletricidade de um morador médio de Dallas e gera menos que um terço dos gases que causam o efeito estufa do que o americano médio. O cidadão médio residente em Manhattan – mais Nova York impossível – consome gasolina a "um índice que o país, como um todo, nunca tinha conseguido, desde meados da década de 1920"[25]. E assim por diante. Já discutimos o incrível recorde de segurança do trânsito da cidade.

Nova York é nossa cidade grande mais adensada e, não é mera coincidência, também a que possui o melhor serviço de transporte coletivo. Todas as outras estações de metrô dos Estados Unidos, em conjunto, não ultrapassam as 468 paradas da MTA, Metropolitan Transportation Authority (Autoridade do Transporte Metropolitano)*. Em termos de eficiência de recursos, é o melhor que temos. Mas, por que parar aqui? Outros lugares, com opções de transporte e densidades variadas, se saem muito melhor. Certo, Nova York consome metade da gasolina de Atlanta (326 *versus* 782 galões ou cerca de 1232 *versus* 2956 litros por pessoa/ano). Mas Toronto reduz esse número à metade, bem como Sydney – e a maioria das cidades europeias. Se você cortar os números europeus pela metade vai acabar com Hong Kong[26]. Se dez habitantes de Hong Kong se mudassem para Nova York, com o objetivo de manter inalterado seu consumo de gasolina, nove deles teriam que ficar em casa.

Estes são números especialmente significativos quando consideramos os impactos do preço do petróleo nos próximos anos. Que cidade, ou país, será considerado o mais competitivo em face do preço do barril a duzentos dólares/dia? Paris determinou que seu futuro está ligado à diminuição da dependência ao automóvel. Recentemente, a cidade decidiu criar quarenta quilômetros de corredores exclusivos para ônibus, vinte mil bicicletas compartilhadas em 1450 lugares e está decidida a remover 55 mil vagas de estacionamento da cidade, a cada ano, durante os próximos vinte. As mudanças parecem muito radicais, mas contam com o apoio de 80% da população[27].

Feliz Urbanismo

Casos e números como esses são, de fato, intimidadores e, potencialmente, desmotivadores. Por que se preocupar em tentar, quando outros países estão muito à frente?

Voltando a 1991, John Holtzclaw, do Sierra Club, estudou os hábitos de percurso de 28 comunidades da Califórnia de várias densidades habitacionais. Como esperado, descobriu uma relação inversa entre urbanidade e quilômetros rodados. Mas, e talvez ele não imaginasse, também percebeu seus dados distribuídos em torno de uma curva acentuada, com a maior parte dos ganhos em eficiência ocorrendo logo no início. O aumento da densidade habitacional, no final da escala daqueles bairros das expansões, teve um impacto muito maior do que na extremidade urbana, de tal forma que grande parte da redução no quesito dirigir ocorreu na mudança daqueles locais com grandes lotes de expansão para áreas com densidades de dez a vinte unidades/acre (cerca de quatro mil metros quadrados). Essas densidades representam um urbanismo tradicional de apartamentos, casas geminadas e, sim, algumas casas unifamiliares isoladas. Ao invés disso, a maior concentração de domicílios nas densidades mais altas – até mesmo acima de 100 por acre –, embora cooperem, produziram resultados menos exagerados.

Em seguida, fez outros estudos similares em Nova York e Los Angeles, descobrindo, na tabulação de dados, curvas quase idênticas. Em cada caso, o aumento de densidade de duas para vinte unidades/acre mostrou um resultado, mais ou menos, de uma economia similar ao aumento de vinte para duzentos[28]. Para os que estudam o desenho das cidades, estes resultados não chegam a ser surpreendentes, porque dez a vinte unidades por acre é a densidade na qual o sub-urbanismo motorizado dos bairros distantes transita em direção ao urbanismo caminhável. Evidentemente, há algumas exceções (torres horríveis em meio ao estacionamento), mas a maior parte das comunidades com essas densidades também são organizadas em bairros tradicionais, com uso misto e áreas favoráveis aos pedestres, o tipo de ambiente que estimula as pessoas a deixarem seus carros. Tudo acima disso é a cereja do bolo.

Isso quer dizer que, embora os norte-americanos tenham um longo caminho à frente para chegar aos níveis de sustentabilidade da Europa ou da Ásia, um pequeno esforço pode nos levar mais perto deles. Contudo, nem todo americano está motivado pelas preocupações referentes à mudança climática ou ao preço do petróleo e, mesmo entre aqueles que estão, nem sempre é fácil transformar esse propósito em ação. A menos que uma crise nacional absolutamente grave nos atingisse é, com certeza, difícil imaginar qualquer argumento envolvido no discurso da sustentabilidade que faria muitas pessoas modificarem seu comportamento. Então, o que faria?

A classificação da qualidade de vida padrão ouro é o Levantamento Mercer, que cuidadosamente compara as cidades globais nas dez categorias: estabilidade política, economia, qualidade social, saúde e saneamento, educação, serviços públicos, recreação, bens de consumo, habitação e clima.

Sua classificação muda ligeiramente de um ano para outro, mas as dez melhores cidades sempre parecem incluir vários lugares onde se fala alemão (Viena, Zurique, Dusseldorf, etc.), junto com Vancouver, Auckland e Sydney[29]. São lugares com padrões de assentamento compacto, bom transporte coletivo e, sobretudo, bairros caminháveis. Na verdade, não há sequer uma só cidade dependente do automóvel nas primeiras cinquenta. As cidades dos Estados Unidos mais bem classificadas em 2010, que não aparecem até o número 31, são Honolulu, São Francisco, Boston, Chicago, Washington DC, Nova York e Seattle[30].

A revista *The Economist* faz sua própria classificação que, embora utilize os dados da Mercer, tende a ser um pouco diferente. A revista tem sido criticada por favorecer países anglófonos, o que – embora não ajude os Estados Unidos – significa que oito entre dez das melhores cidades estão no Canadá, Austrália e Nova Zelândia. Porém, todas elas são lugares ainda melhores para se caminhar do que dirigir.

Não importa em qual delas você acredita, a mensagem é clara. Nossas cidades, duas vezes mais eficientes do que os distantes bairros residenciais das grandes expansões urbanas, usam duas vezes mais combustível do que as cidades europeias, canadenses e da Austrália e Nova Zelândia. Contudo, a qualidade de vida nessas cidades estrangeiras é considerada superior, e bem superior, à nossa. Isso não quer dizer que a qualidade de vida está diretamente relacionada à sustentabilidade, mas simplesmente que muitos americanos, na busca por uma vida melhor, poderiam mudar para as cidades no topo da lista – melhor ainda, poderiam tentar transformar suas cidades para que se assemelhassem às primeiras. Esse tipo de transformação poderia incluir muitas coisas, mas uma delas, certamente, é a caminhabilidade.

Vancouver, no Canadá, a número um da classificação da *The Economist*, prova ser um modelo útil. Até a metade do século XX, quase não se diferenciava de uma típica cidade dos Estados Unidos. Então, a partir do final da década de 1950, quando a maioria das cidades americanas construía autoestradas, os urbanistas de Vancouver começaram a defender um centro urbano com edifícios de apartamentos. Esta estratégia, que incluía exigências rígidas para espaço verde e transporte, acertou mesmo o passo em meados da década de 1990 e a mudança foi profunda. Desde aquela época, dobrou a quantidade de trajetos a pé ou de bicicleta por toda a cidade, de 15 a 30% em todos os trajetos[31]. Vancouver não se classificou em primeiro lugar em termos de habitabilidade por ser tão sustentável; as mudanças que a tornaram sustentável é que a tornaram habitável.

Qualidade de vida – que inclui tanto saúde quanto prosperidade – pode não ser uma função de nosso impacto ecológico, mas ambas estão profundamente inter-relacionadas. Quer dizer, se poluímos tanto porque desperdiçamos tempo, dinheiro e vivemos nas estradas e avenidas, então os dois problemas parecem compartilhar de uma solução única, que é tornar nossas cidades mais caminháveis. Isso não é fácil, mas pode ser feito, tem que ser feito e, de fato, está sendo feito, neste momento, em bem mais do que apenas em alguns lugares.

OS DEZ PASSOS DA CAMINHABILIDADE

Este pode ser um momento estranho para admitir, mas adoro carros. Quando adolescente, assinava as revistas *Car & Driver* e *Road & Track*. Minha principal habilidade no ônibus da escola era identificar a marca e o modelo de todos os veículos que passavam. Até recentemente, sempre tive o melhor carro que pudesse comprar. Em especial, gosto dos possantes carros esportivos japoneses, como o que tinha quando me mudei de Miami para Washington DC, em 2003. Lembro-me de que a viagem durou seis horas, com a ajuda de um vento de cauda e de um detector de radares de primeira linha.

Mas algo interessante aconteceu quando cheguei a Washington DC. Eu me vi dirigindo cada vez menos e pagando cada vez mais por quilômetro. Além de longas idas à loja de artigos para a casa, Home Depot, e uma ocasional escapada para o campo, não tinha mais por que tirar o carro da garagem. Entre caminhar, pedalar e nosso extenso sistema de transportes metropolitanos, raramente dirigir era a opção mais conveniente. E o estacionamento debaixo do meu prédio custava uma pequena fortuna. Acrescente-se a isso a existência do sistema de compartilhamento de carros do bairro e logo ficou evidente que ficar sem o carro era a opção mais adequada.

Em Miami, a ideia de vender meu carro nunca teria me ocorrido. Meu apartamento ficava no coração do bairro *art déco* de South Beach. Meu trabalho era no continente, na Little Havana, a uns vinte minutos de carro. Minha academia de ginástica era em Coral Gables, mais vinte minutos adiante. Caso não quisesse comer comida cubana todos os dias, um risco à saúde, o almoço exigia ainda mais vinte minutos de carro. No total, estava gastando noventa minutos por dia no trânsito, o que é mais ou menos normal para um americano. E, por mim, estava tudo bem. Mas em Washington DC, logo ficou claro que havia outros benefícios no meu novo estilo sem carro, além da simples conveniência. Depois de seis meses de regime sem carro, tinha perdido uns cinco quilos entre caminhar e pedalar e, também, reduzido meus níveis de estresse por ter evitado o tráfego. Além disso, economizei milhares de dólares em transporte e desenvolvi uma compreensão mais profunda de minha cidade, vivendo-a no ritmo da caminhada e da pedalada. E, finalmente, a maior recompensa do transporte de massa: encontrei minha futura esposa entre as massas numa plataforma de transporte público. É justo dizer que estava mais saudável, mais rico, mais sábio e feliz, devido àquilo que os engenheiros de transporte chamariam de simples mudança modal.

Essa mudança foi causada, nada mais nada menos, pelo planejamento urbano da minha cidade.

Washington DC é uma das poucas cidades americanas que pode ser corretamente descrita como um lugar onde carros são opcionais. Nova York, Boston, Chicago, São Francisco e não muitas outras propiciam uma qualidade de vida equivalente, se não melhor, para os que não têm carro, graças a uma combinação de origem pré-carro e planejamento posterior esclarecido. Ao invés disso, a maior parte das cidades americanas foi planejada ou replanejada principalmente em torno do pressuposto do uso universal do automóvel, o que resultou no fato de todos serem obrigados a ter carro, em geral um por adulto, a partir dos dezesseis anos. Nessas cidades, e na maior parte do país, o carro não é mais um instrumento de liberdade, mas um dispositivo prostético grande, caro e perigoso, um pré--requisito para uma cidadania viável.

Livrei-me do carro porque minha cidade me permitiu e me recompensou amplamente. Nem todos os que podem fazer essa escolha terão os mesmos benefícios que tive – com certeza, não no departamento conjugal –, mas os benefícios são claros. Independentemente dos impactos globais da redução das emissões de gases dos escapamentos e uso de energia, os benefícios pessoais financeiros e as vantagens para a saúde de se deixar o carro são tremendos. Não atraem a todos e um número significativo de nossos concidadãos nunca vai trocar suas ruas sem saída e seus veículos utilitários esportivos, os suvs, por outra opção. Mas, como vimos, há mais americanos desejosos de uma vida urbana vibrante do que a possibilidade de fazer esta opção e as cidades que puderem satisfazer esta demanda só irão prosperar.

Já está acontecendo. Mais e mais americanos estão sendo atraídos a lugares que oferecem a economia, a emoção e a vitalidade nas ruas que não se encontram nas zonas motorizadas. Para essas pessoas, shoppings são para adolescentes, bicicletas são melhores do que carros e uma grande noitada significa poder beber e *não* precisar dirigir. Cidades que, recentemente, combinaram um reinvestimento em seus centros com a criação de um sistema de trânsito transformador e infraestrutura para bicicletas – como Portland e Denver –, são locais preferenciais para novas mudanças, para aqueles que têm escolha.

Para aqueles que não têm, pode-se dizer que a cidade tem obrigação de libertar seus residentes do peso da dependência do automóvel. Quando uma cidade o faz, todos se beneficiam, inclusive a própria cidade. De novo, os exemplos são minha mulher e eu. Quando construímos nossa casa, no Distrito, fizemos um escritório onde seria a garagem e uma horta em lugar da entrada do carro. Não importa que tenhamos levado nove meses para contornar as exigências de estacionamento da cidade. Agora trabalho em casa e comemos verduras e legumes produzidos (muito) localmente. Sem carro, a maior parte de nossos gastos é feita em locais próximos, em restaurantes do bairro e no mercado local. Quando precisamos de uma lâmpada ou de um fio de extensão, vamos de bicicleta até uma loja de materiais próxima, a Logan Circle Hardware, em vez de dirigir até o Home Depot. Todas essas decisões cotidianas, feitas por nós e por nossos muitos vizinhos sem carro, resultam em mais dinheiro retido em nossa comunidade.

Não se trata de uma discussão ideológica, não estamos comprometidos com um estilo de vida para pedestres. Na verdade, no momento em que escrevo, estamos seriamente pensando em comprar um carro. O nascimento de nosso segundo filho criou uma situação em que um veículo pessoal contribuiria para nossa qualidade de vida. Colocar um par de cadeirinhas de criança em um dos carros compartilhados está se tornando uma tarefa dura para dois pais com dor nas costas.

Decepcionante? Talvez, mas totalmente de acordo com a ideia de uma cidade onde carros são uma das opções. Passamos sete anos produtivos sem carro, dois deles com uma criança. Poderemos viver novamente sem ele no futuro. Enquanto isso, o carro seria uma opção de transporte conveniente, entre outras, numa situação que possibilita opções.

Caminhar é simples, proveitoso e muito agradável também. É o que leva centenas de turistas americanos para a Europa nas férias, incluindo alguns dos engenheiros de tráfego que tornam nossas próprias cidades tão hostis. Em algum lugar, na profundeza da mente de homens das cavernas dos engenheiros de tráfego, até mesmo eles devem compreender o valor de se deslocar com a própria energia, num ritmo relaxado, por uma esfera pública que continuamente recompensa os sentidos. Essa mesma experiência do turista é comum em Washington DC, Charleston, Nova Orleans, Santa Fé, Santa Bárbara – e alguns outros lugares nos Estados Unidos que elevaram o caminhar a uma forma de arte. São cidades que gozam de um padrão de vida mais alto porque proporcionam uma melhor qualidade de vida. Infelizmente, são exceções quando deveriam ser a norma.

A situação não precisa continuar indefinidamente – na verdade, não podemos deixar que continue assim. Precisamos de um novo "normal" nos Estados Unidos, que convide o cidadão a caminhar. Os dez passos listados abaixo foram criados para nos levar de onde estamos para onde precisamos ir.

Os Dez Passos da Caminhabilidade

A Caminhada Proveitosa
Passo 1: Pôr o Automóvel em Seu Lugar

O automóvel é o servo que se tornou senhor. Há sessenta anos, ele tem sido o fator dominante na formação de nossas cidades. Relegar o carro ao seu papel correto é essencial para recuperar as cidades para os pedestres, e fazê-lo exige uma compreensão de como os carros e seus asseclas distorceram, desnecessariamente, a forma como decisões de projeto são tomadas nas comunidades nos Estados Unidos.

Passo 2: Mesclar os Usos

Para que as pessoas optem por caminhar, a caminhada deve ter um propósito. Em termos de planejamento, o propósito é atingido pelo uso misto ou, mais exatamente, criando um adequado equilíbrio de atividades dentro de uma distância entre elas possível de ser completada a pé. Apesar de haver exceções, a maioria dos centros das cidades tem um desequilíbrio de usos que somente pode ser suplantado pelo aumento da oferta de moradia.

Passo 3: Adequar o Estacionamento

Como afirma Andres Duany, "estacionamento é destino". É a força, não tão oculta, que determina a vida ou morte de muitos centros de cidades. As exigências de estacionamento e os preços determinam a destinação de mais área urbana em todo o país do que qualquer outro fator, mas até recentemente sequer havia uma teoria de como usar o estacionamento em benefício da cidade. Essa teoria agora existe e está começando a afetar as políticas em todo o país.

Passo 4: Deixar o Sistema de Transporte Fluir

Bairros feitos para caminhar podem florescer na ausência de transporte público, mas cidades caminháveis dependem totalmente dele. Comunidades que esperam tornar-se caminháveis devem tomar decisões no planejamento de transporte público com base em vários fatores que são, em geral, negligenciados. Entre eles, estão o muito frequente apoio público a investimentos em transporte, o papel desse na valorização dos imóveis e a importância do projeto no sucesso ou fracasso dos sistemas de transporte.

A Caminhada Segura
Passo 5: Proteger o Pedestre

Talvez seja o mais direto dos dez passos, mas também tem a maioria de elementos variáveis, como tamanho do quarteirão, largura da faixa, movimentos de conversão, sentido do fluxo, sinalizações, geometria das vias e vários outros fatores que, juntos, determinam a velocidade do carro e a probabilidade de um pedestre ser atropelado. A maior parte das ruas nas cidades dos Estados Unidos considera, ao menos, metade desses fatores de forma errada.

Passo 6: Acolher as Bicicletas

Cidades caminháveis também são cidades boas para se pedalar, porque as bicicletas florescem em ambientes que estimulam os pedestres e porque a bicicleta torna o carro menos necessário. Nos Estados Unidos, mais e mais cidades têm feito grandes investimentos em infraestrutura para bicicletas com resultados impressionantes.

A Caminhada Confortável
Passo 7: Criar Bons Espaços

Talvez a menos intuitiva discussão em planejamento pode ser o passo que, mais vezes, é dado erradamente. As pessoas gostam de espaços abertos e áreas livres. Mas também gostam e precisam de uma sensação de fechamento para se sentirem confortáveis como pedestres. Espaços públicos são tão bons quanto seu entorno e muito cinza ou verde – estacionamentos ou parques – pode fazer com que o possível pedestre fique em casa.

Passo 8: Plantar Árvores

Assim como o transporte de massa, a maioria das cidades sabe que árvores são boas, mas poucas estão dispostas a pagar o preço justo por elas. Esse passo busca expressar o pleno valor das árvores e justificar os maiores investimentos que merecem em quase toda cidade.

A Caminhada Interessante
Passo 9: Criar Faces de Ruas Agradáveis e Singulares

Caso se acredite em evidências, as paisagens das vias urbanas têm três principais inimigos: estacionamentos, drogarias e arquitetos famosos. Os três parecem priorizar paredes vazias, repetição e desconsideração pela necessidade do pedestre de ser entretido. A legislação urbana concentrada no uso, volume e exigências de estacionamento, somente agora começa a se preocupar em criar fachadas ativas que induzam o cidadão a caminhar.

Passo 10: Eleger Suas Prioridades

Com a possível exceção de Veneza, mesmo a mais caminhável das cidades não é universalmente caminhável: há um número limitado de ruas interessantes por onde caminhar. Por isso, por mais bem projetadas que sejam as ruas, algumas continuarão a ser, sobretudo, para veículos automotores. É assim que deveria ser, mas as cidades precisam fazer uma escolha consciente a respeito do tamanho e da localização de seus núcleos caminháveis, para não desperdiçar recursos de caminhabilidade em áreas que nunca atrairão pedestres.

A Caminhada Proveitosa

Passo 1: Pôr o Automóvel em Seu Lugar

Carros são o elemento vital da cidade americana. Mesmo nas mais bem-sucedidas em termos de caminhar e de transporte, eles estão em todos os lugares, contribuindo em atividade e vitalidade para a paisagem urbana. Fracassos do passado nos ensinaram que bani-los definitivamente traz mais riscos do que recompensas. Quaisquer que sejam as revoluções tecnológicas que os transformem nos anos vindouros, é uma aposta segura dizer que os automóveis continuarão a ser uma característica de nossas comunidades pelo resto de nossas vidas. E tudo bem.

O que não está nada bem é a situação atual, em que o automóvel recebeu carta branca para distorcer nossas cidades e nossas vidas. Longe vão os dias quando os automóveis expandiam as possibilidades e opções para a maioria dos americanos. Agora, graças à sua crescente demanda de espaço, velocidade e tempo, o carro reformulou nossas paisagens e estilos de vida em torno de suas próprias necessidades. É um instrumento de liberdade que nos escravizou.

O resultado não surpreende, dada a natureza errante do espírito americano. Os primeiros americanos eram nômades e foram impulsionados por uma raça que chegou aqui através do oceano. Uma característica partilhada por todos é que viemos de algum outro lugar. Imagine dois irmãos almoçando junto a um cais em Dublin, Palermo, Bombaim ou Formosa, e olhando desejosamente para o mar. Um deles teve coragem de entrar num barco e o outro não. Adivinhe quem tem pais americanos?

A mobilidade americana em muito precede o automóvel. Antes de Lewis Mumford declarar que "nossa flor nacional é o trevo de concreto"[1], Ralph Waldo Emerson escreveu que "tudo o que há de bom está na estrada". Logo depois dele, Walt Whitman ampliou: "Oh, estrada pública, já disse que não temo deixar-te. Sabes expressar-me melhor do que eu mesmo."[2]

É fácil, porém, dizer que a mobilidade – sobretudo a pé – é parte indispensável de nosso DNA, e ignorar outros fatores que tornam as cidades americanas diferentes das canadenses e australianas, para citar dois países que, pelo menos, começaram como o nosso. Nenhum desses dois países produziu algo remotamente semelhante à nossa *National Interstate and Defense Highways Act* (Ato de Defesa e Criação de Rodovias Interestaduais) de 1956* e, não coincidentemente, ninguém foi mantido refém por um *lobby* tão poderoso quanto a nossa "Gangue da Estrada", o consórcio de "petróleo, cimento, borracha, automóveis, seguradoras, caminhões, indústrias químicas e de construção, grupos de consumidores e políticos, instituições financeiras e mídia"[3] que, junto com os militares, pressionou, com sucesso, para haver novas estradas.

Durante o auge da construção de estradas nos Estados Unidos, a General Motors era a maior empresa privada do mundo[4] e o então secretário da Defesa, Charles Erwin Wilson, antigo chefe da GM, ficou famoso por partilhar sua crença de que "o que era bom para o país era bom para a General Motors e vice-versa"[5]. Fosse boa ou não para os Estados Unidos, a lei federal de estradas e suas versões subsequentes começaram, a partir de meados do século XX, a distinguir as cidades americanas de cidades de outros países de forma tremenda.

Estradas *Versus* Cidades

O artigo mais interessante que li sobre isso é o pouco conhecido trabalho acadêmico de Patrick Condon, chefe do departamento de arquitetura paisagística da Universidade da Columbia Britânica, Canadá. Intitulado "Canadian Cities, American Cities, Our Differences are the Same" (Cidades Canadenses, Cidades Americanas, Nossas Diferenças São Iguais), o estudo mostra de modo claro a contundente correlação inversa entre investimentos em estradas e valores de propriedades urbanas.

Os pesquisadores esperavam encontrar uma grande gama de causas históricas e culturais por trás dos diferentes destinos de cidades canadenses e americanas. Em vez disso, descobriram que essas cidades eram quase idênticas em 1940 e então seguiram em diferentes direções com base no investimento em estradas. Não importava se fosse uma cidade americana ou canadense: o histórico de investimentos em estradas era tudo o que era necessário saber para prever, com precisão, a história do valor da propriedade.

Os gráficos de Portland são particularmente informativos, com as linhas referentes a estradas e valor de imóveis quase opostas uma à outra, como uma ampulheta deitada. Eis o que ocorre: na década de 1960, a construção de estradas sobe enquanto o valor dos imóveis se achata. Nos anos 70, a construção de estradas cai e os valores imobiliários sobem. Nos anos 80, a construção de rodovias sobe e o valor imobiliário cai. E, finalmente, nos anos 90 o investimento em rodovias cai e os valores das propriedades sobem novamente[6].

Correlação não é causa, mas os pesquisadores não encontraram outro conjunto de dados que traçasse de forma tão consistente o valor das propriedades urbanas. Sejam americanos ou canadenses, os centros urbanos com menos investimento regional em estradas estavam melhores do que aqueles com mais investimentos. A maior parte desses últimos era naturalmente nos Estados Unidos, onde o governo federal cobria 90% dos custos, ficando os restantes 10% com os governos estaduais e locais. No Canadá, ocorria o inverso: 90% dos custos da construção vinham de financiamento local e apenas 10%, dos cofres federais[7].

Ainda não está claro se, no geral, o furor de construção de estradas nos Estados Unidos foi uma ideia totalmente ruim. Parecia funcionar bem em termos econômicos, pelo menos até que nossos poços de petróleo começassem a secar. Era, contudo, visivelmente ruim para as cidades centrais das áreas metropolitanas e piorou ainda mais quando os prefeitos das grandes cidades, desesperados por empregos, conseguiram obter uma emenda da lei para incluir mais 9.600 km de vias expressas nos centros das cidades[8]. Essas vias, cuja maior parte destruía bairros de minorias, nunca foram imaginadas no plano original, criado por pessoas cientes do que faziam[9]. Mesmo Lewis Mumford, um fã da descentralização, admitia que o direito de ter acesso a todos os prédios da cidade através de carros particulares, numa época em que todos tinham tal veículo era, na verdade, o direito de destruir a cidade[10].

Ironicamente, a cidade que resistiu à maior quantia de gastos federais em rodovias foi, provavelmente, a capital da nação. A maior parte de seus atuais cidadãos não se dá conta de que houve um tempo em que a área de Washington DC estava assinalada para receber 720 km de rodovias interestaduais, 60 dos quais teriam atravessado o próprio Distrito. Graças a uma épica batalha política de 22 anos, somente 16 km foram construídos. Em vez disso, muito do financiamento federal foi desviado para os 165 km do sistema metroferroviário[11], hoje considerado essencial para o ressurgimento recente da cidade. Bob e Jane Freundel-Levey contam essa história no *Washington Post*:

> Mais de duzentas mil moradias foram salvas da destruição, assim como mais de 160 km² de área de parques em torno da área metropolitana. A cidade foi salva de vias expressas perfuradas sob o Mall*, vias expressas cruzando bairros negros estáveis de classe média, vias expressas sob a rua K, vias expressas que poderiam ter obliterado a orla de Georgetown e a margem de Maryland do rio Potomac [...] Iríamos encontrar um oval achatado no centro da cidade, cerca de oitocentos metros ao norte e ao sul da Casa Branca.[12]

A oposição às vias expressas foi principalmente um movimento popular de base, estimulado pelo lema "Estradas de brancos através de casas de negros". As pessoas se deitavam na frente dos tratores e se amarravam às árvores. Os opositores deixavam claro que o resultado não estava decidido, já que a proposta rodoviária era apoiada calorosamente pela estrutura de poder do Distrito de Colúmbia, incluindo o *Washington Post*, o *Evening Star*, a Câmara de Comércio e os "principais luminares no Capitólio". Esse apoio do *establishment* para a construção de estradas era a norma nacional e, no final, nenhuma cidade da costa leste escapou tão bem quanto Washington DC[13].

Seria um erro pensar que o viés pró-rodovia dos Estados Unidos tenha diminuído sensivelmente desde seu auge em meados do século XX, pelo menos nos níveis federal e estadual. Não é preciso ser um admirador da teoria da conspiração para crer que, se três das quatro maiores corporações são petrolíferas americanas e essas companhias doam milhões de dólares a campanhas políticas, as estradas devem continuar a ser prioridade[14]. Apesar do que se fala sobre transporte – e dos grandes avanços dos defensores de ferrovias –, os órgãos federais continuam financiando rodovias quatro vezes mais do que transporte público. Esse financiamento, cerca de quarenta bilhões de dólares em 2011, é suplementado por subsídios diretos e indiretos da indústria de petróleo, que o ex-chefe da Agência de Proteção Ambiental--EPA da Califórnia, Terry Tamminen, calcula estar entre 65 e 113 bilhões de dólares anualmente, "mais do que o dobro do gasto com segurança interna."[15]

A maior parte dos investimentos federais para o transporte é de forma sintomática transferida direto para os departamentos estaduais de transporte (DOTs), os quais são notoriamente vinculados a construtoras de estradas e, sem dúvida, veem como sua principal tarefa a construção de estradas[16]. Adiante, falaremos mais deles.

Resulta desse inigualável comprometimento histórico e do nosso tempo com o automóvel que os Estados Unidos estão cheios de cidades formadas e reformuladas em função dele. Visto que havia tantos incentivos para dirigir, os carros comportaram-se como água, preenchendo cada recanto permitido. Cidades com maior espaço disponível (Houston, Los Angeles) receberam maior número, enquanto cidades com menos espaço (Boston e Nova Orleans) receberam menos. O primeiro passo da retomada de nossos centros urbanos para os pedestres é reconhecer simplesmente que esse resultado não era inevitável, não é norma global nem precisa continuar. Apesar de todas as pressões contrárias, está plenamente dentro das capacidades da típica cidade americana alterar sua relação com o automóvel de formas sutis que podem ter um enorme impacto sobre a caminhabilidade – receber os carros, sim, mas nos nossos termos. Antes de tudo, isso significa tomar todas as decisões relativas ao transporte à luz do fenômeno da demanda induzida.

Porque Preciso: Demanda Induzida

Uma vez por mês, mais ou menos, dou uma palestra nos Estados Unidos, geralmente para uma câmara de comércio, uma associação de planejamento ou um grupo de pessoas numa livraria. Os tópicos e a abordagem podem variar, mas tenho uma regra rígida: em todas as palestras, sem exceção, falo bastante sobre demanda induzida. Visto que a demanda induzida é o grande buraco negro intelectual no planejamento da cidade, aquela certeza profissional que todos parecem reconhecer, mas quase ninguém está disposto a enfrentar. É como se, apesar de todos os avanços, esse aspecto (infelizmente essencial) de como fazemos nossas cidades tivesse sido confiado à Sociedade da Terra Plana.

Hoje em dia, estudos de tráfego, talvez, sejam a mais inevitável atividade de planejamento. Se quiser acrescentar algum uso significativo a um bairro, deve-se realizar um estudo de tráfego. Se precisar mudar o desenho de uma rua, é preciso fazer um estudo de tráfego. Uma vez, em Davenport, Iowa, observei que uma rua havia perdido um quarteirão de estacionamento junto ao meio fio, transformando uma via de mão única de três faixas em uma de quatro faixas, somente por cem metros. Recomendei recolocar o estacionamento naquele trecho. A resposta da cidade? "Precisamos fazer um estudo de tráfego".[17]

Tal situação não surpreende, já que o congestionamento é um dos principais tópicos de queixas na maior parte das comunidades dos Estados Unidos. Como é a única restrição real ao dirigir, é onde as pessoas sentem dificuldade em suas vidas automotivas. Não fosse o congestionamento, dirigiríamos mais até criar um. Dessa forma, estudos de tráfego tornaram-se o ato básico de planejamento e algumas empresas podem agradecer a esses estudos de tráfego por grande parte de suas rendas. Aliás, elas não vão querer que você leia os próximos parágrafos.

Estudos de tráfego são uma bela porcaria. E por três motivos principais.

Primeiro: o modelo do computador vale tanto quanto os dados que nele são colocados e nada é mais fácil do que distorcer os dados para conseguir o resultado desejado. Quando estávamos trabalhando em Oklahoma City, o modelo "Synchro", dos engenheiros de tráfego da cidade, dizia que nossas propostas pró-pedestres iriam travar o trânsito. Assim, pedimos emprestado ao engenheiro seu modelo e o entregamos ao nosso engenheiro, que alterou os dados e *voilà*: céu de brigadeiro. Por falar nisso, o dado mais comumente distorcido é o crescimento previsto, que, em geral, precisa mesmo ser amenizado: na maior parte das cidades, os modelos de tráfego pressupõem um percentual de crescimento anual de 1 a 2%, mesmo se essas cidades estiverem encolhendo.

Segundo: estudos de tráfego são quase sempre efetuados por empresas que fazem engenharia de tráfego. Isso faz sentido – quem mais iria fazê-los? Mas adivinhe quem vence o grande contrato para a expansão do sistema viário que o estudo diz ser necessário? Enquanto os engenheiros forem encarregados dos estudos de tráfego, eles vão prever a necessidade de engenharia.

Finalmente, e mais importante: o principal problema com estudos de tráfego é que eles quase nunca consideram o fenômeno de demanda induzida.

Demanda induzida é o nome que se dá ao que ocorre quando o aumento da disponibilidade de ruas reduz o custo do tempo de dirigir, fazendo com que as pessoas dirijam mais e impedindo quaisquer reduções de congestionamento. Falamos muito sobre esse fenômeno em *Suburban Nation* (Nação Suburbana) em 2000 e o texto seminal, *The Elephant in the Bedroom: Automobile Dependence and Denial* (O Elefante no Quarto: Dependência e Negação do Automóvel), foi publicado por Hart e Spivak em 1993. Por isso, não vou abordar aqui suas causas, que são múltiplas e fascinantes. Porém, desde que esses livros foram publicados, outros relatórios têm surgido e todos confirmam, em essência, o que sabíamos então. Em 2004, uma meta-análise de dezenas de estudos anteriores descobriu que "em média, um aumento de 10% na quilometragem de vias induz a um aumento imediato de 4% em quilometragem rodada, que chega a 10% – toda a nova capacidade, em poucos anos".[18]

O esforço mais abrangente ainda é o feito em 1998 pelo *Surface Transportation Policy Project* (Projeto de Políticas para Transporte de Superfície) que estudou a fundo setenta áreas metropolitanas diferentes durante quinze anos. Baseando seus achados em dados de relatórios do conservador Instituto de Transportes do Texas, o estudo concluiu o seguinte:

> Áreas metropolitanas que investiram pesadamente em expansão da capacidade viária não se saíram melhor na diminuição do congestionamento do que áreas metropolitanas que não o fizeram. Tendências de congestionamento mostram que áreas com maior crescimento da capacidade de faixas de rolamento gastaram cerca de 22 bilhões de dólares a mais em construção de vias do que os que não o fizeram, mas acabaram com um leve aumento no custo de congestionamento por pessoa, desperdício de combustível e atrasos de viagem [...] A área metropolitana com mais alto custo estimado foi Nashville, Tenessee, com um preço de 3.243 dólares anuais, por família.[19]

Graças a estudos como este, a demanda induzida não é um segredo profissional. Fiquei encantado ao ler o seguinte em um artigo de 2009 na *Newsweek*, que está longe de ser uma publicação esotérica: "a demanda dos motoristas tende a rapidamente suplantar a nova disponibilidade: hoje em dia, os engenheiros reconhecem que a construção de novas vias, normalmente, faz o tráfego piorar"[20].

E, então, preciso perguntar: "Quem são esses profissionais e, por favor, alguém pode apresentá-los a mim?" A maior parte dos engenheiros com os quais sou forçado a trabalhar formou-se há décadas e, aparentemente, desde então nunca mais abriu um livro, nem uma *Newsweek*[21]. O resultado é que esse fenômeno poderoso, para o qual os maiores e melhores dados estão nos Estados Unidos, não teve qualquer impacto na construção de vias neste país. Mas, boas notícias: ocasionou grandes avanços na Europa! Na Grã-Bretanha, onde os planejadores não mais podem justificar novas vias com base na redução do congestionamento, a abertura de ruas caiu tão drasticamente que a Alarm UK, a principal organização de protesto contra rodovias, deixou de existir "considerando que não era mais necessária"[22].

Enquanto isso, de volta ao planeta Terra, Mary Peters, secretária de transportes, declarou recentemente perante uma comissão do Senado americano que "os congestionamentos devem ser abordados com uma estratégia de longo prazo para aumentar a capacidade."[23] Parece que a Companhia de Pavimentação Boas Intenções de Saul Bellow* ainda está funcionando.

Em nenhum lugar isso aparece, de forma mais clara, do que na propaganda feita pela atual encarnação da Gangue da Estrada. Uma firma de engenharia com a qual trabalho é uma das maiores do país, mas não vou revelar o nome por que gostaria de trabalhar novamente com eles. Fazem projetos urbanos de grande qualidade, são grandes promotores do urbanismo e líderes no desenvolvimento de novos sistemas de transporte. Também construíram muitos bairros residenciais nas distantes expansões urbanas, uma vez que fazem de tudo, e a maior parte desse tudo ainda é a expansão urbana.

Recentemente, a empresa colocou um anúncio de página inteira na revista *Planning*. Mostra uma antiga rodovia entupida de tráfego. Depois mostra um enorme trevo rodoviário, com carros felizes em alta velocidade. O texto diz o seguinte:

De 1980 a 1996, as milhas percorridas por veículo aumentaram 97%. Melhorias na infraestrutura poderiam reduzir o gasto de 78 bilhões de dólares em combustíveis, perdidos em congestionamentos a cada ano.

Esse anúncio é, no mínimo, enganoso, e em tantos níveis que é difícil saber por onde começar a desconstruí-lo. No mínimo, é enganoso quanto ao que diz, sugere e pressupõe. Afirma que novas ruas podem reduzir o congestionamento, quando sabemos que novas ruas quase sempre o aumentam. Sugere que o aumento dramático de quilômetros rodados por veículo, desde 1980, não foi explicitamente causado pelas melhoras em infraestrutura, quando sabemos que foi. Por fim, pressupõe que o congestionamento causa desperdício de combustível quando sabemos que, na verdade, economiza combustível e, no fim das contas, é uma das únicas coisas que faz.

As três afirmações são, talvez, contraditórias, o que explica por que essa propaganda não foi ridicularizada na agência de publicidade. As duas primeiras referem-se à demanda induzida. A terceira afirmação, que o congestionamento economiza combustível, requer alguma prova plausível.

Ocorre que há uma forte correlação entre velocidade média do tráfego numa área metropolitana e seu uso de combustível. Cidades com mais áreas congestionadas usam menos combustível *per capita*, enquanto cidades com menos engarrafamentos usam mais combustível[24].

Essa estranha situação existe não porque dirigir em meio ao tráfego seja mais eficiente – não é –, mas por causa da forma como pagamos para dirigir. Quer sejamos proprietários ou tenhamos um *leasing*, a maior parte dos custos é fixa: o preço do veículo (e/ou financiamento), o seguro, as taxas de licenciamento e a maior parte dos gastos com manutenção são, em geral, as mesmas, quer dirijamos muito ou pouco. As estradas, pontes e o policiamento são pagos por impostos de motoristas e não motoristas. O pedágio, exceto se o motorista estiver tentando entrar em Manhattan ou São Francisco, raramente é significativo e mais raramente ainda impede a viagem. O estacionamento, em geral, como discutiremos adiante e em detalhe, é cobrado abaixo do valor de mercado e, mais uma vez, é proibitivo somente em alguns lugares. Para a maioria dos motoristas americanos, o custo variável mais significativo é o preço da gasolina e, para os padrões globais, nossa gasolina é baratíssima – mesmo custando quatro dólares o galão, é metade do preço na Europa. No total, os custos marginais são quase insignificantes se comparados aos custos fixos. Segundo a AAA (Associação Americana de Automóveis), para um sedã grande que anda dezesseis mil quilômetros por ano, o custo operacional total é de um quinto dos custos de propriedade[25].

Tudo isso resulta numa situação na qual você está pagando quer dirija ou não; na qual quanto mais você anda de carro, menos custa o quilômetro rodado; e na qual a maior restrição a dirigir é o congestionamento. Enquanto, poucas vezes, o custo da viagem nos prende em casa, a ameaça de ficar preso no trânsito, muitas vezes, o faz, pelo menos nas grandes cidades. O congestionamento economiza combustível porque as pessoas detestam perder tempo sendo infelizes.

Esse é o jeito negativo de se ver a questão, mas há também um lado positivo. As cidades com mais congestionamento são, em geral, as que fornecem melhores alternativas a ficar preso no tráfego. Das dez cidades com pior lugar na classificação do "Urban Mobility Report" (Relatório de Mobilidade Urbana)[26] em 2010, todas, exceto três – Houston, Dallas e Atlanta –, têm excelente transporte público e muitos bairros caminháveis. De fato, essas sete cidades – Chicago, Washington DC, Los Angeles, São Francisco, Boston, Seattle e Nova York – também aparecem em outra lista, os dez "Bairros Mais Caminháveis dos Estados Unidos" do Walk Score[27].

Assim, com exceção dos suspeitos de sempre do Cinturão do Sol*, o congestionamento vem junto com a oportunidade de evitá-lo. E em lugares como Atlanta, onde quase todos são afetados, ao menos ele mitiga o uso de combustível em vez de aumentá-lo. Com certeza, é perturbador ficar sentado no trânsito e ver o céu tremendo por causa dos gases de centenas de escapamentos. Mas pode servir de consolo o fato de que menos congestionamento leva, na verdade, a mais gases.

Ninguém gosta de ficar parado no trânsito e, apesar das aparências, não defendo aqui mais congestionamento. Estou pedindo para que seja mais bem compreendido pelos que constroem e reconstroem nossas comunidades, para que paremos de tomar decisões burras que acalmam cidadãos nervosos, mas acabam fazendo mal em longo prazo. Há uma resposta simples ao congestionamento – e é a única resposta: levar o custo de dirigir em ruas congestionadas mais perto do seu valor real. Essa técnica é assunto da seção "Pedágio Urbano" adiante.

Não São Só as Vias Expressas

Quando me refiro a "estradas", você provavelmente imagina uma estrada de seis pistas de acesso limitado, com cercas de proteção e rampas de acesso. Mas a "estrada" americana típica não é uma via expressa, mas uma rodovia interestadual que atravessa o meio da sua cidade, rodeada de casas e lojas que fazem o que podem para manter seu valor, muitas vezes, enquanto o Departamento estadual faz o possível para aumentar o volume da estrada. É por isso que, nas inimitáveis palavras de Andres Duany: "O Departamento de Transportes, em sua obsessão por fluxo de trânsito, destruiu mais cidades americanas do que o General Sherman**."[28]

Algumas ou muitas de suas ruas podem ser de responsabilidade do Departamento de Transportes, dependendo do estado em que você vive. Na Virgínia, cujo Departamento de Transportes é famoso por chamar árvores de FHOS – Fixed and Hazardous Objects (Objetos Fixos e Perigosos)[29], – quase todas as ruas são propriedades estaduais. Na maior parte dos estados, entretanto, são apenas as que têm muito tráfego. Infelizmente, isso significa que muitas ruas principais dos Estados Unidos não são controladas pelas comunidades que dependem delas, mas por engenheiros estaduais. Afinal, ruas principais são ruas principais e o estado depende delas para manter alta a contagem do tráfego.

Estas são as piores notícias. Sempre que alguém me pede para ajudar a ressuscitar o centro de uma cidade ou região, antes de qualquer coisa, corro até o Google para ver quais ruas do centro – se é que existem – são propriedade do estado. Depois, se forem muitas, aumento meu preço e reduzo as expectativas deles, uma vez que lidar com o Departamento Estadual de Transportes quase sempre significa que o resultado será uma decepção[30].

Embora todos os engenheiros de tráfego sejam problemáticos, os engenheiros estaduais são mais difíceis porque não têm obrigação de ouvir o prefeito ou os cidadãos. Eles respondem a uma autoridade mais alta, em última análise, ao deus Fluxo de Tráfego. Em geral, alegam preocupação com a caminhabilidade e com "projetos sensíveis ao contexto", mas tudo ainda é visto pela ótica do "nível de serviço", e nível de serviço quer dizer fluxo de tráfego contínuo. Aliás, os Departamentos Estaduais de Transportes são também uma grande fonte de trabalho para consultores de planejamento, o que é também um bom motivo para que poucos planejadores tenham disposição para contestá-los.

O mesmo vale para engenheiros de condado, em lugares como o estado de Nova York, onde muitas comunidades são mantidas reféns por suas ruas principais que também são estradas do condado. Em ambos os casos, lutar contra o Departamento de Transportes do estado é sempre uma batalha, mas há como vencer e é com liderança. As comunidades que vencem são aquelas cujos representantes eleitos confrontam o Departamento Estadual e exigem, publicamente, uma solução mais caminhável. É evidente que essa abordagem é mais fácil para cidades maiores, mas mesmo cidades pequenas podem ter sucesso se fizerem bastante barulho.

Foi assim em Hamburg, Nova York (população de cerca de dez mil), onde o prefeito John Thomas ouviu do Departamento Estadual de Transportes que ele deveria aceitar três grandes alargamentos de vias que removeriam o estacionamento paralelo ao meio-fio, aumentariam a velocidade e, no geral, acabariam com o centro da cidade. Trabalhando junto com o nacionalmente famoso defensor dos pedestres Dan Burden[31], o prefeito recusou as "melhorias" do Departamento até que um novo projeto fosse feito com participação pública. Agora a rua principal de Hamburg é uma delicada via de duas pistas com ciclovia e estacionamento, e o Departamento estadual mostra orgulhosamente seu projeto vencedor de prêmios em congressos de transporte[32].

Derrotar o Departamento de Transportes é, talvez, a coisa mais importante que uma comunidade pode fazer para recuperar seu centro e, algumas vezes, batalhas assim épicas precisam ser travadas se as cidades quiserem florescer. Mas eu protegeria o leitor da verdade se sugerisse que o bicho-papão sempre vem de fora da cidade. Na maior parte das comunidades, há também batalhas diárias dentro da administração municipal onde, na ausência de liderança na prefeitura, o trânsito derrota a qualidade de vida.

Como já mencionei, passei quatro anos trabalhando com o Instituto de Prefeitos para Desenho Urbano (Mayor's Institute on City Design), programa que reúne prefeitos para oficinas intensivas de planejamento e desenho urbano. Como representante da principal entidade financiadora, sempre fiz uso da palavra e minha mensagem era sempre a mesma: "Pare de deixar o engenheiro de tráfego projetar sua cidade!"

A necessidade dessa mensagem ficou mais clara depois que compareci a algumas sessões do Instituto de Prefeitos. Em cidade após cidade, se deixados com seus apetrechos, os engenheiros de tráfego alargavam ruas, removiam árvores e derrubavam os centros urbanos para melhorar o fluxo do tráfego. Muitas dessas coisas aconteciam sob o radar do prefeito. Na ausência de uma liderança de projeto, o engenheiro municipal, que simplesmente fazia seu trabalho, estava redesenhando a cidade, de um jeito ruim.

Parece um pouco injusto culpar o engenheiro da cidade por essa situação. Como a maior parte das queixas que se ouvem na cidade são sobre tráfego, é razoável considerar que um bom funcionário público trabalhe para reduzir o congestionamento. Isso seria oportuno se os esforços para reduzir o congestionamento não destruíssem cidades e, ainda, se funcionassem. Mas não funcionam, devido à demanda induzida. A maior parte desses engenheiros não entende a demanda induzida. Podem até dizer que entendem, mas não agem como tal.

Digo isso porque pode parecer que nenhum engenheiro de tráfego nos Estados Unidos tem a combinação necessária de conhecimento e vontade política para levar a discussão sobre demanda induzida à sua conclusão lógica, que é: pare de fazer estudos de tráfego. Pare de tentar melhorar o fluxo. Pare de gastar os impostos do povo dando falsas esperanças de curar o congestionamento, enquanto mutila as cidades.

Entendo que pode ser difícil dizer ao público que não se pode atender à sua maior queixa. Mas há uma forma melhor de formular a mensagem, que é a seguinte: podemos ter o tipo de cidade que quisermos. Podemos dizer ao carro aonde pode ir e com que velocidade. Podemos ser bem mais do que apenas uma localidade para se atravessar de carro, mas sim, um lugar para se chegar. Essa é a história que os engenheiros de tráfego deveriam contar, em vez de gastar suas carreiras evitando congestionamentos. Até que façam isso, será necessário que prefeitos, comerciantes das ruas principais e cidadãos preocupados os desacreditem. Com esse objetivo, trago o seguinte interlúdio.

Primeiro, Livre-se dos Engenheiros de Tráfego

Todo mundo gosta de Jane Jacobs, certo? Famosa por contrapor-se com engenheiros de tráfego e criticá-los repetida e efetivamente em sua obra-prima, *Morte e Vida das Grandes Cidades* (The Death and Life of Great American Cities). Muitos funcionários públicos e a maior parte dos urbanistas respeitam bastante esse livro, mas poucos leram *Dark Age Ahead* (Idade das Trevas Adiante) no qual, quarenta anos depois, ela os atingiu com um cruzado direto, sem dó nem piedade. Até que os engenheiros de tráfego mudem seu discurso sobre a demanda induzida, eis a frase de Jane Jacobs que todo funcionário público e urbanista precisa colar em local visível sobre sua mesa:

> Popularmente se pressupõe que, quando universidades diplomam engenheiros de tráfego, como o fazem, estejam reconhecendo conhecimento especializado. Mas não estão. Estão cometendo uma fraude contra os estudantes e contra o público quando dão diplomas nessa suposta especialização.[33]

E mais um pouco:

> E pensei tristemente: Aqui estão eles [...], outra geração de jovens simpáticos, mal instruídos, prestes a desperdiçar suas carreiras numa ciência falha que não se preocupa com provas; que não faz uma pergunta produtiva para começar e que, quando surgem evidências inesperadas, não as seguem [...] Essa profissão complacente tira do ar suas conclusões sobre o significado das evidências – pura adivinhação – mesmo quando se digna a perceber as evidências [...] Enquanto isso, a cada ano, os alunos saem das universidades, um caso claro e danoso de educação rendida à indústria dos diplomas. É espantosa a docilidade dos estudantes que, evidentemente, devem estar satisfeitos o suficiente com o diploma na mão para não se preocuparem com a falta de formação.[34]

Talvez inspirados por Jane, alguns jovens e corajosos engenheiros de tráfego começaram a aparecer. O principal é, provavelmente, Charles Marohn que publicou o seguinte texto em *Grist*. É tão forte e importante que merece ser citado amplamente:

> CONFISSÕES DE UM ENGENHEIRO EM RECUPERAÇÃO
>
> Após me formar em engenharia civil, trabalhei em minha cidade natal para uma firma de engenharia que fazia principalmente infraestrutura urbana (ruas, canalização de água e esgoto, águas pluviais). Gastava boa parte do tempo convencendo as pessoas de que eu sabia mais do que elas.

É claro que sei mais. Primeiro, tenho um diploma técnico de uma universidade de ponta. Segundo, estava a caminho de obter uma licença estadual, que exigia um teste bem difícil só para começar e outro ainda mais difícil para concluir. Terceiro, estava numa das mais antigas e respeitadas profissões da história humana, profissão essa responsável por alguns dos maiores êxitos da humanidade. Quarto, e mais importante, tinha livros e livros de normas a seguir.

Quando as pessoas diziam que não queriam uma rua mais larga eu dizia que precisavam, por questões de segurança.

Quando respondiam que uma rua mais larga iria fazer os motoristas dirigirem mais depressa em frente às suas casas, onde as crianças brincavam, confiantemente eu dizia que uma rua mais larga era mais segura, sobretudo se combinada às melhorias de segurança que as normas exigiam.

Quando reclamavam dessas outras "melhorias", como remover todas as árvores perto da estrada, eu dizia que, por motivos de segurança, precisávamos melhorar a distância de visualização e garantir que a área de escape estivesse livre de obstáculos.

Quando mostravam que a "área de escape" era também a área de seus quintais, onde seus filhos jogavam bola e amarelinha, eu recomendava que colocassem uma cerca, desde que a cerca estivesse fora da faixa de domínio. Quando reclamavam do custo de uma estrada mais larga, mais rápida e sem árvores que iria transformar sua tranquila área livre dianteira em uma plateia para corrida de automóveis, a não ser que se construísse uma barricada de concreto em frente a seus terrenos, eu informava que o progresso, às vezes, era caro, mas essas normas, comprovadamente, funcionavam em todo o estado, o país e o mundo e eu não poderia comprometer a sua segurança.

Olhando retrospectivamente, entendo que era uma total insanidade. Estradas mais largas, mais rápidas, sem árvores não somente arruínam nossos lugares públicos, mas também matam pessoas. Levar os padrões rodoviários de estradas e aplicá-los a ruas urbanas, a bairros residenciais e mesmo a estradas municipais, custa milhares de vidas todos os anos. Não há razão possível para um engenheiro projetar uma estrada de catorze pistas para um quarteirão urbano, mas nós o fazemos continuamente. Por quê?

A resposta é uma vergonha: porque essa é a norma.[35]

O trecho acima serve para ajudar as cidades a se defender contra o abuso praticado por engenheiros de tráfego. Não gosto de partilhá-lo e gostaria que fosse desnecessário. Mas essa profissão precisa, tão desesperadamente, de uma correção de curso que a abordagem mais produtiva parece ser envergonhá-los sem dó. Dito isso, o texto de Marohn é, no final, um motivo de esperança. Afinal, é um engenheiro de tráfego que entendeu a questão. E é apenas um dentre um número crescente de especialistas – tanto consultores profissionais como funcionários municipais – que têm liderado o recente ataque em direção a um novo paradigma. Como as cidades precisam deles, esses engenheiros ainda fazem estudos de tráfego. Mas tais estudos, como os britânicos, finalmente levam em conta a demanda induzida.

Remova-as e Eles Irão*

Se mais e melhores rodovias significam mais tráfego, será que a lógica inversa funciona? A última virada na história da demanda induzida poderia ser chamada de demanda *reduzida*, que parece ser o que acontece quando artérias "vitais" são removidas das cidades. O tráfego vai embora.

Os dois exemplos americanos mais conhecidos são a da West Side Highway, em Nova York e a Embarcadero Freeway, em São Francisco, que entraram em colapso em 1973 e 1989, respectivamente. Em ambos os casos, ao contrário dos avisos apocalípticos dos engenheiros de tráfego, a maior parte dos trajetos de automóvel simplesmente desapareceu. Não reapareceram em outros lugares, entupindo as ruas; as pessoas apenas encontraram outras formas de se deslocar, ou se sentiram menos compelidas a serem móveis[36]. A Embarcadero foi substituída por um belo bulevar, cujos lindos bondinhos transportam, na verdade, mais passageiros por dia do que a via expressa levava.

A conscientização desses sucessos levou a uma lista crescente de eliminação de vias expressas, tanto nos Estados Unidos como no resto do mundo. Entre elas o Harbor Drive, de Portland, a Park East Freeway, de Milwaukee e outra via elevada em São Francisco, a Central Freeway, agora substituída pelo agradável Octavia Boulevard[37]. Além de dar vida nova a áreas antes vitimadas pelas vias expressas, descobriu-se que a remoção das estradas reduzia o tempo das viagens dentro das cidades. O caso mais comemorado, e com razão, deve ser o da via expressa Cheonggyecheon (pronúncia aproximada "chang-iei-chan") em Seul, onde uma via elevada foi derrubada em meados dos anos 2000, trazendo à luz um rio encoberto há meio século[38].

A história da Cheonggyecheon é tão interessante que merece um livro inteiro. Começou como um movimento popular sem qualquer apoio político – afinal, quem apoiaria a remoção de uma estrada por onde trafegam 168 mil carros por dia? Como nenhum político eleito apoiava a proposta, os proponentes ofereceram a ideia aos candidatos a prefeito, na esperança de que algum deles adotasse a plataforma. O único a aceitar – ironicamente, o ex-presidente da construtora do elevado – foi eleito com base nessa promessa. Como prefeito, Lee Myung-bak iniciou o projeto de demolição no dia da posse.

Seguiu-se o caos. Os oponentes fizeram grandes protestos, incluindo os três mil vendedores ambulantes que ganhavam a vida com os motoristas presos no congestionamento. Alguns ameaçaram suicidar-se caso o projeto não parasse. Durante tudo isso, o processo do projeto de dois anos foi encurtado para seis meses e todo o esforço foi completado em trinta meses. Uma via elevada de dezesseis pistas foi substituída por um bulevar urbano e um espetacular parque à beira do rio, com 5,7 km de extensão[39].

Alguns anos depois, o ecossistema do rio já estava significativamente restaurado, uma ilha de calor urbano teve sua temperatura reduzida em mais de cinco graus e o congestionamento caiu muito – graças, em parte, a investimentos simultâneos em transporte. Hoje, o valor das propriedades que circundam o antigo elevado subiram 300%. E Lee Myung-bak foi eleito presidente da Coreia do Sul[40].

Queria já ter sabido desses esforços em setembro de 2004, quando o prefeito de Seattle, Greg Nickels, veio até o Instituto de Prefeitos e trouxe consigo, como desafio, o viaduto Alaskan Way. Assim como no caso da Embarcadero, o viaduto em dois pavimentos e seis faixas havia sido danificado por um terremoto e precisava ser substituído. O departamento de transportes do estado propôs substituir a via por um elegante bulevar de superfície e um túnel de 4,2 bilhões de dólares.

"Parece perfeito – mas, esqueça o túnel" gritaram em uníssono os planejadores em torno da mesa. "Mas para onde vai o tráfego?" perguntou o prefeito. "Não se preocupe!", respondemos[41]. No entanto, ao que parece, não fomos muito convincentes já que o prefeito Nickels voltou para Seattle ainda comprometido com o túnel. Mesmo sendo um líder democrata da progressista cidade da costa oeste – e um ambientalista tão devotado que não permitia o uso de sal para remoção de neve –, ele não se convenceu da demanda induzida.

O que aconteceu então? Bem, primeiro os cidadãos de Seattle rejeitaram, num referendo, os planos para substituir o viaduto por um túnel ou outra via expressa elevada. Depois, como Nickels continuava a apoiar o túnel, um ambientalista do grupo Sierra Club, Mike McGinn, anunciou que iria se candidatar a prefeito apoiado na ideia de eliminar a construção do túnel. Apesar de levantar apenas oitenta mil dólares contra os 560 mil de Nickels, McGinn derrotou Nickels facilmente nas primárias e hoje é prefeito[42].

Então, Lee Myung-bak é presidente e Greg Nickels está fora da política... Será que existe aí uma lição sobre demanda induzida? Parece que, como de hábito, o povo está à frente dos políticos, só que não: em um referendo mais recente, o túnel venceu e agora parece iminente, o que não quer dizer que isso esteja certo.

No final, a discussão diz mais sobre limitações fiscais do que teoria de tráfego. O mais lindo bulevar arborizado pode ser construído por uma fração do custo de um túnel ou viaduto. O atual, e talvez permanente, estado de restrição orçamentária de nossas cidades e estados sugere que toda via expressa elevada urbana deva ser substituída por ruas de superfície conforme envelhecem, mas talvez não antes.

Todavia esse alerta final exige mais atenção. Vias expressas elevadas são uma praga nas cidades e diminuem drasticamente os valores das propriedades circundantes, não só as no entorno imediato, mas às vezes por vários quarteirões em ambos os lados. Bulevares arborizados, é claro, fazem o oposto. O projeto do bulevar Embarcadero custou 171 milhões de dólares, mas elevou os valores das propriedades em 300%, o mesmo que em Seul, por um trecho de quase dois quilômetros[43]. Não é preciso ser diplomado em mercado imobiliário para perceber que um aumento de 300% em impostos de propriedade por três quilômetros no centro de São Francisco, provavelmente, já pagou pelo bulevar várias vezes desde 2000. Se fizerem direito as contas, algumas cidades podem encontrar amplas justificativas para derrubar uma ou duas vias expressas, antes que estas comecem a ruir.

Um Passo Longe Demais: Zonas de Pedestres

Jan Gehl, famoso urbanista dinamarquês, de forma elegante, resume a discussão sobre o tráfego da seguinte maneira:

> Foi no século XX que a ligação entre convites e comportamento atingiu o ponto crítico para as cidades [...]. Em todos os casos, as tentativas de construir novas vias e áreas de estacionamento para aliviar a pressão do tráfego geraram mais trânsito e congestionamento. O volume do tráfego, em quase todo lugar, é mais ou menos arbitrário, dependendo da infraestrutura de transporte disponível.[44]

Essa avaliação, a meu ver, demonstra a natureza ainda recuperável da cidade hoje dominada por automóveis e como a comunidade, ao fazer escolhas coletivas a respeito da infraestrutura, pode ditar a qualidade de sua vida e de sua paisagem. Em Copenhague, Gehl presidiu a gradual retirada de carros do coração da cidade. De 1962 a 2005, a zona central dedicada a pedestres e bicicletas foi ampliada em sete vezes, de cerca de quinze mil para um milhão de metros quadrados[45]. Em conjunto com esse esforço, durante os últimos trinta anos, a cidade vem eliminando 2% de seus espaços de estacionamento a cada ano[46].

Recentemente após uma consultoria de Gehl para a cidade de Nova York, houve uma transformação de um trecho da Broadway, em Times Square, em um parque de pedestres com ótimos resultados. A cidade também completou cerca de vinte quadras do espetacular projeto High Line, antiga via elevada convertida em parque linear, talvez a mais agradável obra de arte cívica criada desde meados deste século. É possível que o leitor já tenha visto fotografias e elas não mentem: essas amenidades públicas são uma benção para a qualidade de vida dos bairros e são muito bem usadas, exceto com tempo muito ruim.

Esses sucessos, que não envolvem carros, contêm uma grande lição que, infelizmente, não se aplica à maioria das cidades americanas. É um erro achar que projetos semelhantes irão produzir resultados semelhantes em lugares muito dessemelhantes. Afinal, você não está em Copenhague, onde há mais ciclistas que motoristas[47]. E não está em Nova York, onde o congestionamento de pedestres pode praticamente impossibilitar caminhar na direção sul ao longo da Sétima Avenida perto da Estação Penn, às 9h00 da manhã. A não ser que disponha de áreas com similar densidade residencial e de pedestres e lojas que possam viver na ausência do tráfego de automóveis – uma raridade –, o fato de entregar uma área comercial apenas aos pedestres é condená-la à morte.

Quando cheguei ao NEA em 2003, meu escritório tinha uma coleção de publicações descrevendo as ações de sucesso do fundo. Uma delas, com um cabeçalho antiquado de 1970, celebrava dúzias de ruas principais por todo o país que haviam se transformado em ruas de pedestres, utilizando fundos do NEA. Conforme folheava as páginas, via fracasso após fracasso: de Baltimore a Buffalo; de Louisville a Little Rock; de Tampa a Tulsa; de Greenville, na Carolina do Norte, a Greenville, na Carolina do Sul, quase toda rua principal, que fora fechada ao tráfego nos anos 60 e 70, fracassava quase ao mesmo tempo que o livro da NEA chegava ao prelo.

No total, das mais de duzentas ruas de pedestres criadas nos Estados Unidos só trinta ainda existem[48]. Destas, a maior parte são moribundos distritos empobrecidos, como a rua principal de Memphis, onde, apesar da presença de um agradável bondinho, há grande quantidade de fachadas vazias. Constituem exceções quase todas as cidades universitárias, como Boulder, em Colorado, e Burlington, em Vermont, ou em cidades turísticas como Aspen e Miami Beach. Outras exceções, como a Third Street Promenade de Santa Monica e a rua 16th de Denver, mostram que a pedestrianização bem-sucedida é possível. Mas é muito, muito improvável.

Parece que a única coisa mais destrutiva à saúde de nossas áreas centrais do que, de maneira incondicional, atrair os carros é livrar-se deles inteiramente. A resposta adequada à obesidade não é parar de comer e a maior parte das lojas precisa do tráfego de veículos para sobreviver. Com a reintrodução dos automóveis, a maior parte das zonas de pedestres, como Monroe Place em Grands Rapids, ressurgiu, pelo menos parcialmente. A chave é atrair automóveis em número e velocidade adequados.

É fácil pegar o vírus da Broadway e esperar criar refúgios de pedestres em sua cidade. Nova York poderia ter mais zonas destas – dei uma consultoria para sua comissão de planejamento em 2010 para acrescentar uma nova zona de pedestres a cada ano[49]. Outras cidades com alta densidade residencial no centro, como Boston ou Chicago, poderiam ter sucesso nos próximos anos e, talvez, devessem tentar. Mas a principal lição aqui é não fazer como foi feito antes, com a construção de elementos urbanos caros e difíceis de remover que impossibilitam o dirigir. Em vez disso, coloque alguns balizadores cilíndricos temporários, reúna floreiras e cadeiras móveis como foi feito na Times Square. Experimente em um final de semana e, se funcionar, aumente os dias. Não gaste em maravilhosos bloqueios para carros, porque se uma zona de pedestres for bem-sucedida, será pela sua localização, demografia e organização e não pelo mobiliário urbano e outros elementos nas ruas.

Pedágio Urbano: Inteligente Demais Para Ser Fácil

Nenhum capítulo sobre carros e cidades estaria completo sem um debate sobre aplicação de uma tarifa ao congestionamento, uma ferramenta bastante subutilizada que as comunidades podem empregar para se proteger das hordas automotivas. Um pouco relutantes, já notabilizamos o congestionamento como fator dominante na limitação do tempo das pessoas na rua. A maior parte das cidades precisa de congestionamento para controlar as viagens, já que os gastos de dirigir custam aos motoristas muito menos do que à sociedade[50]. Mas e se os motoristas fossem solicitados a pagar algo próximo do valor real de dirigir, de modo que novamente eles pudessem fazer suas escolhas de quando e onde dirigir com base no mercado? O resultado seria a solução ao excesso de trajetos e de congestionamento. Essa é a ideia subjacente à ação de tarifar o congestionamento, também conhecida por pedágio urbano.

No início dos anos 2000, Londres estava engasgada com o trânsito e seus moradores, desesperados por uma solução. Uma vez esgotadas as alternativas, o então prefeito, Ken Livingstone, propôs a única cura conhecida: a econômica. Indo contra uma "campanha massiva da mídia"[51], ele introduziu uma cobrança de aproximadamente quinze dólares para os motoristas que quisessem entrar no coração congestionado da cidade nos dias de semana, sendo a renda usada para apoiar um programa de transportes avançado.

Eis o que aconteceu: o congestionamento caiu em 30% na zona de cobrança de pedágio e os tempos de viagem caíram em 14%. O ciclismo entre os londrinos aumentou em 20% e a poluição do ar caiu em 12%. A taxa já gerou mais de um bilhão de dólares em renda e grande parte disso foi investida em transporte de massa. Londres, agora, tem centenas de ônibus novos, que fazem quase trinta mil viagens diárias a mais do que antes da mudança. A confiabilidade nos ônibus aumentou em 30% e os atrasos caíram em 60%[52].

Antes da introdução do pedágio urbano, os londrinos estavam divididos quanto ao conceito. Na última pesquisa, os prós derrotaram os contras por 35%[53]. E na eleição seguinte para prefeito, praticamente um referendo sobre o pedágio, Livingstone foi reeleito por ampla margem.

Londres não é a única a abraçar a ideia de criar um pedágio urbano para tarifar o congestionamento. Xangai, Cingapura, Estocolmo e Sydney[54], todas introduziram medidas semelhantes, com resultados variáveis, mas em geral positivos. Hoje, São Francisco está criando um esquema próprio. Ao contrário dessas outras cidades, Nova York tinha aparentemente uma clara desvantagem quando o prefeito Michael Bloomberg concebeu um plano de instituir essa tarifa no Dia da Terra, em 2007. Sua proposta teria rendido meio bilhão de dólares por ano e, além disso, deveria receber 345 milhões de dólares do governo federal. Para a surpresa de muitos, o plano foi vetado pela Assembleia Estadual em Albany[55], cidade composta por um número desproporcional de moradores que fazem o longo trajeto diário casa-trabalho-casa. Como diria um nova-iorquino, "dane-se, você também".

Ironicamente, logo o preço da gasolina a quatro dólares realizou parte do que o prefeito Bloomberg desejava[56] – menos as rendas para a cidade –, demonstrando a eficácia de se usar essa tarifa para controlar o congestionamento. No entanto, os preços de combustíveis são um instrumento muito mais grosseiro do que as tais tarifas de congestionamento, que permitem que as cidades ataquem pontos problemáticos e ganhem dinheiro. A maior parte das cidades não é limitada pelas suas legislaturas estaduais como Nova York e as mais congestionadas deveriam considerar projetos pilotos como o de Londres. Afinal, a proposta do prefeito Bloomberg foi apoiada por 67% dos eleitores[57].

A Visão de Longo Prazo

"Os americanos têm o hábito de nunca andar se puderem cavalgar." Foi o que comentou o Duque de Orléans, Luis Filipe, já em 1798 (que se tornaria rei da França em 1830)[58]. Ao que parece, estabelecida já nos primórdios de nossa nação, essa tendência teve um impacto profundo tanto na paisagem como em nosso físico. Bem mais recentemente, o filósofo francês Bernard-Henry Lévy descreveu nosso estilo de vida centrado no automóvel como "uma obesidade global, total, que não poupa nenhum aspecto da vida pública ou privada. Toda uma sociedade que, de cima a baixo, de uma ponta a outra, parece ser a presa dessa obscura perturbação que lentamente faz um organismo inchar, transbordar, explodir"[59]. Embora com dois séculos de diferença, os dois comentários estão mais conectados do que parecem.

Lévy não falava de maneira explícita de nossos corpos, mas de nossa sociedade como um todo e de como ocupamos tanto espaço no território. Para entender o que aconteceu no tempo entre essas afirmações francesas, precisamos fazer um breve desvio pelos escritos de Ivan Illich, intelectual multinacional que, em 1973, escreveu a coisa mais inteligente que já li sobre transporte: "Depois de certa velocidade, veículos motorizados criam uma distância que só eles podem encolher. Criam distância para todos e as reduzem somente para alguns poucos."[60]

Em essência, Illich traçava um argumento de equidade e, se tivesse ficado nisso, sua mensagem não teria sido tão convincente. É claro que não é justo que "uma elite tenha distâncias ilimitadas em uma vida de viagens cheias de mordomias, enquanto a maioria gasta a maior parte de sua existência em viagens indesejadas"[61], mas desde quando a vida é justa? Afirmações do tipo "extremos de privilégios são criados ao custo da escravidão universal"[62] não ganham votos hoje como ganhariam nos anos de 1970. Entretanto, além de discutir equidade, Illich, na verdade, desvendara uma vasta fonte de desperdício americano:

> O homem americano típico dedica mais de 1600 horas do ano a seu carro. Senta-se nele quando está em movimento e quando está parado. Ele o estaciona e procura estacionamento. Ganha dinheiro para pagar as prestações. Trabalha para pagar a gasolina, o pedágio, o seguro, impostos e multas. Das dezesseis horas em que passa acordado, gasta quatro na estrada ou juntando recursos para isso. O americano típico gasta 1600 horas para conseguir 12 mil km: menos de 8 km/hora. Em países sem indústria de transportes, as pessoas conseguem fazer o mesmo andando

para onde quiserem e empregam somente 3 a 8 % do orçamento de sua sociedade em vez de 28%[63].

Isto é notável. Em comparação a nossos ancestrais coloniais, gastamos 25% mais de nossos recursos nacionais e pessoais em transporte e, no final, não nos movimentamos de modo mais rápido. Vamos mais longe e Illich também poderia falar da Atlanta contemporânea, quando escreve que o raio diário de cada um se expande à custa de poder visitar um amigo ou atravessar um parque a caminho do trabalho[64].

Illich descobriu uma lei oculta da física: quanto mais rápido uma sociedade se move, mais ela se espalha e mais tempo gasta para se mover. E ele nem tinha visto metade do problema. Desde 1983, quando a máquina de fazer bairros aumentando a mancha urbana realmente começou a funcionar, o número de quilômetros rodados aumentou oito vezes mais do que a taxa da população[65]. Enquanto quase um em cada dez trabalhadores caminhava para o trabalho, hoje menos de um em cada quarenta o faz[66].

Embora essa transformação seja perturbadora, precisamos nos lembrar de que não é irreversível e – mais diretamente – não é a experiência atual de todos os americanos. Cidades caminháveis, com bairros densos, vibrantes e de uso misto, oferecem aos residentes um estilo de vida que combina oportunidade econômica e social superior com custo de transporte, tanto em tempo como em dinheiro, que não é necessariamente superior ao que Illich descreveu como "países sem indústria de transporte". Isso vale, sobretudo, quando mais cidadãos puderem viver no centro da cidade, um assunto para o próximo capítulo.

Passo 2: Mesclar os Usos

As cidades foram criadas para reunir as coisas. Quanto melhor fizerem isso, mais bem-sucedidas serão. Sempre foi assim, mas houve um tempo quando o que era bom para as cidades não era bom para os cidadãos. A fumaça das "fábricas escuras e diabólicas" e a disseminação desenfreada de epidemias nos cortiços diminuía, de forma dramática, a duração da vida na cidade. Em torno de 1900, um nova-iorquino típico vivia sete anos a menos que seu primo na fazenda[67].

Planejamento das cidades em operação salvamento! Antes mesmo de ter um nome, a profissão teve sua primeira grande vitória, reduzindo a superpopulação urbana e separando moradias de fábricas. As expectativas de vida subiram rapidamente, os urbanistas foram saudados como heróis e assim começou um século em que se separava tudo de tudo[68]. Esse desmantelamento da cidade em suas partes constituintes ficou conhecido, de forma bem apropriada, como zoneamento e este ainda rege a maior parte das comunidades americanas. Cidades são organizadas não segundo "regras de planejamento", mas por "leis de zoneamento", e diferentes usos do solo ainda tendem a ser mantidos bem mais separados do que determinariam questões de saúde, segurança ou senso comum. A maior parte das indústrias urbanas de pequena escala não polui mais e, ao que sabemos, a cólera está controlada.

A tendência ao zoneamento tem sua apoteose, claro, no pico da expansão urbana para criação dos bairros residenciais distantes, onde um obtuso sistema de separação de atividades forma a falimentar hipermobilidade, que tem sido tão destrutiva na vida cívica do país. Essa história já foi bem contada. Menos discutida foi a forma como o zoneamento solapou e continua a comprometer as áreas centrais de nossas cidades. Tão profundo foi seu impacto que agora não basta abolir o zoneamento e deixar o mercado seguir seu curso. Para que sejam novamente inteiras, as cidades precisam não só aperfeiçoar seus códigos – a ser discutido no "Passo 9" – mas também trabalhar seriamente para reestabelecer um equilíbrio adequado entre as diversas atividades em seus centros.

Em Geral, É a Moradia

O que seria esse equilíbrio? Melhor perguntar: o que fazem os seres humanos? Trabalham, compram, estudam, espairecem, encontram-se, vão à igreja, recuperam-se, visitam, comemoram, dormem: são atividades que as pessoas deveriam realizar sem sair do centro. Apesar de haver exceções, a maior parte das áreas centrais das cidades americanas de grande ou médio porte tem uma boa oferta de tudo isso, exceto lugares onde dormir, perdidos para o grande êxodo do século XX em direção aos novos e afastados bairros residenciais de classe média. Além disso, graças à escassez de moradia, muitas outras categorias não conseguem se desenvolver. O comércio especializado, em particular, pode ter continuado, mas mercearias são raras. Restaurantes fazem o que podem para sobreviver só com o almoço. Igrejas históricas lutam para manter os paroquianos que antes moravam nas proximidades.

Como já discutimos, a demanda de moradia no centro é significativa e está para subir em passo acelerado. Mas a oferta terá dificuldade de atender à demanda a não ser que as cidades comecem a se comprometer politicamente com essa oferta e criem incentivos. Construir novas moradias no centro é um processo caro e complicado; ao contrário das grandes áreas distantes sem ocupação, às quais a maioria dos empreiteiros está acostumada, as propriedades urbanas vêm com uma imensa gama de questões relativas a serviços públicos, direitos de servidão e problemas de acesso, sem mencionar vizinhos desagradáveis. Os bancos locais, antes dispostos a financiar blocos de apartamentos na periferia, evitam investir em novos apartamentos no centro.

Essa é a situação em Davenport, Iowa, onde os grandes financiadores locais têm se mostrado pouco dispostos a apoiar a construção de moradias nas próprias ruas que cercam seus escritórios – apesar do fato de os três empreendimentos residenciais que foram para o centro, na última década, terem sido alugados ou vendidos quase de imediato. Mas este não é um mundo maravilhoso: os investidores tiveram que vir de Minneapolis, Madison e Saint Louis. Essa versão contemporânea de *redlining** é um motivo considerável para que a construção de moradias no centro necessite apoio municipal.

Como seria esse apoio? Um grande exemplo é Lowell, em Massachusetts, que vem rapidamente transformando seu centro com foco em novas moradias. Cresci não muito longe de Lowell, então conhecida como local a ser evitado. Outrora meca industrial, a cidade natal de Jack Kerouac** já havia perdido a maior parte de sua vitalidade nos anos de 1960, junto com a maior parte das moradias na área central. Ainda em 2000, o coração da cidade abrigava apenas 1,7 mil domicílios, dos quais espantosos 79% de aluguel subsidiado e renda restrita. Onze anos depois, o número de unidades quase dobrou e, mais significativamente, quase 85% das novas moradias têm preço de mercado. Isso significa que o número de casas sem restrição de renda mais do que quadruplicou.

Segundo o assistente de planejamento e desenvolvimento de Lowell, Adam Baacke, obter essa transformação foi, essencialmente, um processo de três etapas que poderiam ser mais bem descritas como *política, permissão* e *pioneirismo*.

Política refere-se a mudar atitudes (e pessoas) no conselho municipal, cuja maior parte era contra moradias no centro porque "somente empreendimentos comerciais eram considerados bons". No final, o novo enfoque municipal motivou-o a vender um de seus lotes subutilizados com o objetivo específico de criar moradias para artistas no centro.

Permissão refere-se a contornar a lei convencional de zoneamento da cidade que, por exemplo, exigiu catorze diferentes licenças para a construção de um novo edifício de artistas. Em vez disso, a cidade tratou cada nova proposta residencial como uma "licença especial" e estas foram distribuídas, à vontade, para candidatos qualificados. Depois, o município substituiu as rígidas exigências mínimas de estacionamento por uma nova regra, segundo a qual os empreendimentos precisavam somente identificar uma vaga por unidade, em algum lugar próximo, que pudesse ser alugada aos residentes. A maior parte dessas vagas estava em garagens municipais, ocupadas durante o horário comercial, mas vazias à noite.

Finalmente, o *pioneirismo* refere-se a fazer com que funcionários públicos, de fato, auxiliassem os empreendedores, guiando-os através do complicado processo de obtenção dos subsídios federais e estaduais disponíveis, incluindo incentivos para preservação histórica e verbas para renovação de comunidades. Alguns desses créditos são muito competitivos e a cidade chegou a formar pacotes de todas as cartas de apoio da comunidade. E, sim, essa ajuda incluiu verbas, com a cidade encontrando meios de colocar dinheiro em alguns dos projetos[69].

Para ser exato, Baacke cita outro passo essencial no processo de atrair residentes para o centro, o que ele descreve como "um compromisso de toda a cidade de criar um ambiente onde as pessoas queiram morar" – que eu chamaria de caminhabilidade. Num círculo virtuoso, mais caminhabilidade gera mais moradia no centro, que gera mais caminhabilidade. Essa relação ovo-galinha levanta a questão de em qual item deve-se investir primeiro. A resposta, evidentemente, é em ambos.

Acessibilidade Invisível

Lowell levanta uma questão interessante: que a maior parte das cidades americanas não precisa de novas moradias a preços acessíveis em seus centros. A maioria delas já tem, em suas áreas centrais, um excesso desse tipo de moradias. Ou, mais corretamente, um número excessivo de moradias no centro tem preço acessível, visto que todos, exceto os pobres, puderam fazer parte daquele êxodo em direção aos novos bairros residenciais distantes. Hoje, o típico centro da cidade americana de porte médio tem poucos apartamentos com preço de mercado, um punhado de *lofts* ocupados por gente que só veste preto, um ou dois grupos de casas geminadas construídas com paredes de aço Corten, estilo fortaleza, do tipo que aparece na revista *Dwell*, e uma tonelada de gente pobre, muitos deles em conjuntos habitacionais. Essas áreas centrais precisam de mais moradia, mas estas deveriam contribuir para uma distribuição de renda mais normal nessas áreas. Foi o esforço feito em Lowell.

Nem toda cidade é Lowell. Algumas poucas cidades afortunadas, maiores — algumas das heroínas deste livro —, já atraíram tantas pessoas bem de vida para o seu centro, e às vizinhanças próximas, que esses lugares estão em perigo de se tornar monoculturas sociais. Apesar da riqueza, isso também pode ser prejudicial à vida nas ruas, visto que *yuppies* muito bem-sucedidos tendem a passar menos tempo na esfera pública e, também, porque as calçadas, como bairros e comunidades, prosperam na diversidade: diferentes tipos de pessoas usam a rua em diferentes horas do dia, mantendo-as ativas todo o tempo[70].

Para essas comunidades gentrificadas e gentrificantes há dois remédios poderosos para aumentar e manter preços acessíveis. Um é bem conhecido e o outro não. São o *zoneamento financeiramente inclusivo* e um tipo de *edícula autônoma*.

O *zoneamento inclusivo* — exigindo que uma porcentagem dos novos empreendimentos tenha critérios de acessibilidade econômica — mal precisa ser mencionado, exceto para dizer que funciona e sempre é a coisa certa a se fazer. Toda cidade deveria ter uma regulamentação desse zoneamento inclusivo, e poucas atualmente o têm, porque ele tem a fama de ser um imposto oculto sobre empreendedores e um obstáculo ao livre mercado. Embora tecnicamente verdadeiras, essas críticas ignoram a real experiência dos programas desse zoneamento inclusivo em operação, que é: eles nunca sufocam o desenvolvimento. Em alguns casos, chegaram mesmo a acelerá-lo[71].

Enquanto alguns libertaristas* odeiam esse zoneamento inclusivo, os empreendedores sofisticados parecem gostar dele[72]. Isso, talvez, ocorra porque o "acessível financeiramente" pode qualificar um empreendimento para receber subsídios federais ou estaduais que tornam o projeto mais lucrativo. Alguns dos maiores programas de zoneamento financeiramente inclusivo estão em Denver, São Francisco, San Diego e Boston. O programa de Montgomery, rico condado de Maryland, em funcionamento desde 1974, já construiu mais de dez mil dessas moradias acessíveis. No atual clima moribundo da construção, o *lobby* "pró-construção" vai com certeza redobrar seus esforços contra esse zoneamento inclusivo, mas vai fazê-lo com pouco embasamento e, no final, contra seus próprios interesses.

Por outro lado, as edículas autônomas ainda não tiveram grande impulso nas cidades do país. Chamadas por urbanistas de ADUs – "accessory dwelling units" (unidades de moradia acessória) – e de "chalés de quintal" por marqueteiros espertos, esses apartamentos são tão inteligentes quanto ilegais. Os poucos regulamentos sobre ADUs aprovados no país permitem que residências unifamiliares coloquem um pequeno apartamento em seus quintais – muitas vezes sobre a garagem em um beco posterior – que pode ser alugado no mercado. Em geral, a vizinhança se opõe a esses apartamentos por temer a desvalorização de seus próprios imóveis. Um ex-colega de Los Angeles comentou sucintamente: "Temos medo que nove imigrantes ilegais se mudem para lá."

Felizmente, não há provas de que essas edículas autônomas causem desvalorização e é fácil ver por que. Em primeiro lugar, são quase invisíveis. Segundo, garantem aos proprietários uma renda que lhes permite viver com mais conforto em suas próprias casas. Terceiro, são bem regulamentadas para evitar o tipo de cortiço imaginado pelo meu amigo de Los Angeles. (Na verdade, os inquilinos são, em geral, os pais do proprietário ou um filho em idade de ir para a faculdade.) Quarto, eles introduzem a acessibilidade financeira de forma dispersa e não concentrada, evitando as patologias que, às vezes, surgem com a concentração. E enfim, evidentemente, são bem supervisionadas pelos locadores, que moram a poucos metros de distância.

Além disso, são ótimas para a caminhabilidade, já que aumentam a densidade, colocando mais pés nas calçadas e tornando mais viáveis os serviços de transporte e o comércio local. São ideais para os bairros mais antigos com residências unifamiliares, encontrados nas margens das áreas centrais, onde casas térreas ou casarões margeiam ruas caminháveis. De fato, é onde ainda podem ser encontradas, em locais como Charleston e West Hollywood. São também importantes no Canadá, onde grupos de residentes organizados* têm menos influência sobre questões de planejamento. Vancouver regulamentou-as em 2008 como parte da iniciativa EcoDensity e centenas já foram construídas e alugadas[73].

Apesar de tudo isso, mesmo algumas das cidades mais avançadas vêm tendo dificuldade em legalizar essas unidades autônomas. Seattle finalmente conseguiu, após uma longa batalha com os opositores, afirmando que elas iriam dobrar a densidade urbana. Outros sugeriam que os vizinhos perderiam a privacidade necessária para "fazer churrasco, receber visitas ou andar nus se fossem excêntricos"[74]. Agora, cerca de cem edículas autônomas recebem alvarás de construção a cada ano em Seattle[75]. Nesse momento, essas unidades ou chalés foram legalizados em Portland, Miami, Berkeley, Denver e Burlington, em Vermont[76]. Se for morar numa dessas cidades, você pode construir uma unidade por uns 75 mil dólares. Se viver noutro lugar, tenha coragem, há pelo menos seis regulamentações de ADUS para você mostrar ao conselho de sua cidade.

O Resto do Quadro

Esse capítulo sobre uso misto, rapidamente, tornou-se um capítulo sobre moradia, porque é a atividade menos representada nos centros de cidade dos Estados Unidos e também porque é a atividade que as cidades americanas têm maior chance de atrair no momento. Conforme mais e mais indústrias no país são terceirizadas para o exterior, ou executadas por portadores de *laptops* que podem viver onde quiserem, a maior parte dos centros urbanos vai lutar para manter seu estoque de espaço dedicado ao trabalho. Claro, haverá exceções, mas essa situação vai continuar por algum tempo até que um número suficiente de pessoas tenha voltado a morar nos centros e o trabalho as tenha seguido até lá, assim como as seguiu até os bairros distantes nos anos de 1960.

Por isso, a melhor estratégia para atrair negócios para sua cidade não é mais o jogo de soma zero de atrair empresas de outros lugares com incentivos fiscais, acordos com terrenos e outros atrativos. Muitas cidades ainda pensam que o desenvolvimento econômico pode ocorrer em um ambiente de trocas e incentivos, ignorando o fato de que tais vitórias são cada vez mais raras e nem sempre duradouras. Afinal, uma corporação que troca Filadélfia por Indianápolis graças a um desconto de 5% nos impostos, facilmente, irá correr para Cincinatti por um desconto de 7,5% ou talvez, depois, para Tijuana, no México.

As cidades cuja estratégia de desenvolvimento é a captura de corporações são, tipicamente, locais cujo secretário de desenvolvimento econômico não se comunica com o de planejamento. Cidades inteligentes, como Lowell, contratam um chefe de planejamento e desenvolvimento que é encarregado de criar uma cidade onde as pessoas queiram ficar. Em vez de tentar conseguir novos inquilinos de escritórios num mercado de escritórios cada vez menor, ele entende que o futuro crescimento econômico vai ocorrer onde houver pessoas criativas e então trabalha para atrair mais moradores para o centro.

Conforme sugeriu Adam Baacke, tal estratégia significa construir mais residências a preço de mercado e, ao mesmo tempo, providenciar aquilo que os residentes querem e necessitam: parques, parques infantis, supermercados, feiras do produtor, cafés e restaurantes – e talvez até boas escolas –, todos ligados num esquema de caminhabilidade de primeira linha. Cada um desses itens pode ser tema de um livro e está bem além desta discussão. Basta dizer que são necessários e que, para atraí-los, o primeiro passo é reorientar o desenvolvimento econômico em torno de criar um centro que tenha tudo isso.

Passo 3: Adequar o Estacionamento

Esse capítulo existe devido a um indivíduo. Com uns 75 anos, olhos verdes e barba grisalha, é frequentemente retratado andando de bicicleta. Tem quatro diplomas de Yale em Engenharia e Economia, dá aulas na Universidade da Califórnia (UCLA), na cátedra do Departamento de Planejamento Urbano, e dirigiu o Instituto de Estudos de Transportes. Seu nome é Donald Shoup, um ídolo para um círculo reconhecidamente pequeno. Ele pode ser chamado de "Jane Jacobs das políticas de estacionamento" e o "profeta do estacionamento". Há até um grupo no Facebook chamado "The Shoupistas"[77].

Shoup obteve esse *status* e endeusamento, talvez, por ser a primeira pessoa a realmente pensar em como o estacionamento funciona nas cidades. Esse esforço o levou a algumas conclusões apoiadas por décadas de evidências e, finalmente, começa a ter a atenção que merece. Nas palavras de Bill Fulton, um ex-prefeito de Ventura, Califórnia: "Don tem dito as mesmas coisas há quarenta anos e, afinal, o mundo está ouvindo."[78] Isso não significa que está seguindo o que ele diz, mas com um pouco de sorte isso pode mudar logo.

Em nossos centros urbanos, estacionamentos ocupam mais áreas do que qualquer outra coisa[79] – basta ver uma foto aérea do centro de Houston – porém, até Shoup, ninguém havia feito o menor esforço para perceber isso; certamente não os planejadores que, felizes, instituem e impõem exigências ultrapassadas de estacionamento em todo o país, como desorientados correndo de um lado para o outro. O próprio Shoup observa como a "bíblia" do planejamento urbano, *Urban Land Use Planning* (Plano de Uso do Solo Urbano), de F. Stuart Chapin, sequer faz menção a estacionamentos[80]. Fizemos melhor que isso em *Suburban Nation* (Nação Suburbana), mas nosso foco era mais no *quê* do que no *porquê*, assunto que Shoup elevou ao nível de ciência.

Shoup descobriu sobre o estacionamento – usando tanto a fria lógica de economista como uma observação cuidadosa e sustentada da realidade – que todas as cidades dos Estados Unidos lidam de forma errada com essa questão. Em vez de o estacionamento trabalhar a serviço da cidade, as cidades, quase sempre em prejuízo próprio, têm trabalhado a serviço deles. Ele também determinou e demonstrou que esse problema pode ser resolvido com facilidade e grandes vantagens para todos os envolvidos. E só agora, ele começa a ver suas ideias frutificarem em locais como São Francisco, que discutiremos abaixo.

Quanto Custa o Estacionamento e o Que Ele Custa Para Nós

O primeiro passo para entender como o estacionamento funciona é perceber quanto custa e quem paga por ele. Como é tão abundante e muitas vezes gratuito, é fácil imaginar que custa pouco. Mas não é o caso. A vaga urbana mais barata nos Estados Unidos, um pedaço de asfalto de uns 2,5 por 5,5 m num terreno relativamente sem valor, custa cerca de quatro mil dólares para ser criada – e não há muitos terrenos urbanos sem valor. A vaga mais cara, numa garagem subterrânea, pode custar quarenta mil dólares ou mais para ser construída. Vagas sob o Pacific Place Shopping Center de Seattle, construído pelo município, custam mais de sessenta mil dólares cada[81]. Entre esses dois extremos está o estacionamento padrão ao nível do solo que, geralmente, pode ser construído por vinte ou trinta mil dólares por vaga.

Considerando-se o tamanho da maior parte dos estacionamentos, esses números são rapidamente somados. A garagem de 1,2 mil vagas do Pacific Place custou 73 milhões de dólares. Shoup calcula que o "custo de todas as vagas no país exceda o valor de todos os carros e pode até exceder o valor de todas as estradas"[82]. Há também os custos contínuos de impostos, gerenciamento e manutenção. A se acreditar na revista *Parking Professional*, mais de um milhão de americanos ganham a vida na "atividade de estacionamento"[83]. Essas pessoas precisam ser pagas. De forma um tanto conservadora e com base em estudos de centenas de estacionamentos, Shoup estima que o custo mensal de uma vaga em um estacionamento estruturado deva ser de 125 dólares por mês[84] ou cerca de quatro dólares por dia.

Essa quantia parece razoável e até fácil de pagar. Pressupondo uma taxa conservadora de ocupação de 50% em horário comercial, é somente um dólar por hora. Assim, será que a maior parte dos estacionamentos cobre seus custos? Longe disso. Um estudo com garagens de estacionamento na região Mid-Atlantic* determinou que a renda anual de operação por vaga variava entre 26 a 36% do custo anual[85].

Encontrei um caso semelhante em Lowell, onde fui informado de que a renda das seis garagens públicas pagava pelo serviço da dívida dessas garagens. Pesquisando um pouco mais, descobri que cinco daquelas garagens, dos anos de 1980, já haviam pagado suas obrigações – com considerável ajuda dos contribuintes. Assim, na verdade, a renda das seis garagens municipais cobria somente o serviço da dívida da única garagem municipal nova.

A situação existe nos Estados Unidos, como um todo, sobretudo porque a cidade e outros patrocinadores mantêm os preços artificialmente baixos. Como há tantas vagas, esse subsídio acumulativo foi calculado, há uns dez anos, entre 127 e 374 bilhões de dólares por ano[86], o que o coloca na faixa do orçamento nacional de defesa. Esse número parece absurdo, até que se considere que a típica vaga americana não está numa garagem paga, mas num bolsão de condomínio, dentro do terreno de um escritório, ou em frente ao Walmart, onde a entrada é gratuita.

Se o estacionamento é "gratuito" ou custa pouco, quem na verdade está pagando por ele? A resposta é: todos nós, quer o utilizemos ou não. Shoup explica:

> No início, o empreendedor paga pelo estacionamento exigido, mas logo os inquilinos o pagarão, depois os clientes e assim por diante, até que o preço do estacionamento esteja difundido por toda a economia. Quando compramos numa loja, comemos num restaurante ou vemos um filme, pagamos indiretamente pelo estacionamento, porque seu custo está embutido no preço da mercadoria, refeição e ingressos. Sem saber, estamos sustentando nossos carros com quase toda transação econômica que fazemos, porque uma pequena parte do dinheiro que troca de mãos paga pelo estacionamento.[87]

As ramificações dessa situação são perturbadoras. Ninguém pode optar por ficar sem pagar pelo estacionamento. Pessoas que andam, pedalam ou pegam transporte público estão financiando as que dirigem. Fazendo isso, estão barateando o dirigir e assim tornando-o mais prevalente, o que por sua vez solapa a qualidade do andar, do pedalar e do transporte.

Demanda Induzida Revisitada

Isto começa a soar familiar? Assim como as vias em geral, todo esse estacionamento gratuito e abaixo do preço contribui para uma situação na qual um segmento massivo de nossa economia nacional está desconectado do livre mercado, de modo que os indivíduos não ajam mais racionalmente. Ou, para ser mais preciso, ao agir racionalmente, o fazem contra seus próprios interesses.

No geral, Shoup calcula que o subsídio para o estacionamento pago pelo empregador equivalha a 22 centavos por milha (1,6 km) percorrida até o trabalho, e assim reduz o preço dos trajetos automotivos ao trabalho em notáveis 71%. A eliminação desse subsídio teria o mesmo impacto que um imposto adicional sobre a gasolina que estivesse entre 1,27 e 3,74 dólares o galão, ou 0,3 e 0,9 por litro[88]. O aumento de preço faria muita gente mudar seus hábitos de dirigir.

Esse subsídio talvez pudesse ser justificado se produzisse algum bem para a sociedade, mas só produz um benefício: estacionamentos mais baratos. Como fica em relação a outros parâmetros importantes? Bem, piora a qualidade do ar e da água, acelera o aquecimento global, aumenta o consumo de energia, eleva o custo da habitação, reduz a renda pública, solapa o transporte público, aumenta o congestionamento de tráfego, danifica a qualidade da coisa pública, incrementa a expansão da mancha urbana, ameaça edifícios históricos, enfraquece o capital social e piora a saúde pública, só para citar algumas coisas[89]. E você queria estacionamento gratuito por que mesmo?

Vício Vira Lei

Mas as empresas deveriam poder providenciar estacionamento para atrair consumidores, você poderia contestar. Muito justo. Mas, nos Estados Unidos, esse estacionamento não é apenas permitido: é exigido. Algumas cidades, como Monterey Park, na Califórnia, não somente exigem estacionamento no local, mas insistem para que seja oferecido gratuitamente[90].

Tais exigências são terrivelmente danosas à forma como as cidades funcionam. Verdadeiro mestre das analogias longas, Shoup descreve assim a situação:

> Se o município exigisse que os restaurantes oferecessem uma sobremesa gratuita com cada jantar, o preço de cada jantar logo iria aumentar para incluir o custo da sobremesa. Para garantir que os restaurantes não economizem no tamanho da sobremesa, o município deveria estabelecer a quantidade precisa das "exigências mínimas de calorias". Alguns clientes pagariam por sobremesas que não comeram e outros comeriam sobremesas que não pediriam se tivessem que pagá-las separadamente. As

consequências, com certeza, incluiriam uma epidemia de obesidade, diabetes e doenças cardíacas. Algumas poucas cidades conscientes da questão alimentar como Nova York e São Francisco poderiam proibir sobremesas gratuitas, mas a maior parte das demais continuaria a exigi-las. Muitas pessoas até ficariam irritadas só de pensar em pagar por sobremesas que, durante tanto tempo, comeram gratuitamente[91].

Observe qualquer código de zoneamento rural ou urbano de qualquer cidade e verá páginas e mais páginas de regras sobre estacionamento. Dos seiscentos e tantos usos do solo que nós urbanistas identificamos, cada um tem seu requisito mínimo de estacionamento[92]. Shoup documenta como esses requisitos podem ser gerados a partir de dados mínimos e ter pouca semelhança com a realidade[93]. Um posto de gasolina exige 1,5 vaga por bomba. Um boliche requer uma vaga por empregado, mais cinco vagas por pista. Uma piscina requer uma vaga para cada quase dez mil litros de água[94]. Essas exigências são então passadas de cidade para cidade[95], sempre com o mesmo resultado: estacionamentos demais.

Quanto demais? Em 2010, a primeira contagem nacional determinou que há meio bilhão de vagas vazias nos Estados Unidos num dado momento qualquer[96]. Mais pertinente ao nosso caso, um levantamento de 2002 no Distrito Comercial Central de Seattle identificou que, durante o horário de pico, quase quatro em cada dez vagas estavam vazias[97]. Tal situação de excesso de oferta ocorre, com mais frequência, em cidades centrais de áreas metropolitanas e é resultado, tipicamente, da importação de padrões de zoneamento dos bairros residenciais distantes, onde não há alternativa ao automóvel.

Mesmo Washington DC sofre desse fenômeno. Quando construímos nossa casa no distrito, fomos obrigados a ter uma vaga, mesmo não tendo carro, mesmo que nossa propriedade estivesse a três quadras de uma estação de metrô e nenhum de nossos vizinhos tivesse carro; havia amplo estacionamento disponível na rua. Ironicamente, estacionar em nosso terreno obrigaria à retirada de uma vaga na rua – substituindo um bem público por um privado –, quebrando o meio-fio e violando a calçada pública com nossa entrada de carro. Como não possuía carro, projetei uma casa sem carro e joguei nosso destino para a Comissão de Recursos de Zoneamento. No final, prevaleceu a razão, mas foram nove meses de uma batalha pública que foi matéria do *USA Today*[98]. Acho válido dizer que quase nenhum outro arquiteto teria insistido tanto. Quatro anos mais tarde, o código ainda precisa ser retificado.

Sempre que tenho vontade de reclamar da nossa disputa em Washington DC, lembro-me da história do DC USA. Em meados dos anos de 2000, começou a construção daquilo que seria o maior complexo varejista do Distrito, um colosso de 145 bilhões de dólares, ancorado pelas lojas Target, Best Buy e Bed Bath & Beyond. Como o empreendimento estava localizado numa estação de metrô no coração de Columbia Heights, com 36 mil residentes num raio de dez minutos de caminhada[99], a cidade, generosamente, modificou suas exigências de estacionamento. Em vez de insistir nas quatro vagas obrigatórias para cada cerca de trezentos metros quadrados – um verdadeiro padrão dos bairros residenciais mais distantes –, o Distrito permitiu reduzir o número pela metade[100]. Apesar das previsões dos arquitetos de que isso ainda representava estacionamento em excesso, o projeto foi em frente com uma garagem subterrânea de quarenta bilhões de dólares pagos pelos contribuintes, com capacidade para mil carros.

Adiantando até 2008: o DC USA tornou-se um sucesso retumbante e trouxe vida nova a um bairro decadente, graças, em parte, ao seu projeto voltado para o pedestre. As lojas estão vendendo mais do que o esperado. E o estacionamento está vazio – tão vazio que os administradores, com frequência, fecham completamente um de seus andares, um subterrâneo e não visitado museu do ar, de vinte milhões de dólares. De fevereiro até final de julho, o uso máximo nunca passa de trezentos carros e a ocupação nunca chega a 47%[101].

Essa foi uma lição bem cara, um "Não disse?" de cem mil dólares por mês para o Distrito e seus contribuintes – agora em seu quinto ano – já que as rendas do estacionamento não cobrem o serviço da dívida. Foi o alerta que o município precisava para finalmente reescrever sua regulamentação de cinquenta anos, eliminando os requisitos mínimos de estacionamento para novas lojas, escritórios e apartamentos próximos a estações de metrô[102]. Eles decidiram deixar o estacionamento comercial para o livre mercado, como Donald Shoup recomenda.

Mesmo cidades suburbanas menores estão começando a descobrir que suas exigências de estacionamento são frequentemente altas demais. Um experimento útil foi feito na progressista Palo Alto, Califórnia. Permitiu-se que empreendedores imobiliários burlassem os requisitos de estacionamento em até 50% se a área economizada fosse transformada em uma "reserva de paisagem" natural que pudesse ser convertida em estacionamentos, se houvesse necessidade. Até agora nenhuma reserva precisou fazer esta conversão[103].

O Custo das Exigências de Estacionamento

Mesmo em cidades com altas densidades residenciais e bons sistemas de transporte, o estacionamento amplo encoraja os moradores a dirigir, o que não aconteceria sem ele. Como Shoup gosta de dizer: "Requisitos de estacionamento fora da rua são como uma droga de fertilidade para os carros"[104]. Já discutimos a maior parte dos problemas acarretados pelo dirigir, do aquecimento global à obesidade, mas seria interessante aqui abordar, brevemente, os custos sociais e pessoais causados, em especial, pelo estacionamento no local.

Em *Suburban Nation*, cunhamos a expressão "Síndrome do Estacionamento de Pensacola" para descrever o destino de tantas cidades históricas que acabaram por atender à demanda de estacionamento. Entretanto, atingiram essa condição ao substituir belos edifícios antigos por estacionamentos feios – em tal número que ninguém mais queria ir ao centro[105].

Certamente a destruição de obras-primas arquitetônicas é uma das manifestações mais óbvias e perturbadoras das modernas pressões por estacionamento. Em Detroit, uma garagem está sob as abóbadas rococós do detonado Teatro Michigan de 1926, ironicamente construído no local onde Henry Ford inventou seu automóvel. Em Buffalo, onde 50% do centro histórico virou estacionamento, comentou-se com tristeza: "se o nosso plano diretor fosse demolir todo o centro, só faltaria metade"[106].

Hoje em dia, porém, com os preservacionistas detendo mais poder, o dano perpetrado por demandas de estacionamento é muitas vezes mais sutil, tomando a forma não de destruição, mas de obstrução: as coisas não acontecem. A maior parte dos edifícios urbanos vazios – históricos ou não – está em propriedades de tamanho limitado, com limitadas oportunidades de aumentar seu fornecimento de vagas. Entretanto, muitas mudanças de uso trazem aumento nos requisitos de estacionamento.

Shoup observa que substituir uma loja de móveis falida por uma nova loja de bicicletas iria, normalmente, triplicar o tamanho do estacionamento[107]. De onde deveriam vir essas vagas?

O resultado, evidentemente, é que nada é feito e os prédios antigos ficam vazios. Do mesmo modo, um restaurante de sucesso que desejar introduzir mesas na calçada – algo que toda cidade diz querer – não pode fazer isso sem aumentar as vagas, o que muitas vezes é impossível[108]. O único caminho para fornecer mais estacionamento em áreas urbanas é substituir estacionamentos de superfície por prédios com vários andares, a um custo tremendo. E obter esse dinheiro está cada vez mais difícil.

Essa inércia comercial induzida pelo estacionamento é somente metade da história. A outra metade é o grande ônus que as exigências mínimas de vagas impõem sobre a acessibilidade de preços, principalmente para moradias e, em especial, nas comunidades mais necessitadas. Empreendedores em São Francisco estimam que as exigências municipais de uma vaga por unidade acrescem 20% ao custo de moradias de preço mais acessível. Shoup calcula que a eliminação desse tipo de exigência iria permitir que 24% mais de habitantes de São Francisco pudessem comprar casas. Mesmo o principal nome do planejamento municipal, Amit Ghosh, admite que "estamos forçando as pessoas a fazer estacionamentos pelos quais elas não podem pagar"[109].

Do mesmo modo, um estudo em Oakland descobriu que a exigência de uma vaga por domicílio "aumentava os custos em 18% e reduzia a densidade em 30%"[110]. De volta a Palo Alto, Alma Place, um hotel sem fins lucrativos de 107 unidades com um quarto, recebeu uma exigência menor de estacionamento de 0,67 vaga por unidade. Mais tarde, constatou-se que mesmo essa redução ainda aumentava os custos de construção em 38%[111].

A pergunta é: por que um futuro residente do Alma Place – Índice de Caminhabilidade de 95, pelo amor de Deus! – precisaria de qualquer estacionamento? Será que o morador de uma casa situada a três quadras de uma estação de trem, em uma das comunidades mais caminháveis e cheias de emprego dos Estados Unidos, precisa de carro próprio? Ah, cheguei a mencionar que a estação de trem é ladeada por mais de trezentas vagas que ficam vazias a noite toda?[112]

A resposta não é que os futuros moradores viriam com seus carros, mas que os atuais estavam preocupados com o estacionamento nas ruas.

Mais perturbadora ainda foi a recusa do município em permitir que o empreendedor cobrasse pelo estacionamento. A empresa habitacional foi proibida de cobrar uma taxa de estacionamento de cem dólares por mês, o que teria reduzido o aluguel dos não motoristas em 10%[113]. Então, mesmo entre os mais pobres cidadãos da cidade, os pedestres estão subsidiando os motoristas. E isso na "avançada" Palo Alto.

Mas antes de criticar demais a cidade, voltemos nosso olhar acusador para a própria Metrópole Verde, Nova York, onde o Departamento de Habitação ainda mantém exigências mínimas de estacionamento para moradias subvencionadas pelo poder público. Essas exigências têm feito a cidade abandonar seus planos de acrescentar edifícios nas extremidades das quadras, junto às ruas, em vários de seus projetos "torre no parque" dos anos de 1960. Atualmente, um projeto desses, em Brownsville, no Brooklin, corre perigo. A proposta iria substituir estacionamentos de superfície por habitações, lojas, escolas e jardins, mas está em suspenso devido às exigências de estacionamento – apesar de estar bem ao lado de duas paradas das linhas 2, 3, 4 e 5 do metrô, diretamente de Manhattan. O coordenador do Departamento de Habitação admite, meio sem graça, que "certas regras de zoneamento podem precisar ser reconsideradas"[114].

Alguns Lugares Mais Inteligentes

Se você já foi à antiga colônia de artistas de Carmel-by-the-Sea, na Califórnia, provavelmente gostou de caminhar na sua pitoresca rua principal, Ocean Avenue. Isso se deve não à qualidade suave do calçamento – saltos altos, tipo agulha, precisam de autorização municipal, graças a um surto de processos devidos a tropeços e quedas nos anos de 1920[115] – mas, sim, às outras qualidades positivas para os pedestres, incluindo a ausência de estacionamentos visíveis.

A Ocean Avenue está livre de estacionamentos fora da rua porque são ilegais. Em vez de fornecer estacionamentos para seus clientes e empregados, o comércio paga taxas compensatórias (ou substitutivas) para ajudar a financiar espaços de estacionamento compartilhado, a algumas quadras de distância. Esta estratégia ajudou a criar uma coleção única de pátios em meio aos quarteirões e passagens, assim como garante um máximo de atividade nas calçadas já que ninguém chega ao seu destino pelos fundos. Carmel é uma das dezenas de cidades americanas que administra dessa forma o estacionamento no centro, incluindo Orlando, Chapel Hill e Lake Forest, em Illinois. Taxas compensatórias nessas cidades vão de cerca de sete a dez mil dólares por vaga não fornecida, o que está de acordo com a construção de uma vaga num lote asfaltado de superfície. Em Beverly Hills, onde o terreno custa mais caro e o estacionamento é mais estruturado, os empreendedores pagam mais de vinte mil dólares por vaga. Em Carmel é 27.520 dólares[116].

O mais interessante – e talvez um pouco frustrante – dessa solução é que ela não resolve o problema do estacionamento de modo direto. Cada uma dessas cidades ainda mantêm exigências de vagas, algumas bem altas[117], mas em vez de fornecê-las, o comércio é apenas instado a pagar por elas, o que permite que o estacionamento seja localizado no lugar certo e, mais importante, compartilhado. Quando não é mais propriedade exclusiva de um ponto comercial, o estacionamento se torna muito mais eficiente. Uma vaga que servia a um escritório durante o dia pode, mais tarde, atender a um restaurante e, durante a noite, a um morador. Então, ao estabelecer exigências mínimas de vagas e, ao mesmo tempo, proibir estacionamentos privados, indiretamente, as cidades podem reduzir a quantidade de vagas a serem disponibilizadas. No final, conforme a vida real determina o número de espaços partilhados que são de fato necessários, o município pode reduzir suas taxas compensatórias. Ou pode mantê-las e embolsar a diferença.

Para grandes empregadores, a Califórnia foi pioneira numa segunda estratégia forte de administração de estacionamento, chamada PARKING CASH-OUT*. O Código de Segurança e Saúde da Califórnia exige que muitas empresas, que oferecem estacionamento gratuito, deem a seus trabalhadores a opção de trocar a vaga pelo equivalente em dinheiro. É uma lei inteligente, porque só traz vantagens. O município precisa reduzir as exigências de estacionamento de cada empresa pelo número de empregados que aceitam a troca, não criando ônus para o empregador e incentivando o transporte alternativo. Na média, as empresas que ofereceram essa opção de contrapartida viram cair em 11% o número de trabalhadores que utilizam o carro. No centro de Los Angeles, um empregador registrou uma queda de 24% na demanda por estacionamento[118].

Essas duas estratégias, "pagamentos compensatórios" e "contrapartida financeira pela vaga", são uma grande forma de começar a desvincular o custo do estacionamento de todas as outras atividades com as quais ele se misturou – ou seja, onde se escondeu –, de modo que a demanda por estacionamento pode, novamente, se comportar segundo os princípios do livre mercado. Esse conceito de desvinculação faz tanto sentido que deveria ser comum. Entretanto, é raro, porque moradores de locais como Palo Alto temem que o preço alto do estacionamento fora das ruas faça com que outros, em busca de preços menores, lotem os preciosos espaços junto ao meio-fio. E têm certa razão, já que a maior parte das cidades não tem uma política de estacionamento abrangente que trabalhe, em conjunto, com estacionamento na rua e fora da rua. Até que isso seja resolvido, os pagamentos compensatórios e a "contrapartida financeira pela vaga" podem servir como boas estratégias de transição rumo a um alvo mais ambicioso que é a eliminação por completo de exigências de estacionamento fora da rua.

A eliminação de exigências para esse tipo de estacionamento é um dos três fundamentos da teoria de Shoup, porque permitiria ao mercado determinar quanto estacionamento é necessário. Ele observa que "a retirada das exigências dessas vagas fora da rua não elimina esse tipo de estacionamento, mas estimula um mercado comercial ativo para ele"[119]. Isso deixaria a política americana mais alinhada com a da Europa Ocidental. Shoup descreve assim a situação:

> As cidades americanas sustentam o fornecimento de vagas para satisfazer uma demanda de pico por estacionamento gratuito e, depois, limitam a densidade para reduzir as viagens de automóvel. As cidades europeias, por outro lado, limitam as vagas de estacionamento para evitar o congestionamento das ruas e combinam essa estratégia com apoio para o desenvolvimento da densidade permitida, para encorajar as caminhadas, as bicicletas e o uso do transporte público. Ou seja, os americanos querem estacionamento e limitam a densidade, enquanto os europeus querem densidade e limitam o estacionamento.[120]

É pouco provável que esse conceito conquiste muitos seguidores deste lado do Atlântico, mas é exatamente o que o mercado cria por si nas comunidades mais caminháveis dos Estados Unidos. Em Manhattan, os empreendedores não sentem qualquer necessidade de fornecer vagas para seus apartamentos, lojas e escritórios, de modo que o resultado é mais Dusseldorf que Dallas. Isso seria inimaginável se houvesse exigências de vagas de estacionamento. A eliminação dos requisitos mínimos de vagas simplesmente permitiria que os empreendedores dessem aos clientes o que eles querem. Mas, como discutiremos adiante, isso só é politicamente viável em combinação com uma rede de segurança que proteja o *status quo* dos atuais moradores.

O Problema Com o Estacionamento Barato Junto ao Meio-Fio

O estacionamento barato e abundante fora da rua é somente metade do problema. A outra metade é o que acontece nas ruas e, mesmo aí, a cidade de Nova York erra categoricamente. Isso porque se o estacionamento na rua não for cobrado de forma adequada, a perversidade resultante do regime de estacionamento geral cria amplas ineficiências que custam caro tanto para motoristas como para não motoristas.

Vejamos Manhattan. O estacionamento fora das ruas custa cerca de quinze dólares a primeira hora, enquanto o estacionamento na rua custa três dólares. É de se estranhar que as ruas da cidade estejam sufocadas com filas duplas e gente procurando vaga? Estacionamento na rua muito barato não é mais justo do que dar descontos aleatórios sobre outros serviços municipais, tais como água e eletricidade, com base em quem circula o quarteirão por mais tempo, e é tão contraproducente quanto.

Um estudo em seis diferentes localidades urbanas constatou que cerca de um terço de todo congestionamento era composto por pessoas tentando achar uma vaga para estacionar. Em Westwood Village, um bairro de Los Angeles, era o dobro disso – e entre 13h00 e 14h00, espantosos 96% dos carros na rua circulavam em busca de vagas[121].

Variantes dessa situação existem na maior parte das cidades americanas. No centro de Chicago, o estacionamento na rua custa 1/13 do estacionamento fora da rua[122]. O resultado dessa ineficiência do mercado não é só congestionamento e seus problemas correlatos – poluição, perda de tempo, ações emergenciais lentas – mas também redução na renda de empresas da região. Esse fato nada intuitivo pode ser surpreendente para o próprio comércio que, em geral, luta com intensidade contra qualquer esforço para elevar o preço do estacionamento. Esses comerciantes se esquecem da origem do parquímetro, em Oklahoma City, como mecanismo para melhorar a renda do comércio. Shoup cita um repórter da *American City* de 1937:

> Lojistas e clientes estão a favor deles. Quando um lado da rua os tem, os comerciantes do outro lado os exigem. Quando uma cidade os tem, os lojistas das cidades vizinhas os solicitam, mostrando que atraem compradores de fora da cidade em vez de afastá-los.[123]

Por que esses primeiros parquímetros eram tão populares? Porque reduziam o excesso de carros e a agitação, mas também porque aumentavam a rotatividade, garantindo mais clientes por hora. O resultado era mais vendas e valores muito mais altos dos imóveis na área central[124]. O mesmo cálculo vale ainda hoje, visto que o estacionamento muito barato espanta potenciais clientes que creem não haver lugar para deixar o carro, mesmo que estacionamentos vizinhos estejam meio vazios. Como observa Shoup, "se demoro apenas cinco minutos para dirigir para algum lugar, por que gastar quinze procurando vaga?"[125]

Foi essa a situação que encontrei em Lowell, onde o estacionamento na rua era gratuito depois das 18h00, enquanto fora das ruas ainda era cobrado. O resultado era que os moradores voltavam para casa do trabalho e ocupavam as vagas rapidamente, sem deixar espaço para a turma dos restaurantes.

O Preço Correto

Isso nos leva à segunda recomendação-chave de Shoup: as vagas na rua precisam ter um custo que resulte em 85% de ocupação em todas as horas[126]. O número parece baixo, mas corresponde aproximadamente a uma vaga por face de quadra, justo o correto para garantir que o Daddy Warbucks tenha sua vaga junto à loja de peles*. Porque são precisamente os clientes com dinheiro para gastar que mais têm a oferecer aos lojistas.

Em sua forma mais elaborada, essa abordagem significa um preço de congestionamento variável real, o que discutiremos a seguir. Mas para muitas cidades, um resultado bem adequado seria simplesmente elevar um pouco o preço dos parquímetros, principalmente se o preço atual for zero. Era o que acontecia tanto em Aspen durante os anos de 1990 quanto, mais recentemente, em Ventura, na Califórnia.

Shoup relata como os lojistas do centro de Aspen sofriam, em 1990, com a multidão de carros tentando estacionar junto às calçadas. O município reagiu construindo uma garagem cara, para veículos, mas a estrutura ficava meio vazia enquanto a luta por vagas nas ruas continuava. Finalmente, o município propôs cobrar um dólar por hora na rua e foi um inferno[127].

Os opositores, principalmente empregados locais, empreenderam uma barulhenta campanha "buzine se detesta pagar para estacionar". Logo, houve a contraposição pela campanha "buzine se detesta ar poluído", em referência a todo o trânsito e filas duplas que haviam se tornado norma. O estacionamento pago acabou prevalecendo e as novas taxas entraram em vigor em 1995. Quase imediatamente, os opositores perceberam que estavam errados. Agora, a estrutura municipal de estacionamento está bem utilizada, as vagas na rua e a circulação à sua procura estão sob controle, o comércio floresce e o município recebe mais de meio milhão de dólares por ano vindos da nova renda dos estacionamentos, a maior parte dela de turistas[128].

Em Ventura, o prefeito shoupista Bill Fulton introduziu uma taxa de estacionamento na rua de um dólar por hora, tendo como alvo a taxa de ocupação de 85%[129]. Além de ser prefeito, Fulton é urbanista – e vale a pena seguir seu *blog*! Em um momento especial, na manhã de 14 de setembro de 2010, ele postou que "em apenas trinta minutos após termos instituído o programa de gerenciamento de estacionamento pago, ele já funciona". Os veículos dos empregados, que antes ocupavam os meios-fios, foram tranquilamente guardados em lotes próximos[130]. Fulton acrescenta:

> Nos últimos poucos meses, alguns clientes reclamaram que, se o estacionamento no shopping é gratuito, por que devo pagar no centro? A resposta é que você paga para ter acesso a centenas de vagas especiais [...] Afinal, no shopping as vagas estão longe das lojas – mais longe do que o mais distante lote livre no centro. Se fosse possível dirigir até dentro do shopping e estacionar em frente à sua loja favorita, não acha que o shopping cobraria por essa vaga? E não acha que algumas pessoas pensam que vale a pena pagar o preço?[131]

O município planeja ajustar o valor conforme o necessário: se o estacionamento cair abaixo de 80% de ocupação, os preços serão reduzidos até atingir os desejados 85%[132]. É importante notar que a matemática funciona dos dois lados. Em Davenport, Iowa, a combinação de lotes de estacionamento gratuito e parquímetros causou um efeito cidade-fantasma: ninguém parava junto ao meio-fio, o local parecia morto e os motoristas corriam loucamente em ruas vazias. Nossa equipe de planejamento convenceu o município a manter uma tarifa zero de estacionamento, que deve permanecer até faltarem vagas. Imediatamente, essa alteração mudou a atividade no centro. Também fizemos algumas amizades, mas talvez pelos motivos errados. Infelizmente, não pudemos evitar que o prefeito decapitasse um parquímetro com um alicate hidráulico, o que pode ter enviado a mensagem equivocada de "estacionamento gratuito para sempre".

Nem Aspen, Ventura ou Davenport foram plenamente estudadas, mas a grande investigação sobre preços corretos de estacionamento nas ruas ocorreu no centro de Londres em 1965. Descobriu-se que um aumento de quatro vezes o preço do estacionamento encurtava o tempo médio de estacionamento-visita em 66%, aumentando muito a rotatividade para os lojistas. O tempo médio gasto buscando vaga caiu de 6,1 minutos por trajeto para meros 62 segundos[133].

Para uma versão do século XXI, voltemo-nos a São Francisco que, graças a Shoup, introduziu, recentemente, um regime de cobrança real em função do congestionamento. Por sete mil vagas em oito bairros-chave – 25% do estacionamento controlado por parquímetro – os preços estão sendo ajustados quadra a quadra e hora a hora para alcançar o objetivo de 80% de ocupação máxima[134]. Isso significa valores que variam entre 35 centavos até seis dólares por hora. O sistema também inclui as catorze garagens municipais na área piloto, o que é o certo, já que o preço precisa ser coordenado para que os motoristas façam uma boa escolha. Como é de se esperar, em se tratando de São Francisco, o projeto é plenamente alimentado por dados *on-line* em tempo real, incluindo um aplicativo de *smartphone* que informa quantas vagas estão disponíveis numa determinada rua e quanto custam[135]. O *site* do SFpark é uma maravilha.

O sistema, que inclui milhares de sensores em automóveis, não é barato. Foi pago principalmente por um financiamento de vinte milhões de dólares do Departamento de Transporte – imagino quanto custaria sem ajuda federal[136] – e logo saberemos se funciona. Se funcionar tão bem quanto se espera vai recuperar seu investimento em curto prazo, através de maiores receitas vindas dos parquímetros. A renda não é o objetivo mas é bom saber que existe. Na verdade, é apenas porque esses sistemas se pagam que podemos esperar sua popularização.

Se não houver surpresas em São Francisco, a cobrança para acessar áreas mais centrais em função do congestionamento, ou o pedágio urbano, é algo que muitas cidades tentarão. Mas, tendo em vista a novidade e significativo custo inicial, cidades menores podem deixar de gastar milhões de dólares procurando a perfeição quando o *bom* está perto. Uma simples alteração no preço de vagas no centro e em áreas de estacionamento pode resolver 90% dos problemas de vagas da maior parte das cidades. Dito isso, desde que os custos iniciais sejam facilmente financiáveis e a renda potencial seja tão grande, descartar um sistema desses pode ser uma escolha equivocada.

Um Conto de Duas Cidades

Como se ainda não estivéssemos convencidos, Shoup tem uma última lição de moral para ensinar, que é a história de dois distritos comerciais de Old Pasadena e Westwood Village, no sul da Califórnia. No final dos anos de 1980, suas áreas centrais eram bastante parecidas, aproximadamente com o mesmo tamanho, em partes históricas de cidades maiores (Pasadena e Los Angeles) e ambas possuíam as tradicionais comissões de revisão de planos e áreas de desenvolvimento comercial. Ambas demarcavam limites para estacionamento nas ruas e amplos estacionamentos fora da rua. Ambas enfrentavam dificuldades econômicas, mas não chegavam a estar comprometidas. Westwood Village estava um pouco melhor, já que era cercada tanto por habitações de alta densidade como por uma clientela mais rica. De fato, Shoup descreve como os habitantes de Pasadena costumavam dirigir vinte minutos para fazer compras em Westwood Village[137].

Então, no início dos anos de 1990, seguiram direções opostas. Apesar de ambas terem dificuldades com o excesso de demanda por vagas de estacionamento nas ruas, somente Old Pasadena elevou o valor cobrado pelo estacionamento, instalando 690 novos parquímetros. Enquanto ambas mantiveram as exigências convencionais de estacionamento fora da rua, somente Old Pasadena permitiu taxas compensatórias, de modo que os empreendedores podiam pagar para utilizar os lotes municipais de estacionamentos, em vez de eles mesmos construírem estacionamentos adicionais[138].

O que aconteceu na década seguinte foi tão chocante na realidade quanto previsível na teoria. Old Pasadena teve uma brilhante recuperação, enquanto Westwood Village entrou num processo de forte declínio econômico que continua até hoje. Agora os moradores de Westwood vão até Old Pasadena fazer compras. As calçadas de Westwood estão em ruínas, enquanto as de Old Pasadena exibem iluminação especial, novo projeto de arborização e mobiliário urbano. Cada parquímetro em Pasadena não só gera uma média de 1.712 dólares em renda anual para a cidade, mas produz receita com os impostos sobre as vendas, que vêm subindo muito. Na verdade, a receita resultante de impostos sobre vendas triplicou nos primeiros seis anos após a instalação dos parquímetros[139].

Enquanto estacionar em Old Pasadena é sempre fácil, o cliente médio em Westwood Village circula por 8,3 minutos antes de encontrar uma vaga, ou desistir. Shoup adora contar como os clientes de Westwood registram cumulativamente um total de 426 horas/veículo por dia, cobrindo uma distância maior do que uma viagem através dos Estados Unidos. No decorrer de um ano, isso chega à soma de 38 voltas ao redor do mundo[140].

Para contar a história completa, vale gastar mais um minuto descrevendo o quão tola foi Westwood Village. Face à percepção de que a falta de vagas era a culpada por seus problemas econômicos, os líderes da comunidade reagiram cortando os preços do estacionamento na rua pela metade ("Adam Smith, por favor ligue para o escritório")*. Enquanto isso, a cidade continuava a impor suas draconianas exigências de "estacionamento substitutivo" fora das ruas que, efetivamente, impossibilitou a renovação do bairro. Mesmo com o vasto suprimento de lotes asfaltados para estacionamentos com 1.250 vagas não ocupadas no horário de pico, os empreendedores que quisessem construir nesses lotes precisavam atender à sua quota de estacionamento e substituir metade dos espaços removidos[141]. Essa regra, ainda em vigor, equivale, efetivamente, a construir caros edifícios-garagem onde já há um excesso de oferta de vagas fora da rua.

A inabilidade de Westwood destaca o fato de que decisões referentes a estacionamentos nunca são feitas no vazio e, muitas vezes, pressões políticas de um público desinformado podem alterar o resultado. De fato, em Old Pasadena, o resultado quase foi outro. Quando, inicialmente, o município propôs a instalação dos parquímetros, foi veementemente combatido pelos comerciantes do centro, que estavam convencidos de que perderiam todos os seus clientes para o shopping. Essa batalha arrastou-se por dois anos antes que se chegasse a um acordo[142]. O interessante é que esse acordo forneceu, ao novo sistema de estacionamento, seu traço mais forte.

O Que Fazer Com Todo Esse Dinheiro?

O presente final que a cidade deu a seus relutantes comerciantes foi esse: toda a renda líquida dos parquímetros financiaria melhorias físicas e novos serviços públicos em Old Pasadena. E por que não? Era dinheiro de graça, mais de um milhão de dólares ao ano e era fácil identificar de onde vinha. Ninguém merecia tanto esse dinheiro.

Esse salto criativo leva ao terceiro ponto fundamental de Shoup, a instituição de "bairros beneficiados por estacionamentos", que coloca a renda dos parquímetros para trabalhar em favor daquela localidade[143]. Além de melhorar calçadas, árvores, iluminação e mobiliário urbano, esses distritos podem enterrar fios aéreos, renovar fachadas, contratar funcionários públicos e, naturalmente, manter tudo em ordem. Também podem construir estacionamentos públicos a uma quadra de distância para atender à demanda excessiva de empregados e clientes. Em Pasadena, a renda dos parquímetros pagou até mesmo para converter uma série de becos decadentes em uma intrincada rede de espaços para pedestres[144].

Como a maior parte dos usuários de estacionamento é de fora da cidade e o preço baseia-se no que estão dispostos a pagar, há poucos perdedores nessa permuta, desde que os empregados possam encontrar estacionamento numa razoável distância a pé. Como diz Shoup, "se os não moradores pagam por estacionamento junto ao meio-fio e a cidade gasta o dinheiro arrecadado em benefício dos moradores, a cobrança por estacionamento junto à calçada pode ser uma política popular e não uma proposta controversa e bombástica como, muitas vezes, é vista hoje"[145].

Isso vale para áreas de varejo, mas e quanto às ruas, principalmente residenciais, que se tornaram muito cheias? E quanto aos residentes de

Palo Alto que, temendo a competição por vagas nas ruas, lutaram contra a redução das exigências de estacionamento fora das ruas? A controvérsia estrondosa que ameaça matar duas das principais propostas de Shoup não é sobre onde vai o dinheiro, mas sobre o fato de que é tão difícil tirar de alguém algo gratuito. Motivo pelo qual, por incrível que pareça, vagas na rua ainda são gratuitas em grande parte de Nova York.

Shoup não ignora isso, ao citar a famosa tirada de George Costanza*: "Meu pai não pagou estacionamento, minha mãe, meu irmão, ninguém. É como ir a uma prostituta. Por que eu deveria pagar se, desde que eu me esforce, posso conseguir de graça?"[146]. Uma coisa é colocar parquímetros em frente a várias lojas e outra bem diferente seria colocá-los em uma rua residencial. É por isso que, onde a teoria se encontra com a realidade, talvez precisemos contornar um pouco as regras, usando licenças de estacionamento residencial, que também podem ser cobradas no valor de mercado, para maior eficiência, mas, às vezes, precisam ser instituídas a custo baixo para convencer os moradores que se opõem a um benefício público maior, como manter acessível o preço da moradia. E não fui eu quem disse, mas, uma vez que os moradores se habituem à ideia de pagar por um desejado passe de estacionamento – mesmo que seja apenas uma "taxa de serviços" de vinte dólares ao ano –, é surpreendente o quão rapidamente eles se dispõem a pagar consideravelmente mais.

Como não estive envolvido no fiasco de Palo Alto, reluto em sugerir que lá houvesse uma solução simples, mas é provável que uma proposta de passe de estacionamento corretamente gerenciada pudesse ter tido outro resultado. Certamente faltou, em toda a política de estacionamento, um plano, e tal plano abrangente é o que todo lugar com carência de vagas dos Estados Unidos precisa. Esse plano precisa incluir preços para vagas na rua, preços para estacionamentos, pagamentos compensatórios que comportem uma oferta coletiva, áreas que sejam beneficiadas pela renda do estacionamento e passes residenciais onde for necessário. Acima de tudo, precisa ser gerenciado de forma abrangente com um olhar na prosperidade da comunidade, não apenas na renda do parquímetro. O estacionamento é um bem público e deve ser gerido em benefício público. Tal gestão tira pleno proveito do livre mercado, mas – isso é importante – não é o livre mercado[147]. O maior uso do solo em qualquer cidade americana é, sim, uma questão da cidade.

Uma Pechincha de 1,2 Bilhão de Dólares

Assim, se o estacionamento é um bem público, por que o prefeito Richard M. Daley os entregou quase de graça? Muitos de nós nos perguntamos isso quando o até então heroico Daley liderou o arrendamento de 36 mil metros de Chicago ao Morgan Stanley pelos próximos 75 anos. A resposta provavelmente está na data – dezembro de 2008, auge da crise do sistema financeiro – e no preço, 1,2 bilhão de dólares[148].

Este 1,2 bilhão nos mostra várias coisas. Uma delas é que os vinte milhões pelo regime de cobrança em função do congestionamento em São Francisco foi uma bagatela. Outra é que há muito dinheiro em estacionamentos de gerenciamento privado e que, para onde vai Chicago, também pode ir o resto da nação. Nesse momento, New Haven é uma das várias cidades em dificuldades financeiras que está prestes a fazer uma negociação. Muitas já privatizaram suas garagens públicas de veículos.

Não surpreende que a venda de Chicago tenha vindo com um dramático aumento no preço das vagas nas ruas. Vagas em bairros, antes disponíveis por 25 centavos de dólar a hora, agora chegam a dois dólares. Preços dentro do Loop*, que já eram altos, irão mais do que dobrar, chegando a 6,50 a hora[149].

Em curto prazo, essa estratégia pode ser descrita como o caminho errado para um resultado certo. Investidores gananciosos estão fazendo o que a cidade não conseguiu: alinhar o preço das vagas nas ruas com o seu valor. Conforme a demanda chega perto da oferta, os 85% ideais de Shoup podem ser alcançados. Mas quem diz que vai parar por aí? Como qualquer fornecedor de estacionamentos privados vai dizer, um lote de estacionamento com 85% de ocupação por dez dólares a vaga é menos lucrativo do que um estacionamento meio vazio por vinte dólares – e poucos proprietários de estacionamento têm monopólio de toda cidade. Que Morgan Stanley maximize seu retorno na rua não tem, necessariamente, qualquer relação com o fato de a cidade obter o melhor de suas vagas de estacionamento, em termos de todas as outras coisas que isso afeta, incluindo velocidade dos motoristas, lucros do varejo e valores dos imóveis.

Esta é a parte que dá medo. A frustração mais prática decorrente da venda de Chicago refere-se à nossa discussão mais ampla sobre o estacionamento em bairros como um sistema abrangente. Comunidades somente podem ser melhores se os estacionamentos nas ruas – e fora delas –, licenças e regulamentos de estacionamento forem gerenciados coletivamente. No passado, isso raramente acontecia, mas as coisas estão começando a mudar. Lugares como Old Pasadena estão mostrando que um estacionamento bem gerenciado é tanto possível quanto lucrativo. Os shoupistas estão prontos para ter seu lugar ao sol. Seria uma pena se, no auge da revolução do estacionamento, as cidades vendessem, a quem pagasse mais, sua capacidade de usar essa poderosa ferramenta.

Passo 4: Deixar o Sistema de Transporte Fluir

Se tivesse que escolher uma palavra para explicar por que um bom sistema de transportes é vital em cidades caminháveis, seria essa: namoro. Quando em Miami, nos meus trinta e poucos anos, seria possível viver, trabalhar e me divertir no mesmo bairro. Esse bairro poderia ter sido South Beach, Coconut Grove, o centro de Coral Gables, ou outros lugares feitos para caminhar. Mas era solteiro, procurando alguém e não estava disposto a limitar minhas possibilidades a um bairro do tamanho de uma cidade pequena quando, teoricamente, uma cidade inteira estava à minha disposição. Dado o lamentável estado do transporte público em Miami, isso significava comprar um carro.

E eu não era o único. Em termos mais universais, pode-se dizer que quem vive numa cidade quer ter acesso a tudo que ela oferece. Se a vasta maioria dessas coisas não pode ser alcançada, convenientemente, por transporte público, quem pode compra carro e acaba dirigindo na cidade. Conforme cresce, a cidade cresce em torno do carro. A estrutura dos bairros se dissolve e suas ruas se alargam. Caminhar se torna menos proveitoso e agradável e, logo, menos provável ou mesmo imaginável.

Esta relação entre transporte público e o caminhar é baseada em dados que, claramente, mostram que as cidades americanas com mais gente usando trens ou ônibus para ir trabalhar também são as que têm mais gente indo a pé. Quando mais de 25% dos trabalhadores tomam transporte público, mais de 10% vão a pé. Quando menos de 5% tomam um coletivo, menos de 3% vão a pé[150]. E não só usuários de transporte público andam mais, como também os não usuários caminham mais em lugares organizados em torno do transporte público. Em geral, as cidades se organizam ou em função do automóvel ou para todo o resto.

A maior parte das cidades americanas é feita para o automóvel e assim permanecerão pelos próximos anos. Para essas cidades, o transporte ainda tem um papel importante, melhorando as condições dos poucos lugares caminháveis e conectando-os – adiante, veremos mais sobre isso. Ao contrário, cidades como Boston, Chicago e São Francisco são lugares onde o carro é opcional; algumas outras estão quase nesse ponto. Baltimore, Minneapolis, Denver, Seattle... Conforme estas cidades, e outras, investem em um bem planejado sistema de transporte e conforme populações mais jovens fazem um esforço consciente para dirigir menos, é possível imaginar um futuro de caminhabilidade mais abrangente, com base no transporte público.

Mesmo que essas cidades sejam totalmente diferentes, todas compartilham uma coisa: alguém está trabalhando duro para transformar, de forma eficaz, seu sistema de transporte. Da Coalition for Alternative Transportation (Coalisão para Transportes Alternativos) em Bethlehem, na Pensilvânia, cujos líderes se recusam a dirigir, a John Schneider do Protransit, que sozinho está trazendo bondes para Cincinnati, alguém está buscando verbas federais e estaduais, fazendo viagens de levantamento de dados ou, de qualquer outra maneira, lutando o bom combate em prol do transporte coletivo. E metade dessas pessoas desperdiça seu tempo porque seus esforços não estão suficientemente embasados na relação entre transporte e o caminhar.

Com raras exceções, cada viagem em transporte público começa e termina com uma caminhada. Como resultado, enquanto a caminhabilidade se beneficia de um bom transporte, o bom transporte depende absolutamente da caminhabilidade.

Onde os Estados Unidos Estão

Atualmente, somente 1,5% dos deslocamentos nos Estados Unidos é feito por transporte público[151]. Em Washington DC, Chicago e São Francisco, o número é mais próximo a 5% e a região de Nova York, sem surpresas, está no topo da lista com 9%. Mas o que acontece além da fronteira? Toronto, cuja densidade residencial é de cerca de um terço da de Nova

York, apresenta uma fatia de transporte de massa de 14%. Atravessando o Atlântico, Barcelona e Roma chegam a 35%. Tóquio bate em 60% e Hong Kong, a líder global, alcançou 73%.[152]

Os números americanos, porém, enganam, visto que medem todas as áreas metropolitanas e nada no mundo se compara aos "novos" bairros residenciais distantes dos Estados Unidos. Dirija seu foco às áreas centrais e você verá um quadro mais animador. Cerca de um terço dos moradores de Washington DC e de São Francisco usa o transporte público para trabalhar e a maioria dos nova-iorquinos também. Estrelas perenes da grande dispersão urbana, como Jacksonville e Nashville, por outro lado, pairam abaixo dos 2%, não importa como sejam feitos os levantamentos[153].

Esses números são, principalmente, o resultado de como cada cidade escolheu crescer, ou não, em torno do automóvel. Países da Europa e do Leste Asiático, sem a riqueza e o petróleo dos Estados Unidos, optaram por manter e expandir a infraestrutura ferroviária existente durante o século XX, enquanto os Estados Unidos jogavam fora a maior parte de seus trens. Em 1902, toda cidade no país com dez mil habitantes ou mais tinha seu sistema de bondes[154]. Em meados do século XX, Los Angeles era servida por mais de mil bondes elétricos por dia[155], que foram eliminados em uma conspiração criminosa, tão inevitável quanto bem documentada[156]. É fácil ficar com raiva da General Motors e esquecer que, na época, a maior parte das cidades adorou a mudança dos bondes fora de moda para os ônibus com estilo moderno. A verdadeira transição, é claro, foi da dependência de um sistema público para a libertação pelo automóvel privado, apesar de subsidiado com dinheiro público. Destruímos nossos trens porque quisemos e ninguém nos disse que não podíamos. Como diz David Owen: "Não havia nenhuma força de caráter público, naqueles dias, que pudesse ter evitado a morte do bonde, mesmo que alguém tivesse tido a vontade de tentar."[157]

Agora que começamos a entender os verdadeiros custos daquela opção – incluindo ver nossa libertação pelo automóvel destruída pelos congestionamentos –, a maior parte dos americanos está pronta para algo diferente. Segundo *The Onion: America's Finest News Source**, "98% dos norte-americanos que viajam todos os dias para trabalhar preferem o transporte público." Esse artigo fictício descreve uma campanha feita pela Associação Americana de Transporte Público – com o *slogan*: "Vá de ônibus [...] Ficarei feliz se você for" – que tinha uma notável percepção dos impactos do transporte de uma pessoa sobre o tráfego de outra, conhecido como "efeito multiplicador". Em São Francisco, por exemplo, cada passageiro/quilômetro percorrido de trem substitui nove quilômetros percorridos de carro[158]. Também recomendo o vídeo do *The Onion*: "Cansado do tráfego? Novo relatório do Departamento de Transportes pede aos motoristas que *buzinem*"**.

Mais seriamente, uma enquete nacional financiada pela Transportation for America descobriu que os pesquisados médios destinariam 41% do financiamento de transporte para o transporte público, contra 37% para as vias. Em outra enquete, do com certeza não ideológico *Consumer Reference Survey* (Levantamento de Referência ao Consumidor), os pesquisados favoreceram o transporte público contra a construção de vias, como solução para o congestionamento, numa proporção de quase três para um[159]. Hoje, de fato, destino das verbas favorece a construção de vias em detrimento do transporte público em uma proporção de quatro para um[160], de modo que parece estar na hora de uma significativa correção de rumo.

Ah, se nossos governos fossem tão sensíveis à opinião pública como parecem ser na Austrália Ocidental. Encorajados por uma enquete que mostrava forte apoio à transferência de verbas das estradas para o transporte por veículos não automotores, o governo inverteu a proporção de gastos com vias, de cinco para um para o equivalente de um para cinco. A mudança pagou por um novo sistema sobre trilhos que aumentou a clientela de sete milhões, no início dos anos de 1990, para espantosos cinquenta milhões de usuários por ano[161]. Desde a mudança, a plataforma pró-trilhos levou à vitória em quatro eleições estaduais.

Quando os governos americanos dão, de fato, a opção ao povo, eles tendem a investir em transporte de massas. Desde o ano 2000, mais de 70% das medidas eleitorais sobre transporte público foram aprovadas, criando mais de cem bilhões de dólares em verbas para transporte[162]. Segundo a Associação Nacional de Corretores Imobiliários (National Association of Realtors), "os veículos leves sobre trilhos são mais populares nas comunidades onde estão instalados e os eleitores mostraram uma notável disposição para elevar seus impostos para pagar por eles."[163]

Talvez, instintivamente, os eleitores entendam o que os dados nos informam, isto é, que para um domicílio, as economias resultantes de um bom serviço de transporte público ultrapassam o custo desse serviço. Em seu estudo "Raise My Taxes, Please!" (Aumente Meus Impostos, Por Favor!) Todd Litman, do Instituto de Políticas de Transporte de Victoria, da Colúmbia Britânica, no Canadá, comparou as cinquenta maiores cidades dos Estados Unidos, sete delas consideradas como tendo serviço de transporte de "alta qualidade" e 43 vistas como carentes. Ele concluiu que o gasto de cada morador das cidades com transporte de alta qualidade beirava 370 dólares a mais por ano pelo transporte público do que um morador das outras 43, porém com uma economia de 1.040 dólares em veículo, estacionamento e custos rodoviários. Esses custos foram medidos em termos de dólares, de fato, gastos em mercadorias, serviços e impostos e ignoravam as economias indiretas referentes a congestionamento, segurança, poluição e saúde[164].

A lição parece clara: vale muito a pena fazer grandes investimentos em um amplo sistema de transporte em toda a cidade. Mas isso não é tão simples, porque o estudo comparou cidades diferentes em vários aspectos além do transporte. Suas conclusões implicam a esperança de que a construção de um novo sistema de transporte também transforme esses outros aspectos. No entanto, acrescentar trens a Miami não a transforma em Minneapolis.

São os Bairros, Idiota*

Quais são esses outros fatores? Sobretudo, *densidade local* e *estrutura de bairros*. Digo *densidade local* porque a densidade geral de toda a cidade pode ser enganosa quando o cálculo inclui os bairros residenciais distantes ou amplas áreas de parques; o que importa é quantas pessoas vivem perto dos eixos de transporte. Desde o início, naturalmente, a discussão sobre transporte vem incluindo a densidade, mas até há pouco tempo também vem se calando sobre a estrutura do bairro, o que é um grande erro.

Estrutura de bairro refere-se à presença ou ausência de bairros reais, tecnicamente definidos como compactos, diversificados e caminháveis. Um verdadeiro bairro tem um centro e uma margem, e contém uma variedade de atividades próximas, com uma estrutura viária de ruas e espaços públicos favoráveis aos pedestres. Uma cidade tradicional é, sobretudo, composta desses bairros, entremeada periodicamente por distritos como universidades e aeroportos e corredores como rios e vias férreas. Se você vive numa cidade mais antiga, provavelmente pode identificar seus bairros, como o West Village, Tribeca e SoHo de Nova York[165].

Bairros compactos, diversificados e caminháveis eram os elementos básicos da construção de cidades, desde os primeiros assentamentos não nômades há mais de dez mil anos, até o auge da idade do automóvel. O que tomou forma com a medida do passo humano floresceu com o advento do transporte por trilhos, já que a distância entre as estações ferroviárias reforçava a estrutura nodal do padrão dos bairros. Somente a hegemonia do automóvel, com sua inédita capacidade de equalizar toda a paisagem, permitiu o abandono do bairro em favor da expansão urbana dos distantes bairros residenciais, definidos como vastos, homogêneos e não caminháveis. E como são organizadas em função do automóvel, essas expansões não são úteis para o transporte público. Como qualquer administrador de uma empresa de transportes desses bairros vai lhe dizer, ter ônibus num bairro desses é um cenário sem saída, onde pesados subsídios geram serviços inadequados.

Mesmo em áreas de alta densidade, o transporte público não pode florescer na ausência de uma estrutura de bairro, já que é sua natureza nodal e favorável ao pedestre que permite aos usuários caminhar até o ponto de ônibus. Por isso, as cidades em melhores condições para fazer bom uso de um novo sistema de transporte são as que cresceram em torno de trens, em primeiro lugar.

É basicamente o que aconteceu no norte da Virginia, onde a extensão oeste da linha Laranja levou o novo metrô através de uma área que, originalmente, se desenvolvera em função dos bondes. Sob qualquer análise, o investimento se pagou. Na verdade, durante a última década, o equivalente a 70% do crescimento populacional da área do condado de Arlington ocorreu em menos de 6% de sua área, que são as quadras censitárias mais próximas das cinco estações da linha Laranja. Agora, 40% dos moradores desses quarteirões usam transporte público para ir trabalhar[166].

Não Mexa Com Dallas*

Com base nessa lógica, muitas cidades com baixa qualidade de transporte, estudadas pelo relatório de Litman, estão perfeitamente aptas a desperdiçar verbas de transporte público. O caso de Dallas é elucidativo. Em 1983, moradores de quinze cidades da área de Dallas aprovaram um imposto de 1% sobre as vendas para criar o que deveria ser o maior sistema de veículos leves sobre trilhos nos Estados Unidos. O sistema multibilionário incluía 115 km de trilhos, quase chegando a 145, e 63 estações em 2013[167]. O serviço começou em 1996 com um trecho de dezoito quilômetros ligando o centro a bairros próximos. Em quatro anos, o número de usuários de transporte público, que antes era composto somente de ônibus, surpreendentemente *caiu* 8% abaixo dos níveis de 1990[168].

Durante os anos de 2000, o sistema DART – Dallas Area Rapid Transit (Transporte Rápido da Área de Dallas) continuou a crescer e o número de usuários continuou a cair[169]. Alguns bilhões de dólares mais tarde, apesar do crescente preço dos combustíveis, os moradores ainda dirigem para ir e vir do trabalho, em porcentagem maior do que em qualquer momento do último quarto do século passado.

Isso não quer dizer que o DART não tenha produzido benefícios. Segundo um relatório de 2007 da Universidade do Norte do Texas, mais de quatro bilhões de dólares em novos empreendimentos surgiram em torno das estações do DART. Apesar de prejudicado devido à economia, espera-se que esse crescimento continue. Além disso, o estudo da UNT descobriu que as casas perto das estações de trens tiveram uma valorização de quase 40% mais do que em outros lugares da região metropolitana[170]. Esses números impressionam, mas não explicam a motivação original do sistema sobre trilhos, que era reduzir o congestionamento nas ruas. Nem sugerem que mais desenvolvimento econômico vá, no final das contas, pagar pelo sistema.

Houve outros benefícios? É bem possível que muito do novo crescimento em torno das estações do DART tivesse ocorrido em outros lugares sem ele, o que põe em questão o impacto econômico do sistema. Entretanto, é provável que esse desenvolvimento pudesse ter ocorrido em baixas densidades e, certamente, a uma distância maior do centro. Parte da área arbustiva do Texas foi salva e economizou-se um pouco de combustível, também. Mas não há como não encarar o fato de que todo esse desenvolvimento voltado para o transporte público não aumentou a porcentagem de pessoas que utilizam o transporte. Mesmo o maior fã de transporte coletivo – eu, talvez? – teria dificuldade de ver no sistema DART algo mais do que um fracasso.

Isso levanta uma questão: o que Dallas fez de errado? Buscamos uma resposta com Yonah Freemark, o sagaz blogueiro por trás de *The Transport*

Politic e, provavelmente, a fonte mais bem informada sobre transporte hoje em dia. Sua resposta, parafraseada, é "quase tudo", o que inclui: falta de densidade residencial suficiente; estímulo à ampla área de estacionamento no centro; instalação do alinhamento dos trilhos nas faixas de domínio mais baratas e não nas áreas mais ocupadas; localização das estações perto de grandes avenidas e com grandes garagens de veículos; redução das frequências em favor de distâncias mais longas e, finalmente, esquecer-se dos bairros. Ele sugere: "se, de qualquer modo, as pessoas vão viver em apartamentos, então que morem em bairros de uso misto, caminháveis, perto de estações dos VLT (Veículo Leve sobre Trilhos)"[171].

Todos esses erros têm importância – alguns serão abordados em detalhe abaixo – mas, com seu argumento final, Freemark está apenas rodeando o maior de todos os problemas: o simples fato de que Dallas e seus núcleos residenciais distantes carecem, quase inteiramente, de uma estrutura de bairros. Como resultado, você sai do trem e...? A probabilidade de caminhar para qualquer destino útil é absurdamente pequena. Espera-se que isso ocorra nos locais mais periféricos do sistema, onde a norma envolve uso misto de carro e transporte público (estacione e pegue o transporte). Mas esse sistema somente funciona – quando funciona – se você não precisar de um carro nas duas pontas[172]. No centro, pode-se considerar que apenas algumas poucas estações do sistema oferecem uma experiência de qualidade para o pedestre, e essa experiência não dura muito, porque muito pouco do centro de Dallas é realmente caminhável. Grande parte consiste de ruas muito largas, tráfego em alta velocidade, ao longo de calçadas sem árvores e ladeadas por estacionamentos e paredes sem atrativos. Como tantos centros de cidades americanas, o de Dallas passa no teste de Litman por ter sido projetado antes da era do automóvel, mas foi tão transformado pelas exigências dele que os pedestres parecem ser mais uma espécie parasitária, um apêndice das criaturas dominantes que habitam.

Sem muita caminhabilidade nas duas pontas, não era de se esperar que o DART conseguisse mudar os hábitos de dirigir das pessoas. Mas, como os astutos leitores do "Passo 1" já deduziram, nada iria reduzir a quantidade de trajetos feitos por automóvel em Dallas. Nenhum sistema de transporte, nem a caminhabilidade, nem os bairros: os motoristas do Texas vão continuar a entupir as ruas que têm e se o maior sistema de VLTs dos Estados Unidos tirar sessenta mil motoristas das vias – o total atual – mais sessenta mil tomarão seus lugares. Isso porque em Dallas, onde os estacionamentos são tão abundantes quanto baratos, a única limitação significativa ao dirigir é o próprio congestionamento que o DART espera aliviar[173].

Essa é a parte da história que os apoiadores dos trens não querem que você ouça: investimentos em transporte coletivo podem ser feitos em mobilidade urbana ou em imóveis, mas não são investimentos em redução de tráfego[174]. A única maneira de diminuir o tráfego é reduzir as vias ou aumentar o custo para utilizá-las, e esse é um remédio amargo que poucas cidades pró-transportes estão dispostas a engolir. Líderes políticos insistem para que dirigir continue a ser barato e conveniente, como sempre, e novos sistemas como o DART ficam carentes de usuários. Por que pegar o trem se você pode dirigir tão rapidamente para onde quiser e estacionar pagando um dólar por hora?

E como Dallas pode sair ganhando pelo investimento de bilhões de dólares em transporte? Existe uma resposta curta e uma longa. A resposta curta é tarifar o congestionamento, criar um pedágio urbano, nas vias expressas para maior eficiência – tirando máximo proveito do atual investimento em vias públicas – e usar a generosa renda para baixar as tarifas do transporte até zero e, ao mesmo tempo, encurtar os tempos de espera. Como isso nunca vai acontecer, vamos à resposta longa.

Já discutimos como, para se beneficiar da presença de transporte público, uma metrópole precisa ser organizada em torno desse transporte. Não é tarde demais para que isso ocorra em Dallas. A cidade e os municípios circundantes devem se comprometer a focar, de forma mais assídua, o desenvolvimento nas estações do DART, incluindo a realização de planos para bairros caminháveis em torno de cada uma delas[175]. Devem concentrar-se especialmente nas estações do centro, criando espaços realmente agradáveis para os pedestres, com alta densidade de moradias em seu entorno. Devem eliminar as exigências de vagas no local perto de todas as estações e proibir novos estacionamentos perto das estações do centro. Depois precisam esperar... que o preço da gasolina chegue a dez dólares o galão.

Como já vimos em Nova York, o preço do petróleo, rapidamente, pode fazer o que outros esquemas, como o pedágio urbano, não conseguiram. Em algum momento, mais cedo ou mais tarde, vai ficar muito mais caro andar de carro em todas as cidades dos Estados Unidos, especialmente as que são como Dallas. Quando isso acontecer, as cidades competitivas serão aquelas com amplas redes de transporte público cercadas de bairros de alta densidade. De repente, um imposto de 1% sobre vendas não parece um preço tão alto a pagar. Mas sem os bairros – até agora inexistentes em Dallas – não há qualquer cenário futuro no qual o investimento da cidade em transporte faça sentido.

Outro Tipo de Transporte

Apenas sistemas de transporte público rápido têm o potencial de, fundamentalmente, transformar cidades. Mas isso não quer dizer que sistemas menores não valham a pena. Quando eficazes, esses sistemas tomam duas formas: ou são nodais para conectar vários distritos caminháveis, ou lineares para melhorar e ampliar um corredor caminhável.

O primeiro tipo, como o teleférico que liga a cidade de Telluride, no Colorado, à Telluride Mountain Village, pode ser muito eficaz na redução de trajetos de carro e na melhora da caminhabilidade. "O que, um teleférico?", você pergunta. Sim, um teleférico que transporta mais de dois milhões de passageiros ao ano[176] – cerca de 10% do número atendido por todo o sistema de Dallas, a um quinto do preço por passageiro do sistema de ônibus local. Muitos desses passageiros são turistas com suas botas coloridas, mas um número significativo é de trabalhadores de baixa renda. Pequenos sistemas nodais como este são talvez os mais fáceis de fazer funcionar: só precisam de uma bela interface com o urbanismo a cada parada, intervalos frequentes de saída e um caminho desimpedido. Também são úteis para vencer obstáculos geográficos, como as famosas ladeiras Duquesne e Monongahela, de Pittsburgh, sendo que a segunda faz um ótimo papel ao conectar urbanismo a urbanismo. Esses sistemas não precisam ser equipamentos incomuns; às vezes, somente um ônibus que conecte a universidade ao centro.

Bem mais comuns são os sistemas de corredores lineares, também conhecidos como bondes ou trens urbanos. Distinguem-se dos sistemas de VLTs por sua menor velocidade e paradas frequentes; não constituem um transporte rápido, mas são "aceleradores de pedestres" nas palavras de Charlie Hales, de Portland, que ajudou a criar os modernos bondes da cidade. Se feitos corretamente, também são "criadores de lugares", outro modo de dizer "ferramentas de valorização da terra". Hales nos lembra de que a maior parte das linhas de bondes nos Estados Unidos foram estratégias de valorização a curto prazo, aplicadas por empreendedores com imóveis para vender[177]. O mesmo critério econômico ainda vale e precisa ser profundamente avaliado por cidades que considerarem novas linhas de bondes.

O que, hoje em dia, parece ser todo mundo. Acho que todas as cidades para as quais trabalhei, nos últimos anos, estavam realizando algum tipo de estudo para o uso de bondes. Em geral, resultam favoráveis – pelo mesmo motivo que estudos de expansão de rodovias, feitos por construtoras de rodovias, geralmente resultam favoráveis – e precisam ser suplementados, ou suplantados, por uma simples pergunta: "Por que você quer bondes?"

Nas raras ocasiões em que essa pergunta é feita, as respostas típicas incluem "Queremos aumentar as caminhadas"; "Queremos animar a rua principal" "Queremos tirar as pessoas de dentro do carro" e, minha favorita, "Queremos ser como Portland". Todas estão erradas; veja por que: Charlie Hales toma o cuidado de chamar bondes de aceleradores de pedestres e não criadores de pedestres, porque eles não têm um histórico de encher calçadas vazias. Pode ser até o contrário: é a presença de grande atividade de pedestres que indica um potencial para o sucesso do bonde. Em locais como Memphis, Tampa e Little Rock, os bondes instalados entre 1993 e 2004 pouco fizeram para acrescentar vida de pedestres às sonolentas ruas principais e seu uso é fraco, se tanto. Memphis, a estrela desse grupo, atrai somente 343 embarques por 1,6 km, que é um oitavo do que tem Portland e um vigésimo da Linha Verde de Boston[178].

Nenhum desses pequenos sistemas – que a diretora executiva da ArtPlace, Carol Coletta, chama de "transporte de brinquedo" – se conecta a uma rede ferroviária maior, de modo que não oferece a mobilidade regional que permite às pessoas deixar o carro em casa. A linha de bonde de Portland tem cerca de metade dos onze quilômetros de Memphis, mas se conecta com 85 quilômetros do VLP MAX. E, mais importante, o sistema de Portland foi instituído ao mesmo tempo que o compromisso de "abrigar um conjunto de estratégias e políticas, incluindo densidade mais alta, desenho urbano baseado no bairro, eliminação de exigências mínimas de estacionamento e, basicamente, toda a lista de coisas a acrescentar para alcançar a caminhabilidade", diz Hales. "Não se pode simplesmente saltar para dentro de um bonde."[179]

O Que Fazem os Bondes

Por que uma cidade iria querer um bonde? Sucessos como Portland nos mostram que os bondes fazem mais sentido quando uma grande área vazia ou subutilizada está a pouco mais de uma distância percorrida a pé de um centro caminhável. Nesses casos, um bonde pode representar a melhor oportunidade de ligar a área ao centro de uma maneira que antes não ocorria, estimulando seu desenvolvimento. Em Portland, tanto o município como a comunidade empresarial identificaram o Hoyt Rail Yards, ao norte do centro, como uma área assim. Prepararam um projeto, que era tanto um plano para os bondes quanto um plano de vizinhança, e incluíram um aumento no índice de zoneamento de oito vezes em troca de parques, moradia acessível e a remoção de uma rampa de acesso da via expressa. O novo bonde começou a funcionar em 2001 com o custo total de 54,5 milhões de dólares[180].

Desde então, mais de 3,5 bilhões de dólares em novos investimentos surgiram em torno da linha de bondes – espantosas sessenta e quatro vezes o investimento inicial. Segundo um relatório do Instituto Brookings, os valores dos imóveis adjacentes subiram de 44 para mais de 400%, em comparação com a valorização básica da cidade de 34%. Milhares de pessoas se mudaram para lá e estas, por sua vez, causaram uma revolução na vida das ruas. O relatório Brookings observa que "a contagem de pedestres em frente à Powell's Books, um grande varejista situado ao longo da linha, foi de três pessoas por hora para mais de 933"[181].

O bonde de Portland foi bem-sucedido como ferramenta para aumentar o caráter vibrante da cidade porque foi, antes de tudo, um mecanismo para o desenvolvimento do bairro. O fato é importante por dois motivos: primeiro, é um erro promover esse tipo de transporte na ausência de grandes e reais oportunidades imobiliárias e, segundo, porque tal oportunidade sugere a presença da iniciativa privada que pode beneficiar-se tremendamente do investimento. Portanto, esse setor deve querer ajudar a pagá-lo.

Foi esse exatamente o caso em Seattle, distrito de South Lake Union, onde proprietários liderados por Paul Allen, cofundador da Microsoft, contribuíram com metade do custo de uma nova linha de bondes de 52 milhões de dólares, ligando suas propriedades ao centro. Com outro terço do dinheiro vindo de fontes federais e estaduais, faltavam somente 8,5 milhões de dólares, que a cidade obteve vendendo propriedades excedentes ao longo da linha[182]. Com apenas cinco anos, esse bonde atende quatro vezes mais passageiros do que o de Tampa[183], graças, em parte, à relocação da Amazon.com e da Fundação Bill & Melinda Gates. Durante o período de planejamento e construção, os imóveis ao longo da linha tiveram uma valorização duas vezes maior do que a média da cidade[184], remunerando amplamente os investidores particulares.

As experiências de Portland e Seattle podem ser um pouco inibidoras para outras cidades, com razão – nem todas têm uma enorme demanda habitacional ou uma Amazon. Mas mesmo os fracassos de Memphis, Tampa e Little Rock produziram resultados positivos, quais sejam, novos empreendimentos junto à linha tendo em média dezessete vezes o valor dos sistemas de trilhos[185]. A renda dos impostos representada por essa construção é uma notícia promissora em termos de encontrar novas formas de financiar futuras linhas de bonde[186], mas ainda não resolve o objetivo declarado das cidades que querem um bonde, o de reanimar suas áreas centrais. Os bondes podem, sobretudo, vitalizar não a área central, mas a nova área aberta aos empreendimentos. O centro somente se beneficia de forma secundária se e quando milhares de pessoas se mudarem para a área, antes pouco desenvolvida.

Na verdade, um estudo mais cuidadoso de Tampa pode mostrar o efeito oposto. Enquanto os valores de propriedade foram às alturas por onde o sistema de bondes passa, através de antigas áreas industriais, os bairros já estabelecidos não foram tão bem-sucedidos. No distrito mais caminhável de Tampa, Ybor City, de fato, os imóveis se valorizaram 24 a 36% *menos* do que o condado circundante[187]. A lição aqui é que esse sistema, exceto se for integrado a uma robusta rede de transportes que envolva toda a cidade, é, antes de tudo, uma ferramenta para criar novos distritos, não necessariamente o acontecimento bombástico, que melhora a mobilidade e a vitalidade das ruas, e cujos proponentes querem que acreditemos ser assim. De todo modo, construa um sistema, desde que outros paguem por ele.

Transporte Para Motoristas

Nos Estados Unidos, a maior parte da população não vive em grandes cidades com grandes sistemas de transporte, mas em locais menores que enfrentam um cenário totalmente diferente quando se trata de transporte público. Na maior parte das cidades, todos ainda dirigem, o tráfego é relativamente leve e o estacionamento é barato. Qual o papel do transporte público nesses lugares? Ou melhor, como se cria uma cultura de transporte público e caminhada num lugar onde dirigir é tão fácil?

Pode não ser possível. Em alguns desses lugares, o ônibus está destinado a ser a opção para os que não têm opção: idosos, pobres e doentes. Dessa forma, sempre receberá poucas verbas e lutará para sobreviver, como qualquer serviço social.

Para que se torne amplamente utilizado, o transporte precisa sofrer implacável reconceituação como conveniência e não como simples veículo de recolhimento de pessoas. Ou, mais exatamente, embora algumas rotas devam permanecer – como entre um lar de idosos e o centro de saúde, por exemplo –, o sistema precisa se concentrar nas raras oportunidades onde possa oferecer uma experiência melhor do que dirigir. Essas poucas linhas deveriam ser destinadas a um nível mais alto de serviço e oferecidas somente se certas condições forem atendidas, ou seja, o que falta em muito do transporte público hoje: *urbanidade, clareza, frequência* e *prazer*.

Urbanidade significa localizar as paradas importantes bem no centro da ação, não a uma quadra de distância e, pelo amor de Deus, não do outro lado de um estacionamento. Esse é o *problema dos últimos cem metros* que assombra tantas paradas de trem ou ônibus. Os passageiros deveriam poder cair do banquinho de um café para dentro do ônibus[188]. Se as dimensões de seu veículo não o permitem, então é preciso um veículo diferente. E sem verdadeira caminhabilidade em ambos os pontos finais, seus sistema não decola.

Clareza significa uma linha ou trajeto circular simples, com tão poucos desvios quanto possível. Isso não somente acelera a viagem – e limita a frustração – como também permite que os passageiros formem imagens mentais da rota, algo importante para o conforto. Às vezes, ao andar de ônibus pela primeira vez em outra cidade, eu me lembro da greve de um dia que encontrei em Florença, Itália: os motoristas apareceram para trabalhar, mas depois que os passageiros embarcavam, os motoristas os levavam para onde bem entendessem. Mensagem entendida.

Frequência é onde a maior parte dos serviços de transporte erra. As pessoas detestam olhar os horários quase tanto quanto detestam esperar, de modo que um intervalo de dez minutos é o padrão para qualquer linha que espere atrair muita gente. Se não se consegue encher um ônibus nesse período, melhor trocar por uma van. Relógios ligados a GPS que informam o tempo até a chegada às estações (e aplicativos para *smartphones*) também são essenciais, e de grande ajuda depois do expediente. O significado de "depois do expediente" depende das circunstâncias, mas um transporte popular pode exigir intervalos curtos por toda a noite. O importante aqui é ou oferecer um serviço frequente ou nada. Limitar o serviço por causa de um número limitado de passageiros é uma espiral da morte a que poucas linhas de transporte sobrevivem.

Prazer é a condição mais negligenciada pelas autoridades dos transportes, contudo a busca por prazer está no centro de tantas escolhas humanas. Como Darrin Nordahl argumenta, persuasivamente, em *My Kind of Transit* (Meu Tipo de Transporte), o transporte público é uma "forma móvel de espaço público"[189] e pode trazer muitos dos benefícios que buscamos em nosso tempo longe de casa. Quando li pela primeira vez o livro de Nordahl, estava pronto a desconsiderar esse conceito como baboseira sentimental, mas depois me lembrei de que devo meu casamento a uma viagem de trem. O que uma experiência social, divertida, *prazerosa* significa para um projeto de transporte público? Assentos virados para dentro e não para a nuca dos outros, janelas grandes, sem película e que se abram amplamente, ou sem vidros, como em San Diego. *Wi-fi*. E, sim, até mesmo novidades como ônibus de dois andares, que acrescentam capacidade e charme e ainda reduzem o raio das curvas[190].

Em suma, o imperativo do transporte competitivo tem um lado duro, difícil, e um lado suave. O lado difícil trata de não desperdiçar o tempo das pessoas e o lado suave trata de fazê-las felizes. Se conseguir fazer os dois, aí sim, vai tirar as pessoas de seus carros.

Trens *Versus* Ônibus

Se seus objetivos são eficiência e prazer, os trilhos ganham dos ônibus com facilidade. Com rotas rápidas, os trens urbanos são quase sempre mais velozes e, em sua maioria, muito mais bonitos do que um ônibus normal soltando diesel. Até mesmo os novos modelos, com emissão zero, são uma presença intimidadora na paisagem urbana, em comparação com um delicado bonde ou trem urbano. É por isso que os trens custam mais.

Será mesmo? Hartford está construindo um sistema de BRT – Bus Rapid Transit (Transporte Rápido por Ônibus) que custa mais de sessenta milhões de dólares por milha ou 37,5 milhões por quilômetro[191]. Isso é quase o dobro do que um projeto médio de VLTs nos Estados Unidos[192]. Mas Hartford é uma exceção que prova a regra e aponta para o alto custo de se fazer um BRT da forma correta, o que significa dar aos ônibus sua canaleta específica, como se fosse um trem. Não tenho certeza sobre o que deu errado em Hartford, já que o BRT típico custa metade de um VLT, cerca de 9,37 milhões por quilômetro[193].

Os custos mais baixos vêm atraindo muitas cidades para o BRT. Se construído corretamente, de fato, o BRT é uma alternativa legítima ao VLT regional. Mas não se esqueça do R, de *rápido*. Verdadeiros sistemas BRT incluem não só uma pista separada, mas também prioridade nos cruzamentos, embarque nivelado em estações elevadas, cujo acesso é no sistema pague-antes-e-entre-depois, intervalos de dez minutos e indicadores de tempo de espera com GPS. Se não puder fazer isso, não o chame de Rápido. O BRT popular de Oregon, o Eugene para Springfield, tem até seus próprios programas de arte e paisagismo, não somente nas estações, mas em toda a linha.

Muitas vezes, os investimentos de superfície são citados pelos defensores do BRT quando respondem à maior crítica aos sistemas de ônibus, de que estes não têm a permanência dos trilhos: como obter investimento imobiliário em torno de um transporte que pode ir embora? Bem, nos Estados Unidos aprendemos que os bondes também podem ir embora, mas a infraestrutura do BRT ainda precisa de muito para se equiparar ao sentido de permanência que os trilhos oferecem. Essa é metade da história. A outra metade, raramente discutida, é que quanto mais permanente for a estrutura dos BRTs, mais feia costuma ser. Os ônibus BRT e suas construções de apoio não evocam muitos sentimentos de conforto nos frágeis corpos humanos a que servem. Está bem, os BRTs fizeram grandes coisas para os pedestres em Bogotá... mas quantos de nós querem ser pedestres em Bogotá?

Nessa discussão, todos, exceto Darrin Nordahl, aparentemente esqueceram o quanto bondes são charmosos. Além disso, bondes duram o dobro do que ônibus e, ao contrário destes, os mais velhos, às vezes, parecem mais bonitos do que os mais novos. Os ônibus podem ficar em serviço por vinte anos, mas depois de dez começam a fazer um lugar parecer decaído. Como não são apenas uma "forma de espaço público", mas, muitas vezes, fazem *parte* do espaço público e, na discussão trem *versus* ônibus, esse fato merece muito mais peso do que muitas cidades lhe dão.

Dito isso, nem todos os sistemas de ônibus são fracassos, longe disso. Nos Estados Unidos, o mais notável pode ser em Boulder, com uma rede econômica que contesta a visão convencional do sistema de transportes de várias maneiras diferentes. Graças a seu sistema de rotas com nomes inteligentes, incluindo o "salto triplo", onde cada itinerário tem uma cor diferente, a cidade vem correspondendo a seu lema de "respirar é preciso, dirigir é opcional". Apesar de ganhar dez mil novos moradores e doze mil novos empregos desde 1994, a cidade teve aumento zero no total de quilômetros percorridos por veículos. Muito do sucesso do sistema vem da forma como é divulgado. Domicílios compram um EcoPass (Passe Ecológico) de 120 dólares que dá, a todos os membros, passagens gratuitas durante todo o ano e tratamento especial em lojas, restaurantes e bares locais. Como resultado, toda uma cultura EcoPass se desenvolveu, na qual dirigir não é tão bacana.

Finalmente, muitas cidades que estão considerando bondes pelo conjunto padrão de motivos errados, podem, em vez deles, comprar os pequenos ônibus elétricos, como os que trouxeram mais vida a lugares como Chattanooga e San Diego. Não precisam de trilho, mas funcionam como aceleradores de pedestres em corredores já populosos; e cada um custa menos do que a Ferrari mais barata[194]. Apesar de serem tecnicamente ônibus, também são simpáticos e podem servir como porta de entrada mais eficaz para sistemas mais pesados de transporte por trilhos, no futuro.

Compartilhe Se Puder

Toda cidade quer um *Zipcar* (sistema de compartilhamento de carros). Mas será que esse sistema as quer? Provavelmente, não. De qualquer forma, convide-o para jantar, dê-lhe a chave da cidade e ofereça as concessões que ele normalmente solicita, inclusive vagas de estacionamento nos melhores lugares, quantas ele quiser. Mas entenda que esse empreendimento, superficialmente a favor do transporte individual, não pode florescer na sua cidade a não ser que a população já tenha ultrapassado o paradigma pró-transporte individual. Porque se todo mundo tem um carro, ninguém precisa de um. Se o desenho urbano de sua cidade ainda faz do dirigir cotidiano um pré-requisito para uma cidadania viável, você ainda não está pronto para um compartilhamento de carros.

Alguns questionam se o compartilhamento de carros enfraquecerá o transporte público, os táxis ou as bicicletas, mas o verdadeiro é o contrário. Somente nas cidades onde dirigir é opcional, com bom transporte público, táxis, caminhadas e bicicletas é que o compartilhamento de carros pode se desenvolver. É também nessas mesmas cidades que essa prática pode levar uma pessoa para além do limite e fazê-la abandonar o carro, como aconteceu comigo. Assim, eis um bom teste: vá para o centro. Levante o braço. Um táxi parou? Então, você pode estar pronto para um sistema de compartilhamento de carros.

E vá em frente, já que os benefícios são enormes. Após um ano de serviço, o Zipcar Baltimore fez uma enquete entre seus membros e descobriu que eles estavam caminhando 21% a mais, pedalando 14% a mais e usando o transporte público 11% a mais do que antes de entrar para o empreendimento. Somente 12% dos membros haviam feito mais do que cinco trajetos de carro no mês anterior, comparado a 38% antes de entrar para o Zipcar. Cerca de um quinto dos membros vendeu seus carros e quase metade afirmava que o programa os salvara de ter de comprar um carro[195]. Há apenas um problema: o sistema é inteligente demais para se localizar em cidades não caminháveis.

A Caminhada Segura

Passo 5: Proteger o Pedestre

O pedestre irá sobreviver? Ou, mais precisamente: os potenciais caminhantes irão se sentir protegidos contra atropelamentos, de tal forma que optem por caminhar?

Esta é uma questão central de qualquer discussão sobre cidades caminháveis. Como todos os outros passos deixam claro, a segurança do pedestre não é suficiente. Mas é essencial e, ainda, frequente e desnecessariamente mal feita pelos construtores das cidades. As falhas vêm de duas fontes principais: falta de preocupação com o pedestre e incompreensão fundamental das diversas profissões sobre o que torna uma rua segura. A primeira causa é política e pode ser superada através do Direito. A segunda é técnica e pode ser superada esclarecendo-se os fatos.

Tamanho Importa

Em seu livro de referência *Great Streets* (Grandes Ruas), o urbanista Alan Jacobs (sem parentesco com Jane Jacobs) traça mapas, cada um de pouco mais de um quilômetro e meio quadrado, de mais de quarenta cidades do mundo. Com as ruas pintadas em branco e as quadras em preto, os desenhos permitem compreender e comparar os padrões subjacentes a alguns dos lugares mais ou menos caminháveis do planeta. As lições extraídas são inequívocas, especialmente se você comparar cidades que teve o prazer ou desprazer de visitar. As mais óbvias lições referem-se ao tamanho da quadra.

De modo geral, as cidades com as menores quadras são as melhores no quesito caminhabilidade, enquanto aquelas com as maiores quadras são conhecidas como lugares sem vida nas ruas — se é que são conhecidas. Os bairros pré-industriais do centro de Boston e da parte baixa de Manhattan, como suas contrapartes europeias, em média, têm quadras de menos de sessenta metros de comprimento (e o confuso padrão viário medieval para se acomodar). As ruas mais caminháveis como as de Filadélfia e São Francisco têm, em média, quadras com menos de 120 m de comprimento. E também existem as zonas sem pedestres como Irvine, Califórnia, onde muitas quadras têm trezentos metros ou mais.

Como sempre, há exceções. Grande parte de Berlim tem quadras surpreendentemente grandes. Mas seus mapas de rua são, na verdade, uma mentira, já que muitas quadras de Berlim estão repletas de passagens internas e pátios que criam uma rede escondida de vida para os pedestres. As quadras de Los Angeles não são muito maiores que as de Barcelona, mas nesta última, as ruas não são projetadas para alta velocidade. Los Angeles demonstra que é possível transformar uma pequena quadra urbana em algo nada caminhável, mas inúmeras evidências confirmam que é muito mais difícil tornar caminhável uma grande quadra urbana.

Lembro-me da primeira vez que visitei Las Vegas, lugar onde ninguém caminha, excetuando-se duas vias: The Strip e a velha rua principal, Fremont Street*. Ao entrar na cidade, dirigindo meu Mustang alugado, verifiquei o mapa para chegar ao hotel. Naquela época, os mapas de carros alugados mostravam apenas as maiores avenidas da cidade, omitindo a malha viária entre elas por uma questão de simplicidade. Logo fiquei assombrado ao perceber que não havia rede de ruas entre essas grandes avenidas: o mapa burro do carro alugado *era* a cidade. Isso explicava tudo.

Há duas razões principais para que quadras menores criem cidades melhores. A primeira tem menos a ver com segurança e mais com conveniência: quanto mais quadras por quilômetro quadrado, mais escolhas o pedestre poderá fazer e mais oportunidades ele terá para alterar seu trajeto e chegar a um endereço útil, um café ou uma lavanderia. Essas escolhas também tornam a caminhada muito mais interessante, ao mesmo tempo que diminuem as distâncias entre os destinos.

A segunda razão, e a mais importante, é que quadras maiores significam menos ruas e, portanto ruas maiores. Supondo-se um volume de tráfego semelhante, uma cidade com quadras com o dobro do tamanho exige que cada quadra tenha o dobro de faixas de trânsito. Uma rua típica no centro de Portland, com suas quadras de cerca de sessenta metros de comprimento, comporta duas faixas de tráfego[1].

Uma rua típica do centro de Salt Lake City, com quadras de mais de 182 m de lado, contém seis faixas de tráfego[2]. E ruas de seis pistas são muito mais perigosas que ruas de duas pistas.

O estudo definitivo sobre esse assunto, feito por Wesley Marshall e Norman Garrick na Universidade de Connecticut, compara dados de 24 cidades de tamanho médio, na Califórnia. Observando mais de 130 mil acidentes de carro ocorridos ao longo de nove anos, eles dividiram as cidades entre as "mais seguras" e as "menos seguras". Entre os dois grupos, não encontraram uma única variável que melhor previsse ferimentos e mortes do que o tamanho da quadra. As quadras das doze cidades mais seguras tinham em média dezoito acres (cerca de 73 mil m²), enquanto as quadras nas doze cidades menos seguras tinham 34 acres (cerca de 136 mil m²). No final das contas, a duplicação do tamanho da quadra equivalia ao triplo de mortes[3].

Sistemas de quadras grandes e faixas múltiplas resultam em ruas mais difíceis para o pedestre atravessar e mais fáceis para o motorista acelerar. Aqui, o limiar mais significativo é entre uma e duas faixas numa dada direção, já que a segunda faixa oferece a possibilidade de ultrapassagem e permite que o motorista entre num estado de espírito de "piloto de corridas". Seja qual for a faixa em que você estiver, a outra parece mais rápida[4]. É possível fazer um bulevar caminhável com várias faixas – pense em Paris – porém poucas cidades com quadras grandes têm o orçamento ou a vontade de comprar tantas árvores. Mas, mesmo assim, é um pesadelo atravessar os Champs-Elysées.

Ruas com múltiplas faixas são também muito mais perigosas para os motoristas, graças à situação chamada de "morto por gentileza". Tipicamente, a história envolve um motorista sinalizando para a esquerda e um carro se aproximando na faixa adjacente contrária e reduzindo a velocidade para permitir a conversão. Conforme o motorista cruza a linha de centro, um carro em alta velocidade na pista mais distante, escondido pelo motorista gentil, acerta a lateral do veículo que faz a conversão.

A boa notícia é que ruas de quatro faixas podem ser tão ineficientes quanto mortais, visto que a faixa rápida também é a de virada à esquerda, e manter a velocidade, muitas vezes, significa costurar de faixa em faixa. Graças a essa ineficiência, muitas cidades em todo o país estão descobrindo que é politicamente possível introduzir algo chamado de "dieta de rua". Nessa dieta, uma rua padrão de quatro faixas é substituída por uma rua de três faixas: uma faixa em cada direção e uma central reservada para conversões à esquerda.

O notável sobre dietas de ruas não é que elas salvam vidas – isso é esperado. Numa típica mudança para dieta de rua, na Edgewater Drive de Orlando, o número de acidentes caiu em 34% e, como as batidas ocorriam em velocidade menor, o número de feridos caiu em impressionantes 68%: caiu de um a cada nove dias para um por mês. E o surpreendente é que a capacidade de carga da rua não diminuiu. Graças à inerente eficiência de manter uma faixa dedicada às conversões à esquerda, a típica dieta de rua não reduz o volume de tráfego numa rua. Uma comparação, feita pela empresa de engenharia AECOM entre dezessete diferentes dietas de rua, identificou que somente duas ruas perderam capacidade, cinco permaneceram iguais e dez recebiam mais carros por dia, após a mudança.

Os números são importantes porque a maioria dos opositores dessa prática teme o aumento de congestionamentos. Nos anos de 1980, 95% dos residentes de Lewistown, na Pensilvânia, colocaram-se contra uma dieta de rua proposta por engenheiros progressistas do Departamento Estadual de Transportes, citando preocupações com o aumento no tempo dos percursos. O Departamento fez a mudança mesmo assim, como sempre fazem, e os tempos dos percursos permaneceram inalterados enquanto os acidentes caíram quase a zero[5].

Assim como dezenas de outras, essa história representa uma grande oportunidade para quase toda cidade americana. São poucas as áreas centrais nos Estados Unidos que não têm uma rua com quatro faixas e que não se beneficiariam de uma dieta de rua. Um feliz efeito colateral da dieta de rua são os metros liberados pela faixa eliminada, em média, 3 a 3,5 m de rua. Esse espaço pode ser usado para expandir calçadas, plantar árvores, criar uma faixa para estacionamento ou substituir o estacionamento paralelo por faixas em 45 graus num bairro comercial. Como a maior parte das vias de quatro faixas já têm calçadas, árvores e estacionamento, esse espaço é muitas vezes reaproveitado como duas amplas ciclofaixas, humanizando ainda mais a rua. Essa solução tem o benefício adicional de evitar as despesas de reconstruir o meio-fio[6].

Uma Conversão Longe Demais

Agora que cantei loas às faixas de conversão, deixe-me atacá-las. Dietas de rua à parte, faixas de conversão à esquerda já conseguiram estragar um bom número de áreas centrais de cidades americanas. Por quê? Porque, ao colocá-las onde não são necessárias, ou fazendo-as mais longas do que o necessário, os departamentos de engenharia fizeram com que muitas ruas principais se tornassem uma faixa larga demais.

Não seria um grande problema se ficasse apenas em uns três metros. Infelizmente, o problema é onde esses três metros estão, no que antes era a faixa de estacionamento. É a situação em Bethlehem, na Pensilvânia, onde a antes vibrante Wyandotte Street tem a infelicidade de ser, também, a Estrada Estadual 378. Aqui, os mesmos esclarecidos engenheiros do Departamento de Tráfego que nos trouxeram a dieta de rua de Lewistown decidiram que uma via de duas faixas precisava de uma faixa central para conversão e retiraram uma faixa dedicada a estacionamento paralelo da face de toda uma quadra para fazer isso. Sem estacionamento conveniente para seus clientes, as lojas que ladeiam a Wyandotte Street estão todas mortas ou moribundas; as que restam não durarão muito. E eis a surpresa: a faixa de conversão do Departamento de Transportes – de 120 m de comprimento, o suficiente para uma fila de duas dúzias de carros – atende a uma rua lateral que contém apenas onze casas.

Isso é perversidade da engenharia de tráfego em seu aspecto de maior desperdício... Antes fosse apenas um incidente isolado! A maior parte das cidades americanas sofre com faixas para conversão à esquerda, desnecessárias e muito longas, que eliminam vagas de estacionamento, alargam vias, aceleram o tráfego e, em geral, diminuem a experiência do pedestre. Já que a maioria não pode ser eliminada sem um impacto negativo no fluxo de tráfego, a maioria pode ser encurtada. Uma faixa de conversão de comprimento equivalente a três carros que elimine três vagas de estacionamento numa esquina é uma grande melhoria em relação a monstros de uma quadra de comprimento que a maior parte das cidades instala sem pensar duas vezes.

Faixas Gordas

Ao contrário do que se imagina, a maior ameaça à segurança dos pedestres não vem do crime, mas do perigo real de veículos que trafegam muito depressa. Entretanto, muitas vezes e em nome da segurança, a maior parte dos engenheiros, continuamente, redesenha as ruas para comportar velocidades mais altas. Um enfoque tão contraditório que é difícil de acreditar: engenheiros projetam ruas para velocidades bem acima do limite determinado para que motoristas infratores estejam seguros – uma prática que, naturalmente, causa o próprio excesso de velocidade contra o qual se quer proteger.

Mesmo meu antigo bairro em South Beach, conhecido por sua caminhabilidade, não ficou imune a esse tipo de pensamento. Se você assistiu à versão americana de *La Cage aux folles* (A Gaiola das Loucas), deve se lembrar da vibrante atmosfera de rua da Espanola Way, onde Robin Williams compra um bolo de aniversário para seu parceiro. Seguindo por essa rua duas quadras para oeste, vê-se que calçadas já estreitas foram cortadas pela metade para alargar uma via que funcionava perfeitamente bem. Por quê? Porque os *padrões mudaram* – de caminhável para não caminhável.

Nunca soube de uma explicação decente para a invasiva expansão dos padrões das ruas americanas. Sei apenas que é real e tem um impacto profundo no trabalho que os urbanistas fazem cotidianamente. No final dos anos de 1990, ajudava a projetar Mount Laurel, uma nova cidade perto de Birmingham, no Alabama, seguindo o modelo dos mais bem-sucedidos bairros desta cidade, de antes da Segunda Guerra. Medimos as ruas de Homewood, Mountain Brook e outros de seus melhores endereços e planejamos nossas vias com as mesmas dimensões. Depois nos disseram que as ruas estavam fora dos padrões e nossa empresa não quis assinar os projetos por temer ir contra a lei.

Lembro-me de uma tarde em especial, quando convencemos o engenheiro do condado a visitar, em nossa van, esses bairros. Talvez antecipando nosso constrangimento, ele agarrou a maçaneta da porta e começou a gritar

"Vamos morrer!" enquanto dirigíamos, calmamente, pelas ruas estreitas e arborizadas de Mountain Brook. Tenho quase certeza de que estava brincando, mas seu pronunciamento final era claro: devíamos reprojetar nossas ruas, considerando maior velocidade.

Essa lógica – de que projetos voltados para velocidades mais altas geram ruas mais seguras –, associada ao típico desejo do engenheiro de ter um tráfego livre, tem feito com que muitas cidades dos Estados Unidos reconstruam suas ruas com faixas de 3,6, 3,9 e, às vezes até 4,2 m de largura. Hoje, os carros medem somente 1,82 m de largura – um Ford Excursion tem 1,98 m – e a maior parte das ruas principais, historicamente, foi feita com faixas de 3 m. Essa dimensão persiste em muitas das melhores ruas, como a elegante Worth Avenue, em Palm Beach, Flórida. Entretanto, muitas das cidades que visito têm suas faixas de 3,6 m e é aí que ocorre a maior parte dos excessos de velocidade.

Para mim que escrevo e para você que lê, sem a menor dúvida, faixas mais largas fazem com que os motoristas acelerem. Afinal, se as rodovias têm faixas de 3,6 m e nos sentimos confortáveis dirigindo por elas a 112 km/h, não sentiríamos o mesmo numa rua urbana das mesmas dimensões? Entretanto, no bizarro universo paralelo do engenheiro de tráfego, essa relação não existe: os motoristas vão dirigir na velocidade limite, ou um pouco acima, não importa que tipo de pista encontrem pela frente.

Da mesma maneira que o caso da demanda induzida, mais uma vez os engenheiros não entenderam que a forma como projetam as ruas tem impacto na forma como as pessoas as utilizam. Em sua lógica, do mesmo modo que mais faixas não causam mais tráfego, faixas de alta velocidade não causam alta velocidade. Senhoras e senhores, permitam-me apresentar o segundo grande mal-entendido que está na base da maior parte da degradação urbana de hoje: alargar ruas em nome da segurança é o mesmo que distribuir armas para reduzir o crime.

Caso você pense que estou inventando, vejamos a calma análise de Reid Ewing e Eric Dumbaugh, respectivamente professores da Universidade de Maryland e da Texas A&M. Em um estudo de 2009, eles avaliam a situação da seguinte forma:

> Observando de forma geral, o maior problema da teoria de segurança de tráfego convencional é desconsiderar o poder moderador do

comportamento humano sobre a incidência de acidentes. Decisões de [...] alargar vias específicas para torná-las mais seguras baseiam-se no pressuposto de que, ao fazer isso, o comportamento humano permanecerá o mesmo. E é precisamente esse pressuposto – de que o comportamento humano possa ser tratado como uma constante, independentemente do projeto – que explica o fracasso das práticas convencionais de segurança.[7]

Qual o preço desse fracasso? Em outro estudo apresentado no oitavo encontro anual da Comissão de Pesquisa sobre Transporte (*Transportation Research Board*), o professor Robert Noland, da Universidade de Rutgers, calculou que o alargamento das faixas podia ser responsável por cerca de novecentas mortes a mais no trânsito por ano[8].

Só nos resta esperar que esses estudos acabem por ter um impacto na forma como a engenharia de vias públicas é praticada na típica cidade americana. Atualmente, os engenheiros ainda se recusam a aprovar ruas configuradas sem projetos "adequados" para altas velocidades. "Tememos ser processados", dizem. Um dia, terei a coragem de responder o seguinte: "Medo? Deveria ter mesmo. Agora que mostramos que ruas mais estreitas salvam vidas, vamos processar vocês quando pessoas morrerem em suas ruas gordas."

Contudo, há boas notícias. Graças aos esforços do Congresso Para o Novo Urbanismo, organização sem fins lucrativos focada em criar cidades mais habitáveis, começamos a mudar os padrões[9]. Uma equipe do CNU reuniu-se ao ITE – Institute of Traffic Engineers (Instituto dos Engenheiros de Tráfego) para criar um novo manual de projeto de vias caminháveis que recomenda faixas de 3,0 a 3,3 m de largura[10]. Com a aprovação do ITE, agora, esse livro pode ser apresentado em reuniões de planejamento endossando padrões mais razoáveis. Só gostaria que não constasse o "3,3 m."

Outro motivo para ter esperanças é o crescente movimento de controle de velocidade "Zona 20" (20's Plenty for Us) que, após tomar o Reino Unido, está começando a ganhar seguidores nos Estados Unidos. Reconhecendo que apenas 5% das colisões com pedestres a vinte milhas por hora (32 km/h) resultam em morte, contra 85% a quarenta milhas por hora (64 km/h)[11], os britânicos introduziram os mesmos limites de 20 milhas por hora, ou 32 km/h, em muitas de suas cidades. Hoje há mais de oitenta campanhas "Zona 20" no Reino Unido e cerca de 25 jurisdições britânicas, com população total de seis milhões, já estabeleceram esse limite em áreas residenciais. Em junho de 2011, o Comitê de Transportes da União Europeia recomendou essa regra para todo o continente[12]. Num futuro próximo, é bem provável que essa velocidade se torne padrão em toda a Europa.

Deste lado do oceano, Hoboken, em Nova Jersey, pode ser a primeira cidade a instituir uma campanha "Zona 20". Infelizmente, como é típico em Jersey, o número é apenas uma sugestão, enquanto os limites oficiais mais altos continuam em vigor. No momento em que escrevo, Nova York torna-se pioneira ao legitimar zonas com essa velocidade. Isso é importante – mas não como um fim em si mesmo. Como qualquer pedestre londrino pode lhe dizer, uma placa de limite de velocidade de vinte milhas por hora não significa que o motorista vá andar a essa velocidade. A maior parte dos motoristas dirige na velocidade em que se sente confortável, a velocidade para a qual a via foi projetada. "Zona 20" é mais útil como um primeiro passo para reduzir as velocidades de projeto. Uma vez que tais zonas proliferem, podemos, finalmente, convencer os engenheiros a projetar ruas para essa velocidade[13].

Para Que Simplificar, Se Podemos Complicar?

Faixas mais estreitas não são a única forma de reduzir a velocidade do tráfego. Todos os aspectos do ambiente construído enviam mensagens aos motoristas e muitas dizem "acelere". Infelizmente, a maioria é lei. Outros dois aspectos que merecem nossa atenção são a geometria dos cruzamentos e o triângulo de visão.

Recentemente, minha esposa e eu fomos à Filadélfia. Foi nosso primeiro fim de semana sem as crianças e estávamos determinados a fazê-lo valer a pena. A primeira parada, a 1,5 km ao sul do Liberty Bell, era o cruzamento da Ninth Street com a Passyunk Avenue. Os fãs de *fast-food* vão reconhecer o endereço como a localização do Geno's Steaks e do Pat's King of Steaks, dois enormes restaurantes que têm competido há anos pelo título de Melhor Filé com Queijo da Filadélfia.

Já tinha ouvido falar da disputa, mas não conhecia a estranha condição urbana que a cercava. Bem de acordo com a combativa circunstância, os dois restaurantes estão frente a frente em dois lotes irregulares opostos, como duas finas fatias de torta, emoldurados por duas ruas que se cruzam em X com ângulo de trinta graus. O Pat's aponta para o norte, diretamente para o Geno que aponta para o sul. Com toda sua sinalização chamativa, parecem dois cassinos em um jogo de provocação.

Para mim, a questão não era qual sanduíche era melhor (a propósito, meu voto vai para o Pat's)[14]. Mas a questão era: depois de todos os filés com queijo que esses dois estabelecimentos já serviram aos engenheiros de tráfego, ao longo dos anos, por que ainda é ilegal na maior parte dos Estados Unidos que duas ruas se cruzem num ângulo de trinta graus?

Quando se observa o funcionamento desse cruzamento, fica difícil imaginar uma cena mais segura. Primeiro, há a tortuosa fila de clientes que chega até a rua. Nós, urbanistas, chamamos isso de "moderação humana de tráfego" – por oposição a "lombadas humanas", outro fenômeno comum – e a velocidade do tráfego era ainda mais reduzida pelos carros encostando e saindo da calçada para pegar comida. Mas mesmo sem essa confusão – retornamos depois que a multidão havia diminuído – o fato era que ninguém dirigia perigosamente nessa interseção, justamente porque o cruzamento parecia perigoso.

Bem-vindo ao mundo da *homeostase de risco*, um lugar bem real que existe fora da visão estreita da profissão de engenheiro de tráfego. A homeostase de risco descreve como as pessoas, automaticamente, ajustam suas atitudes para manter um nível confortável de risco. Explica por que o número de mortes por envenenamento subiu após a introdução de tampas à prova de crianças – as pessoas pararam de esconder seus remédios – e por que os cruzamentos mais mortais dos Estados Unidos são, caso típico, aqueles em que se pode trafegar com um dedo no volante e um celular no ouvido[15].

A melhor história de homeostase de risco vem da Suécia, país obcecado com segurança de tráfego. Quando se observa um gráfico de barras das mortes no tráfego naquele país, ao longo dos anos, a maior parte do que se vê não surpreende. Há um aumento nas mortes nos anos de 1960, um declínio com a introdução dos cintos de segurança; um equilíbrio nos anos de 1980 e depois mais um declínio quando os *airbags* tornaram-se equipamento padrão. Mas, um momento, o que ocorreu em 1967? Num único ano, o número de mortes caiu de mais de 1,3 mil para menos de 1,1 mil, um declínio de 17%. Ocorre que, no dia 9 de março de 1967, na Suécia, onde se dirigia do lado esquerdo, passou-se a dirigir do lado direito da estrada[16].

Como era de se esperar, todos ficaram muito preocupados com essa transição. Os volantes estavam do lado errado dos carros, uma tonelada de placas precisava ser imediatamente recolocada e o governo temia um banho de sangue. Mas, exatamente porque as pessoas ficaram com medo, o número de acidentes despencou e só retornou ao nível anterior em 1970.

A lição dessa experiência é clara: se você dá valor à vida de seus conterrâneos, mude o lado de dirigir uma vez a cada três anos. Já que dificilmente essa ideia ganharia apoio popular, voltemo-nos a uma lição maior: as estradas mais seguras são as que parecem menos seguras, exigindo mais atenção dos motoristas.

Essa lição ainda precisa atravessar a concha ossificada da profissão de engenheiro de tráfego. Na maior parte das cidades, os cruzamentos precisam ter noventa graus ou quase isso. Cruzamentos escalonados, ótimos para reduzir velocidades, são proibidos. Cruzamentos de cinco vias, comuns em locais mais antigos, também estão fora da jogada. Minha casa situa-se num cruzamento maluco desses e, em três anos, ainda não vimos um acidente. Na verdade, presenciamos: uma vez a cada três meses, num cruzamento a perfeitos noventa graus a uma quadra de distância.

O formato do cruzamento é metade da história. A outra metade é a visibilidade naquele ponto e a segunda regra que atrapalha as melhores tentativas dos urbanistas de fazer locais memoráveis: a exigência do triângulo de visão, que exige que todos os elementos verticais, como edifícios ou árvores, mantenham uma distância mínima das esquinas, de modo que os motoristas possam ver em torno deles. Tal condição faz sentido num mundo em que o projeto não consegue afetar o comportamento. Mas no planeta Terra, produz aceleração nos cruzamentos.

Muitos dos melhores lugares nos Estados Unidos, com espaços públicos arborizados e bem formados, violam o requisito de triângulo de visão[17]. Muitos desses lugares estão localizados nas mesmas cidades que exigem triângulos de visão em todas as novas construções. Felizmente, cada jurisdição tem o direito de ter suas próprias regras de triângulo de visão. Apesar de ser difícil eliminá-las totalmente, elas podem ser manipuladas de forma a não causar dano. Dica: tudo depende de como se mede o triângulo.

A Apoteose da Segurança

Se a percepção de um perigo maior leva a uma direção mais segura, como fazer as vias mais seguras do mundo? Provavelmente, quem melhor respondeu a essa questão foi Hans Monderman (1945-2008), engenheiro de tráfego holandês, pioneiro em dois conceitos maravilhosos e inter-relacionados: *ruas nuas* e *espaços compartilhados*. Apesar de não serem adequadas a todos os lugares, essas técnicas têm muito a nos ensinar quando trabalhamos para melhorar nossas cidades.

Ruas nuas referem-se ao conceito de retirar das ruas a sua sinalização – toda ela, incluindo placas de parada, sinais e mesmo faixas. Em vez de criar caos, essa abordagem parece ter reduzido taxas de acidentes nos locais onde foi experimentada. Seguindo a orientação de Monderman, a cidade dinamarquesa de Christiansfeld removeu todas as placas e sinais de seus principais cruzamentos e observou uma queda no número de acidentes graves, a cada ano, de três para zero. O condado britânico de Wiltshire, onde fica Stonehenge, retirou a faixa divisória central de uma rua estreita e constatou uma queda de 35% no número de colisões[18]. Os motoristas passavam os carros que vinham em sentido contrário a uma distância 40% maior do que quando havia a faixa, embora a via com faixa fosse mais larga[19].

Monderman descreveu sua abordagem da seguinte maneira: "O problema com engenheiros de tráfego é que, ao encontrar um problema numa rua, tentam acrescentar algo. No meu ponto de vista, é melhor retirar coisas."[20] Faz sentido especialmente na Holanda, onde há uma tradição de estradas reticentes – é pouco provável ver alguma placa de PARE[21] –, mas a ideia já se espalhou para a Áustria, França, Alemanha, Espanha e Suécia[22].

Ruas nuas também estão começando a aparecer nos Estados Unidos, junto com outra grande ideia de Monderman, *espaço compartilhado*. De certa forma, o espaço compartilhado é simplesmente a extensão do conceito de ruas nuas para incluir a eliminação de informações visuais e barreiras, tais como meios-fios, e materiais distintos para ruas e calçadas. O objetivo é criar um ambiente de completa ambiguidade de tal forma que carros, ciclistas e pedestres todos se juntem numa grande mistura de humanidade.

Como observa David Owen, "para muitas pessoas, isso soa como uma fórmula para o desastre." Não é verdade: "A clara experiência das cidades (principalmente) europeias que tentaram fazer isso foi que aumentar a ambiguidade dos espaços viários reduz a velocidade dos carros, a incidência de acidentes e melhora a vida dos pedestres."[23] Nas palavras de Monderman, "caos é igual a cooperação"[24].

Monderman teve a coragem de defender suas convicções. Um de seus truques favoritos com os repórteres de televisão era falar com eles em frente a um cruzamento de espaço compartilhado que ele construiu na aldeia holandesa de Oosterwolde. Sem hesitar, ele ia cegamente andando de costas no meio do tráfego, dividindo-o ao meio como o Mar Vermelho[25].

Nos Estados Unidos, não há exemplos de espaços compartilhados tão puros quanto os de Monderman, mas uma das primeiras tentativas encontra-se na Espanola Way em Miami Beach – apenas duas quadras da rua que foi desnecessariamente alargada algumas páginas atrás. Seguindo a boa política, o município pediu que os moradores participassem do redesenho de um de seus principais cruzamentos, sem saber que a vizinhança estava infestada de urbanistas recém-chegados da Europa. "Nada de meios-fios", dissemos, "basta pavimentar com tijolos de fachada a fachada". Completada em torno do ano 2000, a Espanola Plaza funciona muito bem, apesar de ter um número baixo de carros. Quando os engenheiros de tráfego voltarem à razão, veremos Ruas Compartilhadas começando a proliferar nos Estados Unidos.

A Epidemia de Mão Única

Em 1918, uma epidemia de gripe matou mais de 75 milhões de pessoas em todo o mundo. Quase cinquenta anos depois, os Estados Unidos foram atingidos por outra epidemia que, apesar de menos nociva para os humanos, destroçou cidade após cidade, de costa a costa. Falo, é claro, da substituição, por atacado, de ruas centrais de duas mãos por ruas de mão única, uma praga da qual poucas cidades escaparam. Seus impactos foram profundos e ainda nos assombram.

A lógica era bastante simples: para ficarem competitivos em face do êxodo para os novos bairros residenciais distantes, os municípios precisavam se reestruturar para permitir o deslocamento rápido dos habitantes dos novos bairros para e do centro. Parte desse esforço, a parte óbvia, envolvia construir rodovias elevadas, com resultados quase suicidas que já foram bem documentados. Outra parte, menos discutida, incluiu refazer a rede de ruas da cidade em torno do sistema de pares de mãos únicas. Ao substituir ruas de mão dupla com ruas de mão única, as cidades podiam introduzir semáforos sincronizados e eliminar a redução de velocidade causada por conversões à esquerda.

Assim como as rodovias interestaduais, essas ruas modificadas eram de fato eficazes para acelerar os veículos dos moradores daqueles bairros distantes, tanto que não havia mais motivo para viver no centro. E também transformaram o que antes era um grande ativo urbano – o domínio público – em pouco mais do que uma coleção de vias expressas. Vias públicas em que antes havia carros, pedestres, comércio e árvores tornaram-se tóxicas para todos, menos para os carros. Livres de outros usos, elas efetivamente se transformaram em esgoto de automóveis[26].

Já discutimos como ruas de faixas múltiplas contribuem para a prática de uma direção contra os pedestres. Acrescente-se a isso a eliminação de todo atrito de carros indo na direção oposta e o simples impulso representado por duas a quatro colunas de tráfego sem obstáculos, e pode-se ver por que essas ruas ficaram rapidamente despovoadas. É difícil citar uma cidade americana que não tenha sido prejudicada por essa técnica, quer tome a forma de uma rede de vias de mão única – Saint Louis, San Diego – ou só um par de ruas de mão única – Alexandria, na Virgínia; Cornelius, em Oregon. Na verdade, ao dirigir de Portland para a costa do Oregon, pude testemunhar como um único Departamento de Transporte conseguiu mandar um bom número de ruas principais para a UTI, com esse mesmo truque.

Vias de mão única destroem bairros comerciais por motivos que vão além do tráfego tóxico, principalmente, porque distribuem a vitalidade de forma desigual e, muitas vezes, inesperada. Sabe-se que tais vias já causaram o fechamento de lojas que ficam no trajeto matutino de ida ao trabalho, pois a maior parte das compras é feita na volta, à noitinha[27]. Também criam uma situação segundo a qual metade das lojas nas ruas transversais perde visibilidade, já que estão localizadas atrás dos ombros dos motoristas. Tais vias intimidam os motoristas de fora da cidade, que têm medo de se perder, e frustram os locais, que se irritam com os deslocamentos circulares e semáforos adicionais que precisam cruzar para chegar a seu destino.

Na verdade, esses deslocamentos circulares questionam a suposta maior eficácia dos sistemas de mão única. Certo, os veículos deslocam-se mais rapidamente, mas será que a maior velocidade compensa as distâncias maiores que motoristas precisam percorrer, sobretudo, motoristas perdidos? Apesar de haver excelentes estudos documentando a eficácia dos sistemas de mão única para combater congestionamentos, ainda não vi um que leve em consideração o congestionamento marginal causado pela circulação.

Lembrei-me desse fato quando de minha primeira visita a Lowell, Massachusetts, no dia em que fui contratado para trabalhar no centro da cidade. Após ficar perdido por vinte minutos – apesar do Google Maps –, finalmente liguei para o administrador adjunto da cidade, que me orientou. Para um urbanista como eu, que pensava ter uma bússola interna bem calibrada, esse episódio foi muito constrangedor. Mais tarde, ao conhecer melhor a cidade, comecei a me sentir melhor. A superposição de uma rede de vias de mão única sobre a tortuosa rede pré-industrial da cidade, interrompida por canais e rios, havia criado uma das malhas viárias mais confusas dos Estados Unidos. No meu relatório, tive o prazer de documentar como o trajeto do Auditório do Memorial até o seu estacionamento, a apenas duzentos metros de distância, exigia uma tortuosa odisseia de mais de um quilômetro e meio.

Nesse momento, alguns astutos leitores estarão se perguntando sobre Portland: a cidade tem uma malha de mão única e está funcionando bem. O que acontece? Portland acrescenta uma grande advertência a essa discussão: se a malha viária for simples e as quadras pequenas, correspondendo à densa rede de pequenas ruas, o sistema de mão única pode funcionar muito bem – veja a maior parte das ruas residenciais transversais em Manhattan. Mas Portland tem algumas ruas de mão única que são grandes demais para atrair alguém a caminhar, assim como Seattle, outra joia de quadras pequenas. Quando as ruas têm mais de duas faixas de largura, são precisos edifícios muito altos para que pareçam confortáveis, edifícios que a maior parte das cidades americanas não tem.

Vejamos Savannah. Em 1969, um sistema de mão única foi aplicado a muitas das ruas norte-sul na delicada malha viária de Oglethorpe. A maior parte ainda permanece e cria o que, talvez, seja o único impedimento significativo a uma caminhada agradável nessa cidade bastante caminhável. Reconhecendo o problema, o governo da cidade contratou o arquiteto Christian Sottile para estudar o que aconteceu com uma via, a East Broad Street, quando se tornou via expressa. Sottile examinou os lançamentos de impostos e contou o número de endereços ativos (que pagavam impostos) ao longo da rua, em 1968 e depois alguns anos mais tarde. Descobriu que, como resultado dessa conversão, a rua perdera dois terços desses endereços[28].

Felizmente, há um lado bom nessa história. Preocupado com o excesso de velocidade depois de construir uma nova escola de ensino fundamental, o município reconverteu a East Broad Street em uma via de mão dupla. Rapidamente, o número de endereços ativos subiu em 50%[29].

A experiência de Savannah não é única. Com base em alguns sucessos bem divulgados, dezenas de cidades americanas estão começando a reconverter seus sistemas de mão única em tráfego de mão dupla. Entre elas, Oklahoma City, Miami, Dallas, Minneapolis, Charleston, Berkeley[30] e, em breve, Lowell. Talvez a mais bem documentada dessas recentes reconversões tenha sido realizada em Vancouver, no estado de Washington. Como narra Alan Ehrenhalt na revista *Governing*, Vancouver "gastou milhões de dólares tentando revitalizar seu centro", mas os investimentos "nada fizeram pela rua principal em si. Por toda essa década, a rua permaneceu tão deprimente como sempre"[31]. Ele continua:

> E então, há um ano, a cidade tentou uma nova estratégia. Em vez de esperar pelos catorze milhões de dólares em verbas estaduais e federais, planejados para projetos na rua principal e em torno dela, optou por algo mais simples. Pintou uma linha amarela no meio da rua, tirou algumas placas, colocou outras e instalou novos semáforos. Em outras palavras, tirou uma rua de mão única e abriu-a ao tráfego de duas mãos. Os comerciantes da rua tinham muita esperança nessa mudança, mas nenhum deles estava preparado para o que realmente aconteceu após a mudança em 16 de novembro de 2008. Em meio a uma grave recessão, a rua principal de Vancouver pareceu reviver quase do dia para a noite[32].

O sucesso continuou e os comerciantes ficaram em êxtase. Agora, o dobro de carros passa em frente a seus estabelecimentos todos os dias e o antes temido congestionamento não ocorreu. Agora, a diretora da Associação do Centro de Vancouver, Rebecca Ocken, dá um conselho: "Provamos que ruas de mão única não devem ser permitidas nas principais ruas de varejo do centro das cidades."[33]

Ela está quase totalmente certa para cidades de porte pequeno e médio como Vancouver (população 162 mil habitantes). Para cidades maiores, depende. Eu, por exemplo, não vou querer reverter as avenidas Columbus e Amsterdã em Manhattan em ruas de mão dupla, mas é justo dizer que Nova York seria ainda mais caminhável se essa mudança fosse feita. Conclusão: se falta vitalidade no centro de sua cidade, onde existirem ruas de mão única, provavelmente, é hora de mudar.

Calçadas Sagradas

Agora que quase acabamos de falar de segurança para pedestres, talvez seja a hora de discutirmos onde os pedestres passam a maior parte do tempo. Evitei o assunto até agora porque o desenho das calçadas não tem quase nada a ver com segurança de pedestres. Os defensores dos pedestres sempre brigam por calçadas mais largas, mas isso é irrelevante. Algumas das cidades mais caminháveis têm algumas das calçadas mais estreitas – penso em Charleston, Cambridge ou Georgetown. No bairro francês de Nova Orleans, as calçadas têm 2,10 m de largura.

O que faz uma calçada segura não é sua largura, mas se está protegida por uma linha de carros estacionados formando uma barreira de aço entre os pedestres e a via pública. Já tentou jantar numa calçada sem estacionamento ao longo da rua? Aquelas pobres mesinhas raramente duram. Quer estejam a meio metro ou a três metros, ninguém quer se sentar – ou caminhar – diretamente junto a uma linha de carros que rodam a vinte metros por segundo. O estacionamento na rua também reduz a velocidade do tráfego, pois os motoristas ficam preocupados com carros que podem entrar na via[34].

Poucas calçadas sem estacionamento ao longo do meio-fio atraem as pessoas para uma caminhada e, no entanto e em geral, as cidades o eliminam em nome do fluxo de tráfego, embelezamento e, mais recentemente, segurança. Muitos meios-fios na cidade de Oklahoma perderam seus espaços de estacionamento com base no fato de que terroristas com bombas temem multas . Essa linha de raciocínio é tão obviamente ridícula que parece ter sido endossada pelo governo federal[35]. Felizmente, pelo menos as lideranças locais têm mostrado capacidade para reformas: nosso novo plano para o distrito comercial de Oklahoma City mais do que dobra o número de vagas de estacionamento na rua – de menos de oitocentas para mais de 1,6 mil. Segundo o programa Main Street Center do National Trust, cada vaga de rua eliminada custa aos estabelecimentos adjacentes dez mil dólares ao ano em vendas. Se o inverso for verdade, acabamos de tornar os comerciantes de Oklahoma City nove milhões mais ricos a cada ano.

Os mais recentes inimigos do estacionamento na rua são antigos amigos: ciclovias e linhas de transporte público. Despir uma calçada de sua proteção para acrescentar ciclovias é sacrificar uma forma de transporte não motorizado por outra. E como o sucesso do transporte público depende da caminhabilidade, qualquer sistema de bondes ou trens urbanos que enfraqueça o conforto do pedestre é como dar um tiro no pé. Para serem, de fato, uma alternativa aos automóveis, as bicicletas e os ônibus precisam deslocar os carros que se movimentam, não os estacionados.

Árvores e paisagismo podem compensar a ausência do estacionamento junto à calçada? Não totalmente, a não ser que se esteja disposto a construir grandes canteiros como os existentes na State Street em Chicago – e mesmo assim, os carros ainda dirigirão muito rápido. Árvores, porém, são essenciais para o conforto do pedestre, como mostrarei no "Passo 8" e, de fato, reduzem um pouco a velocidade dos motoristas. E ainda podem deter um carro que tenha ido além do meio-fio. Por esse motivo, as calçadas mais seguras são as que têm carros estacionados e árvores[36].

A outra grande ameaça aos pedestres, além de carros que invadem a calçada, são carros que a invadem para desembarque de passageiros, descarregamento de mercadorias e *drive-thrus*. No interesse da conveniência do motorista, a maior parte das cidades, nos anos de 1970, distribuiu aos montes guias rebaixadas para bancos, restaurantes, lavanderias, hotéis… qualquer um que pedisse. Agora, essas guias rebaixadas enviam uma mensagem clara aos pedestres: que a calçada não pertence a eles.

Muitas dessas entradas de automóveis podem agora ser eliminadas. Se uma cidade tem becos de serviço, atrás das quadras, não há justificativa para dar aos estabelecimentos mais acesso à calçada. Sem os becos, ainda há soluções. A maior parte dos *drive-thrus* dos bancos, muitas vezes com três ou quatro faixas de largura, pode ser estreitada na calçada e alargada depois. Na verdade, com o aumento do uso de bancos *on-line*, muitas podem ser eliminadas. Mesmo se não se conseguir que os estabelecimentos abram mão de suas guias rebaixadas atuais, a melhor estratégia é simplesmente não permitir novas. Até mesmo hotéis, a não ser que sejam muito grandes, deveriam receber entregas e hóspedes junto à calçada, na faixa de estacionamento junto ao meio-fio. Na Filadélfia, ficamos no Hotel Palomar, de 230 quartos, que recebe seus carros dessa maneira. Para economizarem na concessão de rebaixamento de guias, as cidades devem permitir pequenas zonas de Não Estacione, em alguns lugares, como na frente de hotéis, onde chegadas e partidas de hóspedes ocorrem continuamente.

Sinais Sem Sentido

No passo anterior, mencionei a presença visível de táxis como um indicador da caminhabilidade de uma cidade. Outro termômetro confiável é a ausência visível de semáforos com botões. Em minhas viagens, percebo que as cidades que mais precisam de ajuda, quase sempre, são aquelas em cujos cruzamentos há semáforos com botões. Lembro-me de que, ao serem introduzidos durante minha infância, à época, pareciam um dom. Caramba, posso controlar o sinal de trânsito. Que poder! Mas a verdade é bem o contrário. Botões quase sempre significam que o automóvel domina, já que são tipicamente instalados em conjunção com um temporizador onde os tempos do cruzamento são mais curtos e menos frequentes; em vez de dar força e poder aos caminhantes, o botão os transforma em cidadãos de segunda classe; os pedestres jamais deveriam ter que pedir permissão a um semáforo para atravessar uma rua.

É fascinante conversar com cegos sobre semáforos com botões. Eles apertam o botão e esperam por uma redução no barulho. Mas não têm como saber se o que ouvem é um farol vermelho ou um espaço no trânsito veloz. A alternativa são esses sons que parecem pios que agora marcam o ritmo da vida cotidiana de cidades deliciosas como Northampton, em Massachusetts. Esses sons são desnecessários numa travessia padrão (sem botões) onde os deficientes visuais podem ouvir e prever a direção do tráfego.

Outro ponto favorito dos urbanistas é a "dança de Barnes", popularizada nos Estados Unidos por Henry Barnes, de Denver, onde todos os pedestres esperavam por um ciclo completo para que os carros parassem e depois ficavam livres para cruzar como bem quisessem, inclusive diagonalmente*. A dança de Barnes é uma versão mais *sexy* do cruzamento genérico de "tempo de ciclo semafórico dedicado", que não tem a pintura diagonal, mas funciona do mesmo modo. Esse sistema foi introduzido para evitar conflitos entre veículos fazendo conversões e pedestres nas faixas de cruzamentos, outro exemplo de "segurança para pedestres" sendo usada para limitar a conveniência dos mesmos, a serviço do fluxo de tráfego. Há mais de trezentos desses cruzamentos no Japão e que fazem sentido em lugares com multidões de pedestres, como a Union Square em Manhattan. Mas, em Bethlehem, na Pensilvânia, não há essa multidão e é por isso que tenho uma impressionante coleção de fotos de gente que atravessa de qualquer jeito esses tais cruzamentos de ciclo semafórico dedicado. Cidades menores precisam estar cientes de que algumas das melhores práticas das cidades grandes não são feitas para elas.

O que torna os cruzamentos de ciclo dedicado tão frustrantes para os pedestres é a probabilidade de ter que parar a cada rua que cruzem. Caminhantes experientes de Manhattan podem confirmar que, num sistema com semáforos-padrão, pode-se cobrir uma longa distância sem parar uma única vez. A maior parte das rotas de pedestres não são diretamente norte-sul ou leste-oeste, mas diagonais e cada cruzamento oferece, todas as vezes, a oportunidade de cruzar em uma direção. Caminhantes gostam de manter a marcha e esses semáforos matam o ritmo.

Recentemente, Denver eliminou seus cruzamentos – tipo dança de Barnes – diagonais devido à introdução de bondes, mas manteve os ciclos de cruzamento dedicado e – numa atitude terrível – aumentou a duração de cada ciclo dos já longos 75 segundos para noventa segundos[37]. O município alega que essa mudança se deve em parte à recalibragem de velocidade dos pedestres para baixo, de 1,22 m/s para 1,07 m/s (conforme os americanos tornam-se alvos mais gordos e lentos). Mas faça as contas: leva nove segundos para cruzar três faixas de tráfego na velocidade antiga – mais rápida – e 10,3 segundos na nova velocidade mais lenta. Para que mais quinze segundos? Como sempre, quem ganha com isso são os automóveis, que a cidade teme perturbar com bondes. Esperemos que a elevada altitude da cidade dê uma paciência super-humana aos pedestres de Denver.

A outra forma de as cidades aumentarem o fluxo de tráfego à custa dos pedestres é com a regra "virem à direita no sinal vermelho". Deus sabe que, como motorista, adoro essa regra, mas, como Jan Gehl observa: "O hábito norte-americano de permitir que os carros 'virem à direita no sinal vermelho' nos cruzamentos é algo impensável em cidades que querem que as pessoas se sintam convidadas a caminhar e pedalar"[38]. A prática é banida na Holanda[39].

É claro que o obrigatório "virem à direita no sinal verde" é ainda mais perigoso para os pedestres – e "esquerda no verde" é ainda pior[40] – já que o motorista está sendo comandado a seguir. Uma recente inovação de segurança, implantada há pouco em Washington DC, é a estratégia do tempo antecipado para travessia de pedestres, ou LPI (Leading Pedestrian Interval), mais conhecido como "vantagem do pedestre para travessia". Com essa estratégia, o sinal verde para o pedestre aparece cerca de três segundos antes da luz verde para os motoristas, permitindo ao pedestre tomar o cruzamento antes que os carros o façam. Essa é uma forma ideal de promover a caminhabilidade, já que melhora tanto a segurança do pedestre como sua conveniência, em vez de deixar um contra o outro. Enquanto isso, em Los Angeles, a brilhante ideia da cidade para melhorar a segurança dos pedestres é remover as faixas de pedestres[41].

Finalmente, contudo, com placas de sinalização assim como com projetos de vias, a abordagem mais segura talvez seja o lema "menos é mais", materializada no sinal de PARE, diante de um cruzamento de duas vias de mão dupla (four-way stop). E se, em vez de dizer ao motorista quando deve ir nós pedirmos que ele pense por si? Tais placas, que exigem que os motoristas se aproximem de cada cruzamento como de uma negociação, são muito mais seguras do que os semáforos[42]. Os motoristas reduzem, mas nunca precisam esperar mais do que alguns segundos e, em geral, acenam a pedestres e ciclistas para passar primeiro[43]. É evidente que isso não é possível nas ruas mais movimentadas, mas, na maior parte das cidades existem muitos cruzamentos que se beneficiariam da remoção de semáforos em troca de sinais de PARE.

Se os sinais de PARE são tão melhores do que os semáforos, por que estes ainda proliferam em ruas locais de pouco tráfego? Ou então, por que uma esquina típica inclui não somente um semáforo em cada direção, mas um semáforo distinto para cada direção em cada faixa de tráfego, de modo que um cruzamento usual urbano de quatro faixas tenha uma dúzia de faróis espetados? Nos anos de 1960, bastava um semáforo pendurado sobre o meio do cruzamento.

A resposta pode estar em quem faz as regras. Como diretor do Centro de Projeto de Davenport, em Iowa, Darrin Nordahl fez algumas pesquisas e descobriu que a empresa contratada pela cidade para projetar o regime de instalação de semáforos era a mesma que vendia os faróis. Não precisa dizer mais nada.

Será que os cruzamentos seriam mais seguros com um semáforo do que com doze? Talvez sim, talvez não. Mas muitas ruas seriam mais seguras com placas de PARE em cruzamentos de quatro vias. E, com certeza, a economia seria bem-vinda.

Passo 6: Acolher as Bicicletas

Talvez a maior revolução que está ocorrendo em – somente algumas – cidades dos Estados Unidos é o tremendo aumento do ciclismo. E não por acidente. A cidade de Nova York, recentemente, registrou um aumento de 35% no número de ciclistas em apenas um ano, graças ao seu compromisso sério com a melhoria da rede de ciclovias. Hoje, quase toda cidade dos Estados Unidos está bem provida de possíveis ciclistas que apenas esperam um convite para pular no selim, e é provável que aquelas cidades que investirem agora em infraestrutura ciclística (relativamente barata) terão uma vantagem significativa para atrair a próxima geração de moradores. Em geral, os jovens da geração Y citam a possibilidade de pedalar como um importante motivador na escolha do lugar onde vão morar e, hoje, quem tem dezessete anos tem um terço a menos de probabilidade de tirar carteira de motorista do que alguém da geração do pós-guerra possuía nessa idade.

Para qualquer um que tenha vivido em Nova York nos anos de 1980, parece um pouco estranho falar a favor de ciclistas numa discussão sobre segurança de pedestres. Os únicos ciclistas da época eram mensageiros imprudentes que quebravam todas as regras de tráfego e acertavam os pedestres com frequência alarmante. Porém, ao visitar a cidade agora, é difícil diferenciar os mensageiros da multidão de amadores, a maior parte dos quais se mantém dentro de suas recém-criadas ciclovias.

Há exceções[44]. Num vídeo aéreo assustador, "3-Way Street" de Ron Gabriel[45], pode-se testemunhar alguns dos mais audazes ciclistas de Manhattan costurando por várias faixas de tráfego e surpreendendo alguns infelizes nas faixas de pedestres. É claro que alguns ainda não entenderam as regras. Após alguns minutos de vídeo, fica evidente que esses ciclistas são um perigo maior para eles mesmos, de modo que se pode presumir que o darwinismo vai reduzir o rebanho. Toda solução envolve as dores do crescimento e esses temerários escondem uma verdade mais profunda: cidades com mais ciclistas são consideravelmente mais seguras tanto para ciclistas como para pedestres.

Pare para observar e é fácil entender por que. Uma rua com bicicletas, desde que os motoristas estejam acostumados com elas, é um lugar onde os carros andam com mais cuidado. E uma cidade com bicicletas, em todos os lugares, é de um tipo diferente. Conforme as ciclofaixas foram sendo implantadas ao longo das avenidas de Nova York, ferimentos em pedestres caíram em cerca de um terço. Na verdade, na Broadway e na Nona Avenida, o relato de acidentes e ferimentos a todos os usuários caiu pela metade[46], mais do que a expectativa dos defensores dos ciclistas.

Um Jeito Melhor de se Deslocar

A segurança é uma das várias razões pelas quais nossas cidades precisam de mais bicicletas. Como pode confirmar qualquer pessoa que tenha aproveitado as vantagens de uma cidade boa para pedalar, a bicicleta deve ser a forma de transporte mais eficiente, saudável, libertadora e sustentável que existe. Com a mesma quantidade de energia usada para caminhar, a bicicleta leva três vezes mais longe[47]. Quem vai ao trabalho de bicicleta pratica o dobro de atividades físicas do que motoristas[48]. Bicicletas são baratas e o combustível é gratuito. E é divertido. Como disse um feliz ciclista "é como ir ao trabalho jogando golfe"[49].

Tenho amigos que, em vez de ir a uma academia, pedalam para ir e voltar do trabalho, economizando dinheiro e, no geral, se divertindo (sim, existem chuveiros no trabalho). Como diz Robert Hurst no *The Cyclist's Manifesto* (O Manifesto do Ciclista): "Se você precisa se exercitar e precisa se deslocar, por que não fazer os dois ao mesmo tempo?"[50]

Em comparação ao carro, as exigências espaciais da bicicleta são mínimas. Dez bicicletas ocupam o espaço de um único carro e uma ciclofaixa típica aceita cinco a dez vezes o volume de uma faixa de automóveis com o dobro da largura[51]. Como já mencionamos, o dinheiro gasto em ciclofaixas gera mais do que o dobro de empregos do que o dinheiro gasto em faixas de carro. Se cada americano pedalasse uma hora por dia em vez de dirigir, os Estados Unidos cortariam seu consumo de gasolina em 38% e suas emissões de gases do efeito estufa cairiam em 12%, atendendo, instantaneamente, ao Acordo de Kyoto[52].

Em Washington DC, descobri que não há forma mais rápida, fácil e conveniente de se deslocar. Se tiver um compromisso em quase qualquer lugar da cidade, coloco meu despertador para quinze minutos antes e chegarei a tempo. Se fosse utilizar transporte público ou dirigir e estacionar, levaria o dobro do tempo. Outro dia, pedalei cerca de três quilômetros até o consultório do meu médico para fazer uns exames e pedalei de volta, tudo em meia hora. Duas advertências: tenho o único médico pontual dos Estados Unidos e precisei tomar banho quando voltei – estávamos em pleno verão em agosto.

Quando se compara lugares onde se anda de bicicleta e onde não se anda, é interessante observar que o clima tem um papel relativamente pequeno. O território do Yukon, no Canadá – ali, junto do Alaska –, tem o dobro de ciclistas da Califórnia[53]. Em outubro de 2011, a gelada Minneapolis foi considerada a "Cidade da Bicicleta Número 1 dos Estados Unidos" pela revista *Bicycling*, com 4% de todos os trajetos para o trabalho sendo feitos de bicicleta[54]. A topografia também não é um fator significativo: São Francisco tem três vezes o número de ciclistas do que a relativamente plana Denver[55].

Em vez de ambientais ou culturais, parece que os maiores fatores para o estabelecimento de uma cidade boa para se pedalar são estritamente físicos e de duas maneiras diferentes. Primeiro, é preciso haver urbanismo. Como sugerem John Pucher e Ralph Buehler, em seu relatório ao Institute of Transport and Logistic Studies (Instituto de Estudos sobre Transportes e Logística), os principais motivos para que os canadenses "pedalem cerca de três vezes mais do que os americanos" são "suas comunidades de uso misto e maiores densidades urbanas, deslocamentos mais curtos [e] custos mais altos para possuir, dirigir e estacionar um carro"[56] –, ou seja, todas são condições associadas à vida urbana. Em segundo lugar, também mencionado pelos autores, estão "condições mais seguras para o ciclismo e infraestrutura mais ampla", em outras palavras, ruas que foram desenhadas para acolher bicicletas[57].

Dessas duas categorias, a primeira equivale a caminhabilidade. As condições que comportam pedestres também são necessárias para atrair os ciclistas. Uma vez que estas sejam criadas, a implementação de uma rede de vias para bicicletas, realmente útil, deve ser suficiente para permitir o crescimento de uma cultura ciclística. Construa essa rede e eles virão.

Amsterdã, Copenhague, Portland e Outras Cidades Estrangeiras

Como os americanos não estão constitucionalmente proibidos de adotar o ciclismo do mesmo modo que outros países o fazem, talvez seja útil observar algumas sociedades onde o ciclismo é a tônica para ver o que é possível. Provavelmente, qualquer investigação desse tipo deva começar na Holanda, onde existe a maior porcentagem do planeta de pessoas pedalando. As estatísticas holandesas são espantosas. Vinte e sete por cento de todos os trajetos são feitos de bicicleta. Ônibus escolares são raros e a grande maioria dos estudantes do ensino médio vai à escola de bicicleta[58]. Na verdade, 95% de crianças entre dez e doze anos vão à escola pedalando, pelo menos parte do tempo[59]. Mulheres fazem mais trajetos de bicicleta que homens e cerca de um quarto de todos os trajetos feitos pelos idosos são de bicicleta[60]. Em Amsterdã, com 783 mil habitantes, cerca de quatrocentas mil pessoas andam de bicicleta em qualquer dia[61]. Detalhe interessante é que é muito raro ver ciclistas vestindo roupas de elastano; ninguém usa roupas especiais para pedalar, muito menos capacete.

Segurança, etiqueta e respeito pelos ciclistas são ensinados desde cedo. Os motoristas aprendem a abrir a porta do carro usando a mão oposta, para que não saiam do carro sem verificar se há bicicletas a caminho. Compras de alimentos ocorrem diariamente, com mais frequência do que uma vez por semana, para caber na cesta da bicicleta. Como Russel Shorto observa no *The New York Times*, pedalar significa que o holandês come pão mais fresco[62].

Pedalar na Holanda é um círculo virtuoso, onde mais ciclovias – a maior quantidade no mundo – levaram a uma maior quantidade de bicicletas. É gratificante saber que as coisas nem sempre foram assim. O principal urbanista de Amsterdã, Zef Hemel, contou a Shorto que "nos anos de 1960, fazíamos o mesmo que na América, criando cidades que favoreciam os carros". Por incrível que pareça, ele credita a Jane Jacobs a transformação do modo de pensar dos holandeses[63]. É bom saber que *alguém* a estava ouvindo já naqueles tempos.

Assim como na Holanda, a Dinamarca também presenciou uma revolução no ciclismo, muito dela recentemente e em sua maior parte estimulada pelos investimentos do governo em infraestrutura ciclística. Em Copenhague, a maior parte das vias de quatro faixas foi transformada em vias de duas faixas mais duas ciclovias. Como sinal das prioridades da cidade, a neve é retirada destas ciclovias antes das faixas dos motoristas. A largura mínima recomendada para uma ciclovia é de cerca de 2,50 m[64], o que faz as ciclovias de cerca de 1,50 dos Estados Unidos parecerem insignificantes.

O impacto desse investimento foi profundo. Há quarenta anos, no horário de pico, o número de motoristas superava o de ciclistas na proporção de três para um. Em 2003, os dois modos alcançaram paridade e, agora, o ciclismo é a forma mais popular de se deslocar pela cidade[65]. Há quarenta por cento mais pessoas pedalando do que dirigindo para ir ao trabalho[66].

Mais perto de casa, e supostamente parte dos Estados Unidos, dentre as maiores cidades, a mais amiga dos ciclistas é Portland. Apesar de não ser páreo para a Europa, Portland vem realizando algo notável. Há meros quinze anos, somente 1% de seus moradores ia ao trabalho de bicicleta; hoje esse número passa dos 8%[67]. Entre 1993 e 2008, o tráfego de bicicletas cruzando o rio Willamette, no auge da temporada, subiu de 3,6 mil trajetos por dia para mais de 16,7 mil[68].

Essa mudança é palpável. Recentemente recebi por *e-mail* algumas fotos do trânsito matinal da cidade e perguntei ao remetente: "O que é isso, Dia de Pedalar para o Trabalho?" Não, respondeu ele, é só terça-feira.

Na Europa, essa mudança foi liderada por um investimento na infraestrutura ciclística, mas a custo limitado. Segundo Mia Birk, coordenadora do setor de bicicletas na época, "por menos de 1% do orçamento de Portland para transporte, aumentamos o índice de ciclismo de desprezível para significativo. Pelo custo de uma milha (1,6 km) de via expressa – cerca de cinquenta milhões de dólares –, construímos 442 km de ciclovias."[69] Gastar 1% dos fundos para transporte para atender 8% dos que vão trabalhar parece ser um bom negócio, melhor ainda quando se considera os benefícios econômicos indiretos. Ao contrário do alargamento de ruas e outras melhorias viárias, na verdade, novas ciclovias aumentam o valor dos imóveis próximos.

Não é à toa que Portland tem até uma mulher chamada de "a corretora da bicicleta", Kirsten Kaufman, que se especializou em vender casas caras perto de rotas de bicicleta. Seu *website* explica com simplicidade: "Entendi. Eu me especializo em ajudar pessoas que querem dirigir menos e aproveitar mais a vida. Aprendi por experiência pessoal que, quanto menos tempo a família gasta no carro, mais feliz e saudável será."[70]

Se ciclovias valorizam imóveis, parte desse valor volta para a cidade na forma de impostos mais altos sobre a propriedade – sem dúvida o suficiente para pagar pelas ciclovias. Naturalmente, esse dinheiro é apenas uma fração da economia resultante do tempo e do dinheiro não gasto no tráfego, como diz Joe Cortwright[71].

E há também os benefícios não econômicos para uma comunidade que se reformatou em torno de bicicletas. Em *Pedaling Revolution* – o livro fundamental sobre ciclismo urbano –, Jeff Mapes descreve uma atividade popular, "mudança de bicicleta", na qual as pessoas se ajudam, literalmente, a mudar de casa através do uso exclusivo do poder do pedalar (*pedalpower*). Essa parece ser uma grande forma de encontrar pessoas, apesar de, talvez, não tão eficaz quanto a maior parada anual nua de bicicleta da América do Norte, também assumida por Portland[72]. (Não se esqueça dos lenços umedecidos de bebês).

Antes de mencionarmos a recente transformação de Nova York, vale citar outra cidade americana, Boulder, Colorado. Em apenas três anos, de 2000 a 2003, a porcentagem de trajetos dos moradores para o trabalho triplicou, dos já razoáveis 7% para épicos 21%, graças ao investimento em ciclismo e transporte público[73]. Noventa e cinco por cento das vias arteriais de Boulder – o tipo mais arriscado para os ciclistas – foram transformados para serem favoráveis aos ciclistas, com aquilo que pode, agora, ser descrito como resultados esperados. Coisas semelhantes estão acontecendo em Seattle, Chicago, Madison, Minneapolis e em outros lugares[74]. Hoje, pode-se dizer, com alguma certeza: qualquer investimento que ignore os ciclistas é dinheiro que poderia ser mais bem gasto.

Ei! Estou Aqui Pedalando!

O espaço nas ruas de Nova York sempre foi disputado, de modo que se pode imaginar o furor ocorrido quando Janette Sadik-Khan, a chefe de transportes do prefeito Michael Bloomberg, começou a tirar faixas dos carros e destiná-las às bicicletas. Manhattan era uma coisa, mas Brooklin? Aí é procurar encrenca.

Eis o que aconteceu: a cidade converteu uma faixa destinada aos carros do Prospect Park West para bicicletas. Como resultado, o número de ciclistas durante a semana triplicou e a porcentagem de infratores de velocidade caiu de 75% de todos os carros para menos de 17%. Acidentes com feridos caíram 63% em relação aos anos anteriores. Interessante é que o volume de carros e os tempos de trajeto permaneceram os mesmos – o típico trajeto para o sul ficou cinco segundos mais rápido – e não houve impactos negativos nas ruas próximas[75].

Parece bom, não é? Bem, no momento em que escrevo, Sadik-Khan foi pessoalmente intimada legalmente por um grupo ironicamente chamado de Neighbors for Better Bike Lanes (Vizinhos por Melhores Ciclovias – basta substituir "melhores" por "nenhuma" para entender a mensagem), por tentar transformar aquele experimento em algo permanente. Entre outros oponentes estão o presidente do bairro Marty Markowits, que chama as ciclovias de "discriminação contra aqueles que preferem ter, ou precisam de, seus carros para seu ganha-pão ou conveniência"[76]. Não sem senso de humor, o Sr. Markowitz colocou uma charge da ciclovia no seu cartão de Natal anual, ladeada de faixas cheias de gente para caminhar, sentar, curtir o Natal e, sim, dirigir – a faixa mais estreita de todas. Acompanhava o cartão uma canção, com a melodia de "My Favorite Things":

> *Strollers and schleppers and skaters and joggers*
> *Holiday lanes just for egg-noggers*
> *But let's not forget cars – it's getting insane*
> *Welcome to Brooklyn, "The Borough of Lanes."*[77]

Se essa oposição falhar, o que é provável devido à falta de dados consistentes, o Prospect Park West vai continuar a atender perto de 10% mais usuários do que antes, com muito menos risco à vida e à integridade física. Só podemos esperar que, encorajado pelos fatos, Markowitz seja convencido pelos eleitores, a quem teoricamente serve e que apoiam as ciclofaixas numa proporção de quase dois para um[78].

A controvérsia do Prospect Park West é somente uma parte de um quadro mais amplo e mais feliz da cidade de Nova York que inclui mais de 360 km de ciclofaixas acrescentadas desde 2006, e há mais a caminho. Esses quilômetros contribuíram para um aumento maciço no uso de bicicleta para ir ao trabalho, de 8.650 em 2006 para 18,8 mil hoje. Somente no ano passado, houve um aumento de 14%[79]. Segundo uma enquete da Universidade Quinnipiac, o apoio a ciclovias em toda a cidade também tem aumentado a cada ano, chegando a 59% em 2011. Os outros nova-iorquinos, naturalmente, ainda estão irritados[80].

Quão Seguro É Seguro?

Sabemos que cidades onde se pedala muito são cidades com tráfego mais seguro. Mas será que pedalar compensa o risco? Os números poderiam ser mais encorajadores. O especialista em segurança de tráfego Ken Kifer constatou que "o risco de alguém se ferir, ao pedalar, era 19 a 33 vezes mais provável do que dirigir a mesma distância". Pouco depois de publicar sua pesquisa, Kifer foi morto por um carro quando pedalava[81].

Tento manter essa história em mente enquanto pedalo em Washington DC, já que sempre há a tentação de cortar as esquinas para evitar a redução de velocidade. Como muitos ciclistas, trato sinais vermelhos como placas para dar passagem e, quando posso, atravesso placas de PARE. Usando esse método, meu único quase acidente em nove anos foi com outro ciclista de tendência semelhante, em um cruzamento com placas de PARE nas quatro vias. A experiência me fez pensar se os tão divulgados benefícios salutares do "transporte ativo" são cancelados pela queda ocasional. Queremos realmente ter cinco quilos a menos e um pulso quebrado?

Sei de apenas um estudo que aborda essa questão, feito pelo pesquisador inglês Mayer Hillman com operários britânicos. Concluiu que os benefícios para a saúde do ciclismo compensam os riscos em uma relação de vinte para um. Na avaliação de Hillman, os ciclistas regulares estavam tão bem quanto os não ciclistas com dez anos a menos[82] e gozavam de uma saúde tão melhor que seus poucos ferimentos, estatisticamente, eram quase insignificantes. Conclusão reconfortante, mas é preciso lembrar de que esses dados se referem a uma cidade que deve ter desenvolvido uma relevante cultura ciclística.

A presença de uma população estabelecida de ciclistas, o que implica motoristas mais conscientes, aparenta ser o maior fator na questão segurança. De cidade em cidade, a teoria da "força numérica" parece estar em vigor. Em Nova York, com um aumento no ciclismo de 262% desde o ano 2000, o risco de ferimentos declinou em 72%[83]. Em Portland, um aumento de quatro vezes no ciclismo trouxe consigo uma redução de 69% na taxa de acidentes[84]. Davis, na Califórnia, a "capital americana da bicicleta", onde um trajeto em cada sete é feito de bicicleta, tem a taxa mais baixa de acidentes fatais com ciclistas entre as dezesseis cidades da Califórnia do mesmo tamanho[85].

Naturalmente, temos um longo caminho para nos igualarmos à Holanda, cuja taxa de acidentes com mortes é menos de 1/3 da nossa, apesar da falta de capacetes[86]. Aliás, esse dado tem levado alguns ciclistas americanos a parar de usar os capacetes, como se o vento nos cabelos, magicamente, transformasse suas cidades em Amsterdã. É uma péssima ideia, mesmo que estimulada pela recente descoberta de que os carros, ao passar, dão mais espaço aos ciclistas sem capacete – e, a propósito, mais espaço a ciclistas usando peruca loira[87]. Esse mais recente episódio de homeostase de risco ameaça disfarçar o fato de que 63% das mortes com bicicletas resultam de ferimentos na cabeça[88].

Conclusão: aparentemente, temos duas estatísticas que, em potencial, poderiam anular-se mutuamente. Se pedalar é de dezenove a 33 vezes mais perigoso do que dirigir e os benefícios para a saúde causados pelo pedalar (em cidades feitas para pedalar) são vinte vezes maiores do que os riscos, então, podemos considerar empate. A discussão mais importante é o fato de que a segurança parece depender muito de quantas pessoas estão pedalando e que o imperativo resultante – criar tantos ciclistas quanto possível – precisa orientar o desenho de nossas redes urbanas para bicicletas. Como veremos adiante, esse imperativo leva a algumas conclusões improváveis.

Conflitos Com Ciclistas Veiculares

Não faz muito tempo, eu era contra faixas para bicicletas nas áreas centrais das cidades, principalmente porque elas podem alargar ruas que já são muito largas, encorajando os carros a acelerar. Mais recentemente, por motivos que ficarão claros, mudei de ideia. Raramente mudo de ideia e tinha todos os motivos para esperar que minha posição revisada pudesse conquistar alguns amigos na comunidade ciclística. Imaginem minha surpresa, então, quando publiquei minhas propostas para Davenport, em Iowa, e logo me mostraram a seguinte mensagem de *e-mail*: "Esta é a mesma 'solução' com a qual está destruindo o centro de Oklahoma City... ele define o problema sem ver. Porque só vê sua própria faixa... charlatão!" Nossa, o que aconteceu? Pensei que as pessoas *gostassem* de ciclofaixas! Totalmente confuso, encaminhei a mensagem a Mike Lydon, consultor especializado em ciclismo urbano. Foi então que aprendi sobre a fascinante técnica chamada *ciclismo veicular* e da decrescente, mas ainda significativa, influência de seus ardentes praticantes.

Em muitas cidades, se houver uma aula de segurança para bicicletas, há uma boa chance de que seja dada por um ciclista veicular. Basicamente, você será instruído a dirigir sua bicicleta como se fosse um carro, porém mais lentamente. Isso inclui "reivindicar sua faixa", ficar perto de seu centro e somente permitir que os carros passem quando houver muito espaço. Nas palavras do fundador do movimento, John Forester: "O ciclista de estilo veicular não só age, externamente, como motorista, mas, internamente, sabe que é um. Ao invés de se ver como um invasor em vias que pertencem aos carros, ele se vê como outro motorista com um veículo um pouco diferente."[89]

Forester é motivado, principalmente, pela segurança do ciclista e pelo que, honestamente, entende ser a melhor forma de ficar seguro: reivindicando visivelmente a quantidade adequada de faixa de rodagem em todos os momentos. Mas é também movido, digamos, pela convicção de que os ciclistas não devem ter um *status* de segunda categoria em relação aos motoristas. Por esse motivo, como diz Robert Hurst, "a cruzada de Forester tem sido sempre dirigida contra ciclofaixas e contra a ideia de que ciclistas sejam 'empurrados para o lado' [como ele diz], para dar espaço ao tráfego motorizado."[90] Para Forester e seus discípulos, ciclofaixas são pior do que o lema "separados, mas iguais"* e devem ser erradicadas da paisagem. Como resultado, tornou-se o queridinho do grupo libertarista American Dream Coalition, onde aparece no *Speaker's Bureau* com o resto da Gangue da Estrada, garantindo que nenhum dólar de transporte seja desviado das estradas.

O maior problema com o ciclismo veicular não é nem sua política nem sua segurança relativa – que não foi desacreditada – mas a quem ela serve. John Pucher e Ralph Buehler resumem o problema em seu importante texto "Cycling for Few or for Everyone" (Ciclismo Para Poucos ou Para Todos):

> No modelo de ciclismo veicular, os ciclistas precisam constantemente avaliar o tráfego, olhar para trás, sinalizar, ajustar a posição lateral e a velocidade, às vezes bloquear uma faixa e às vezes dar passagem, sempre tentando entrar na "dança" que é o tráfego. A pesquisa mostra que a maior parte das pessoas se sente insegura ao entrar nesse tipo de dança, onde um único erro pode ser fatal. Crianças, bem como muitas mulheres, e idosos são excluídos. Enquanto alguns – sobretudo homens jovens – podem achá-lo estimulante, este desafio é estressante e desagradável para a vasta maioria. Não admira que o modelo de ciclismo veicular, que os Estados Unidos têm seguido pelos últimos quarenta anos, tenha levado a um uso extremamente baixo de bicicletas.[91]

Essa é a questão. O ciclismo veicular pode ser de fato a forma mais segura de pedalar, mas é também a mais exclusiva. Talvez o candidato ideal para o ciclismo veicular fosse o sujeito que encontrei em Davenport, um ciclista tão agressivo que dispensou o selim. Suspeito que o próximo passo nessa evolução seja usar uma tanga e uma tatuagem *"hard core"* nas nádegas.

Se a segurança das bicicletas é basicamente um fator ligado ao número de ciclistas, como os números insistem em mostrar, então, qualquer técnica que trabalhe contra sua proliferação não pode ser considerada segura. Jeff Mapes observa que Forester "não pensava que o ciclismo fosse alguma vez se tornar um transporte de massa nos Estados Unidos e para ele, estava tudo bem"[92]. Agora, como esse resultado está virando realidade, é hora de mostrar aos ciclistas veiculares a ciclovia fora da cidade. Mais importante, é hora de criar infraestrutura para bicicletas que não só dê espaço aos ciclistas, mas que, de fato e de direito, os convide a compartilhar as vias.

Ciclofaixas, Vias Separadas, Rotas Compartilhadas

Dito isso, há um bom argumento contra ciclofaixas. Como ruas mais estreitas são ruas mais seguras e como a percepção de conflito potencial é o que faz os usuários das vias agirem com cautela, é provável que acrescentar ciclofaixas a uma rua torne-a menos segura. A hipótese tem o apoio de vários estudos de diferentes países, citados no livro *Traffic*, de Tom Vanderbilt, que descobriu que "motoristas tendem a dar mais espaço aos ciclistas quando estão numa rua sem ciclofaixa. As marcações em branco agem como um sinal subliminar para os motoristas de que precisam andar com menos cuidado – que é com a beira da faixa que precisam se preocupar, não com o ciclista"[93].

Essa experiência sugere que a maior parte das rotas de bicicletas não deve ser demarcada. Entretanto, rotas não demarcadas não atraem ciclistas e a maior parte das cidades não tem ciclistas em número suficiente para fazer com que o ciclismo seja seguro. Por esse motivo, acredito que, muitas vezes, é melhor incluir as ciclofaixas de qualquer maneira, não em todos os lugares, mas em locais onde fazem sentido.

E onde é isso? Essa pergunta delicada pode ser respondida através de uma série de questões mais simples. A primeira é se ciclofaixas podem ser usadas para tomar espaço em excesso das ruas. Como foi visto no Brooklin, trocar faixas de motoristas por faixas para ciclistas não faz com que uma rua seja menos eficiente para automóveis. O mesmo vale para as "dietas de rua" do capítulo anterior: trocar quatro faixas por três mais uma para bicicletas, raramente, reduz a capacidade veicular quando se introduz uma faixa central para conversão.

Entretanto, em alguns casos, transformar faixas para motoristas em faixas para bicicletas, realmente, vai retardar o trânsito dos motoristas. A troca pode valer a pena, notadamente, se a rua estiver em um importante trajeto de ciclismo. É importante lembrar que, numa malha viária robusta, o tráfego se redistribui de forma inteligente, com ruas paralelas capazes de acomodá-lo. Por isso, qualquer análise de impactos prováveis precisa observar não só a rua em questão, mas o sistema mais amplo. Naturalmente, se você já sabe que reduzir a capacidade reduz o tráfego, então o real desafio aqui não é técnico, mas político.

Outra boa maneira – e boa razão – para acrescentar ciclofaixas é redimensionar faixas largas demais para seu tamanho correto. Fizemos isso em Lowell, onde uma rua projetada erradamente como estrada, com quatro faixas de automóveis de 3,66 m e faixas de estacionamento de 2,44 m serão transformadas em pistas de 3 m e faixas de 2,13 m, criando 3 m a mais para bicicletas. Como uma ciclofaixa padrão tem 1,52 m de largura, pudemos acrescentar uma em cada direção. Essa mudança não vai ter impacto sobre a capacidade veicular da rua, mas vai encorajar velocidades mais seguras.

Mas ninguém gosta de ciclofaixas de 1,52 m junto de portas de carros, de modo que a próxima questão é se há espaço suficiente para construir uma *via separada*. Esta, normalmente, exige pelo menos 3,35 m da via, para dar espaço a duas vias adjacentes de 1,20 m protegidas por uma área de amortecimento de 0,91m. Se você ainda não viu essas vias – do tipo usado no Brooklin, – é preciso dizer que leva um tempo para se acostumar a elas. Elas se localizam entre o meio-fio e a faixa de estacionamento paralelo, que é empurrada para dentro da rua. A zona de amortecimento é marcada por listras e, muitas vezes, com elementos verticais. Uma vez que se pegue o jeito, porém, é difícil voltar para a ciclofaixa comum. Minha mulher pedala três quadras a mais para poder pegar a nova via separada em nosso bairro. Ela desce por um lado de uma antiga rua de mão única e quatro faixas, uma rua que agora opera perfeitamente bem com uma faixa a menos de 3,35 m. Harriet Tregoning, chefe do planejamento de Washington DC e especialista em comunicação, astutamente, se refere a ruas com tanto espaço como tendo "faixas extras".

A última pergunta a ser feita é se a ciclofaixa é adequada à natureza da rua. Ainda que criar ciclofaixas nas principais ruas comerciais possa fazer sentido, elas não deveriam substituir o estacionamento ao longo da calçada, nem criar um impedimento entre carros e lojas. Por esse motivo, vias separadas raramente são adequadas a um ambiente de comércio varejista. Todos esses elementos verticais e faixas podem mandar uma mensagem de transporte sustentável, mas ainda é uma mensagem de movimento, não do equilíbrio apropriado para uma rua principal. O objetivo do projeto desse tipo de rua deveria ser criar um ambiente de movimentação lenta de veículos, de modo que bicicletas e carros se misturem confortavelmente na velocidade da pedalada. O termo técnico para esse tipo de instalação é rota compartilhada e a ampla maioria das ciclovias deve continuar como ruas não demarcadas, que pertencem a todos. Para usar um exemplo extremo, uma rua residencial sem saída não é lugar para uma ciclofaixa. Somente quando a velocidade dos carros está acima dos cinquenta quilômetros por hora a necessidade de ciclofaixas aparece.

Ciclismo Avançado

Já que estamos sendo técnicos, vamos mencionar algumas das mais sofisticadas ciclovias que chegaram às ruas recentemente. Se você não for um ciclomaníaco, sinta-se à vontade para pular essa parte.

Uma técnica que tem sido muito usada ultimamente é chamada de *sharrow**, que é uma faixa larga compartilhada por carros e bicicletas, indicada por um grande decalque de um ciclista, na região centro-direita do asfalto. Em *Cyclist's Manifesto*, Robert Hurst defende intensamente as *sharrows* em oposição às ciclofaixas, observando que "a *sharrow* não manda o motorista ou o ciclista fazer algo específico, e este é seu encanto. É arte que conjura consciência e, isso, como vimos, é do que trata a segurança de tráfego"[94].

É claro que ele está certo, mas o problema é que tudo desbota e as marcações no piso parecem se desvanecer mais rapidamente do que qualquer outro tipo de marcação de ruas. Em muitas cidades do norte, onde as ruas são de fato jateadas com areia uma vez a cada inverno, todas as *sharrows* de uma cidade podem desaparecer em duas estações. Por esse motivo, são mais bem usadas para encorajar e anunciar a presença de bicicletas em ruas um pouco largas demais – mas não largas o suficiente para ter uma faixa dedicada. Em minha experiência, se a faixa de motoristas aproxima-se de 4,5 m de largura, uma ciclofaixa é bem melhor do que uma *sharrow*.

Outro acontecimento interessante é, às vezes, chamado de *bulevar de bicicletas*, que fez um enorme sucesso em Portland e também existe em Madison, Tucson, Minneapolis, Albuquerque, e um punhado de cidades da Califórnia. Para criar um bulevar de bicicletas, toma-se uma rua, longa o suficiente para ter importância regional, e criam-se interferências em seus cruzamentos para que somente as bicicletas possam fluir rapidamente de quadra em quadra. Os moradores podem entrar com seus carros, mas desvios são colocados nas transversais para liberar a via do tráfego que cruza. Depois, se estiver mesmo levando isso a sério, coordene os semáforos em cada cruzamento para se equiparar aos vinte quilômetros por hora que é a velocidade de um ciclista médio, e aí conseguiu-se uma *onda verde*[95]. Nos bulevares de bicicleta, as ondas verdes contribuem muito para o tráfego de ciclistas nos horários de pico e para a cultura ciclística. É claro que é melhor que fiquem limitados a áreas residenciais onde, de fato, contribuem para os valores dos imóveis, como a Corretora das Bicicletas irá explicar.

Por fim, investimentos em um tipo diferente de infraestrutura ciclística, no qual a Europa é pioneira, já começaram a se enraizar em solo americano: o compartilhamento urbano de bicicletas. Após algumas tentativas menores nas décadas anteriores e, em sua maioria, fracassadas, esse conceito está começando a pegar, sobretudo graças a novas tecnologias que removem alguns dos inconvenientes anteriores. O mais conhecido sistema de compartilhamento de bicicletas, o sistema Vélib da França, com vinte mil bicicletas, é considerado um sucesso retumbante apesar do fato de mais de 80% de suas bicicletas terem sido danificadas, jogadas no Sena ou despachadas para a África[96]. O programa francês é pequeno perto do de Hangzhou, na China, onde estações de bicicletas estão localizadas a cem metros de distância uma da outra e onde nenhuma das 60,6 mil bicicletas foi roubada ainda[97].

Recentemente, Washington DC foi pioneira no país num sistema de compartilhamento e as bicicletas vermelhas da Capital Bikeshare tornaram-se uma peça-chave da vida urbana no Distrito. Funciona assim: depois da adesão, você recebe uma chave, verifica em seu *smartphone* a localização de um bicicletário mais próximo e certifica-se da existência de bicicletas disponíveis. Atualmente, a cidade tem 1,1 mil bicicletas distribuídas em 114 bicicletários. Dirija-se até lá, coloque sua chave, tire uma bicicleta e pedale. A primeira meia hora é gratuita – e é tempo suficiente para chegar a quase qualquer lugar no Distrito – e depois você começa a pagar cinco centavos de dólar por minuto. O preço é aumentado para desencorajar que alguém fique com a bicicleta o dia todo, de modo que cada hora depois dos noventa minutos iniciais custa doze dólares. Perto de seu destino, você localiza outro bicicletário – verifica no *smartphone* se há vagas – e pronto.

Considerando-se a conveniência do sistema e a melhoria contínua da infraestrutura para bicicletas no Distrito, a aceitação tem sido enorme[98]. Depois de um ano, o programa já conquistou catorze mil ciclistas por ano, assim como mais de quarenta mil adesões diárias, no mesmo período[99].

Em agosto de 2010, os membros da Capital Bikeshare registraram quase 150 mil trajetos, e isso durante as quatro semanas mais quentes na história do DC[100]. Em resposta ao sucesso do programa, os patrocinadores esperam criar um sistema regional com mais de cinco mil bicicletas nos próximos anos[101]. Do outro lado do rio Potomac, em Arlington, na Virgínia, já existem catorze bicicletários, com outros dezesseis a caminho[102].

Washington DC foi a pioneira, mas outros programas similares já estão funcionando – ou logo estarão – em uma dezena de outras cidades americanas, incluindo as sustentáveis de sempre (Nova York, São Francisco, etc.) assim como algumas surpresas (San Antonio, Des Moines)[103]. Os programas de compartilhamento de bicicletas não são baratos. O de Washington DC levou cinco milhões de dólares para começar e alguns milhões para funcionar a cada ano. Isso significa que o Distrito pagou mais de seis mil até agora por bicicleta em operação, o que parece muito alto, ainda que a maior parte tenha sido dinheiro alheio. Uma parte foi recuperada com a venda de espaço publicitário, mas o sistema não se equilibra – e nem se deve querer isso. Assim como rodovias e transporte de massas, a opção pelas bicicletas exige investimento público para ter sucesso. Considerando-se os benefícios ambientais e de saúde de transformar motoristas e usuários do transporte público em ciclistas – e as economias públicas associadas com esses benefícios –, esses seis mil dólares são um negócio melhor do que parece. Sem falar da publicidade gratuita que esse sistema traz.

Não Seja Ganancioso

Não tenho nenhuma dúvida de que muitos defensores das bicicletas vão achar as prescrições deste capítulo tristemente inadequadas. O quê? Um metro e meio para uma ciclofaixa? Eles me fazem lembrar das ciclofaixas de 2,44 m de Copenhague e de citar Enrique Peñalosa, ex-prefeito de Bogotá: "Se não for segura para uma criança de oito anos, não é uma ciclofaixa de fato"[104]. Alguns criticarão minha proposta de que é melhor deixar vias separadas assim como bulevares de bicicletas fora das áreas comerciais. As queixas são válidas, com certeza, e também corretas, do ponto de vista de um defensor das bicicletas.

Mas defensores das bicicletas são especialistas. Assim como os especialistas em rodovias que devastaram nossas cidades com vias expressas, muitas vezes eles têm uma visão míope de um aspecto da esfera pública que os afeta, por vezes à custa de todos os outros. Por isso, especialistas são inimigos da cidade que, por definição, é um empreendimento amplo. Consideremos por um minuto o que aconteceria com uma típica rua principal se fôssemos reprojetá-la para satisfazer a todos os especialistas.

Primeiro, precisaríamos de, pelo menos, quatro faixas e uma faixa central para conversão, para satisfazer os engenheiros de transporte. Tais faixas precisariam ter 3,35 m de largura – não, espere; melhor 3,66 m, porque o chefe dos bombeiros pode querer passar o caminhão sem reduzir a velocidade. Para satisfazer os comerciantes, precisaríamos de estacionamento em ângulo dos dois lados (mais 12 m) e ciclofaixas separadas de 2,44 m contra cada calçada, você sabe para quem. Depois precisaríamos acrescentar duas faixas contínuas de árvores para satisfazer ao paisagista e duas calçadas de, no mínimo, 6 m para defensores dos pedestres. Está somando? Agora temos uma rua principal de mais ou menos 53 m de largura. Isso é mais do que o dobro da largura normal e tão eficaz para o ambiente urbano como uma pista de avião a jato – e induz o cidadão a ir às compras, tanto quanto.

A moral da história é que todos precisam entrar num acordo para que nossas cidades sejam boas e economicamente acessíveis. A ganância custa muito e pode acabar por fazer com que o tiro saia pela culatra. Em Nova York, construíram uma estonteante "pista para bicicletas" ao longo de Sands Street no Brooklin. A imensa instalação no meio da rua custou aos contribuintes pouco mais de oito milhões de dólares por quilômetro, o que é quase dez vezes o custo de uma ciclovia protegida por placas e *cem vezes* o custo de uma via separada padrão[105]. Presumindo que o orçamento tem limites, será possível que valha a pena perder 160 km de vias separadas para construir um quilômetro e meio dessa pista para bicicletas?

O objetivo de um plano de ciclismo inteligente deveria ser permitir às bicicletas acesso a todos os endereços da cidade. Alguns desses trajetos seriam em vias separadas, outros, em ciclofaixas e a maioria, misturado com o tráfego em ruas mais lentas. Outros podem até ser em calçadas, o que, surpreendentemente, é legal em muitos lugares. O sonho é fazer os ciclistas chegarem onde precisam e não dar a eles uma fatia de cada rua, com um laço de fita.

Dito isso, há um motivo para exagerar um pouco, principalmente quando se trata de marcações de faixa. A se crer nas evidências, ciclofaixas – especialmente faixas separadas – basicamente criam ciclistas. Mas, além disso, também trazem uma mensagem. Uma faixa verde do lado da rua – ou muitas ruas – informa aos moradores e potenciais moradores que a cidade defende transporte alternativo, estilos de vida saudáveis e uma cultura ciclística, e apoia o tipo de pessoa que se desloca de bicicleta. No geral, essas pessoas são da geração Y e gente criativa que vai ajudar a cidade a florescer. Por esse motivo, mesmo se ninguém na cidade tiver uma bicicleta, algumas novas ciclofaixas cheias de charme são provavelmente uma boa ideia. Ou, pode-se pular direto para a Pedalada Pelada e ver como é que é.

A Caminhada Confortável

Passo 7: Criar Bons Espaços

Você tem medo de cobras? Não se envergonhe, não é sua culpa. Os milhares de anos que nossos ancestrais passaram sendo mordidos por cobras introduziram esse medo em seu inconsciente. Sem ele, sua estirpe poderia não ter sobrevivido o suficiente para criar sua suprema realização, você.

O mesmo tipo de processo explica por que, ao contrário da percepção comum, as pessoas precisam sentir-se espacialmente contidas pelas paredes das construções. A maioria de nós gosta de espaços abertos, vistas distantes e vida ao ar livre. Mas também gostamos – e precisamos – de uma sensação de fechamento, de proteção para nos sentirmos confortáveis como pedestres. Psicólogos evolucionistas nos dizem que os animais buscam duas coisas: perspectiva e refúgio. O primeiro permite ver presas e predadores. O segundo permite saber que seus flancos estão protegidos de um ataque. Perspectiva e refúgio explicam por que, quando me mudei para meu novo apartamento, em Washington DC, meus gatos acabaram em cima do refrigerador no canto da cozinha (aberta).

Para o *Homo sapiens*, a necessidade de perspectiva e refúgio pode ter uma fonte ainda mais específica. O ecólogo E.P. Odum afirmava que não era nem a savana nem a floresta o *habitat* ideal primitivo para os antigos humanos, mas sim a fronteira entre os dois, ou seja, a "transição da floresta", onde estavam presentes tanto vistas distantes como sensação de fechamento.

Thomas Campanella, da Universidade da Carolina do Norte, observa que a "lembrança da transição da floresta pode explicar por que elementos arquitetônicos e urbanísticos evocativos desse espaço – como colunatas, arcadas, varandas e mesmo alpendres – são tão agradáveis e confortáveis"[1].

Abrace-me

De uma perspectiva ecológica, portanto, a maior parte das cidades americanas oferece savana demais e floresta de menos. A necessidade de refúgio, profunda em nosso DNA por milênios de sobrevivência, nos levou a sensações mais confortáveis em espaços com transições bem definidas, e elas andam sumidas. Esqueça a emblemática avenida Madison, onde torres escarpadas transformam ruas em cânions. A experiência urbana americana típica é a profunda falta de fechamento espacial. Não falo somente do estacionamento de shopping centers, mas também das áreas centrais de nossas cidades, onde prédios importantes foram derrubados e substituídos, quase sempre, por estacionamentos de superfície.

Lembro-me de que, em 1998, ajudava Andres Duany a reprojetar o centro de Baton Rouge, capital de Louisiana, e fomos levados ao último andar do edifício bancário mais alto para ter uma visão de cima da enorme quantidade de empreendimentos em curso – a cidade havia abolido seu limite de altura no centro –, mas cada quadra construída era cercada por, pelo menos, três de estacionamento. O resultado parecia um tabuleiro de xadrez, quase completamente sem ruas com construções nas duas laterais, onde um pedestre pudesse sentir-se confortável.

Em cidades de qualquer tamanho, com prédios de qualquer altura, ambientes antes promissores para os pedestres foram transformados em ambientes desagradáveis por esses lotes vazios – o que os urbanistas chamam de lacunas ou vazios no tecido urbano. Basta um deles para acabar com um lugar para caminhar. Akron, por exemplo, gastou milhões para melhorar a região de sua rua principal, construindo um estádio para ligas menores de beisebol e um parque linear, no que deveria ser o coração caminhável da cidade. Pagaram a mais por um estádio retrô ao estilo do Camden Yards*, com fachadas voltadas para calçadas de tijolos e luminárias históricas. Mas alguém se esqueceu dos imóveis diretamente em frente ao estádio, onde uma linha de mais de um quilômetro de frentes de prédios é interrompida por um único trecho de estacionamento de cerca de cem metros de comprimento. Esse rasgo, relativamente pequeno, no tecido urbano do centro e que poderia ser reparado com um único edifício, oferece um estacionamento muito conveniente em dias de jogos para seiscentos felizardos torcedores – à custa de uma rua principal que as pessoas gostariam de usar[2].

A maior parte dos urbanistas está ciente dessas lacunas e do problema que representam. Mas o que fazem a respeito? Em Akron, a cidade não priorizou a construção nesses lugares, quando meros vinte mil metros quadrados de construção transformariam o que, para muitos, é a experiência fundamental de visitar um centro de cidade. Essa negligência, infelizmente, é normal, já que a maior parte das cidades subvaloriza o papel da definição espacial na vitalidade urbana.

Na verdade, muitas cidades trabalham, e muito, contra essa definição espacial em função das exigências de estudos de sombras que, frequentemente, são usados para cortar a parte superior de edifícios altos em centros urbanos. Esses estudos fazem sentido em áreas verdes e em cidades escuras e do norte, como Boston, onde luz e ar são valorizados, mas para que servem em Miami Beach, onde são as sombras que viabilizam uma caminhada no verão? Onde forem necessários, os estudos de sombra precisam ser suplementados por "estudos de configuração" que mostram como os prédios transformam as ruas em espaços. Quando os dois se combinam corretamente, você obtém Vancouver: elegantes torres sobre bases mais baixas que envolvem as calçadas... e outra grande cidade para onde se mudar.

Fetichismo do Objeto

O sucesso do "urbanismo de Vancouver" nos mostra um caminho em direção à feliz resolução de uma guerra travada no planejamento urbano há décadas: espaço figurativo contra objeto figurativo. O urbanismo tradicional, caminhável, está embasado no espaço figurativo e acredita que a forma dos espaços entre os edifícios é o que importa, porque se trata do domínio público – o lugar onde a vida cívica se desenrola. No urbanismo tradicional, muitas vezes, os prédios tomam formas estranhas, pouco agradáveis, para cercar ruas e praças extremamente aprazíveis, aquilo que podemos chamar de salas de estar ao ar livre. Espaço figurativo é uma das coisas que permite às cidades tradicionais comportar tão generosamente a vida dos pedestres. Observe uma fotografia aérea de Paris e ficará assombrado em perceber como alguns dos prédios foram torcidos de modo a configurar os agradáveis espaços que emolduram.

Por outro lado, o urbanismo moderno foi fundado no culto ao objeto figurativo. Tornou-se papel do arquiteto-herói criar edifícios como esculturas tridimensionais, como um Brancusi ou um Calder, flutuando livremente no espaço. A forma desse espaço torna-se residual ou sem significado – e hostil aos pedestres. Hoje, a maior parte dos urbanistas considera essa evolução como sendo um erro terrível. A maior parte dos arquitetos, publicamente, também concorda com essa avaliação, mesmo que, ao mesmo tempo e sem muita esperança, espera pela chance de projetar o edifício-objeto figurativo que vai lhes dar a capa de uma revista de arquiteto-herói. E ainda há as estrelas da profissão, cuja maioria nem sequer se importa com o espaço figurativo.

Uma batalha típica dessa guerra foi travada no Instituto de Prefeitos para o Desenho Urbano, quando o prefeito Frank Cownie apresentou um plano para um trecho de Des Moines, capital do estado de Iowa, baseado no modelo de Vancouver. Uma coleção de torres tortas, expressionistas, em vermelho, sobre uma série de bases, em azul, que preenchiam os quarteirões e que davam bela forma às ruas. "É um plano realmente interessante", disse uma das estrelas da arquitetura. "Apenas descarte os trechos azuis e você terá algo especial".

Caramba. Primeiro, quando um arquiteto e urbanista diz que algo é "interessante", é hora de ficar alerta. Agora que conceitos como beleza e verdade são considerados subjetivos entre os intelectuais, "interessante" tornou-se o novo grande elogio, que pode levar a todo tipo de travessuras arquitetônicas nas mãos de *enfants terribles* envelhecidos como Rem Koolhaas. Em segundo lugar, e mais objetivamente, fiquei surpreso ao saber que, apesar de tudo o que havia lido sobre o fracasso do programa do espaço modernista (codinome: Pruitt Igoe), ainda havia, soltos entre nós, ardorosos defensores do urbanismo objeto[3].

Isso foi nos anos 2000 e fiquei tentado a fazer um molde em gesso do arquiteto ofensor para minha coleção de fósseis. Mas adiantemos uma década e, pelo menos nos meios acadêmicos, o urbanismo torre-no-parque está novamente em ascensão. Dessa vez com o nome "urbanismo de paisagem", ideologia dominante em Harvard e outros lugares, onde o claro objetivo predominante de melhorar a ecologia natural de cada lugar levou a um recém-encontrado desprezo pela criação de espaços públicos bem-conformados. Novamente, estamos sendo banidos para as savanas – mas pelo menos, dessa vez, as savanas são feitas de grama. É claro, arquitetos-estrela adoram o urbanismo da paisagem, já que as vastas distâncias entre os prédios permitem que cada objeto escultural seja visto em sua melhor forma.

Podemos dar a última palavra nesse assunto a Jan Gehl: "Se alguém pedisse a uma equipe de planejamento para reduzir drasticamente a vida entre edifícios, eles não encontrariam um método mais efetivo do que a utilização dos princípios modernistas de planejamento."[4] Gehl obviamente não havia visto o hilário esquete de Monty Python sobre o arquiteto projetista de abatedouros[5], mas é difícil desconsiderar sua ideia. As evidências mostram que quaisquer benefícios ambientais advindos do urbanismo da paisagem serão rapidamente compensados pelo aumento de trajetos feitos de carro por moradores que se recusam a andar.

Quanto Menor, Melhor

Jan Gehl, talvez, seja o melhor observador do mundo de como as pessoas usam os lugares. Em *Cidades Para Pessoas*, ele observa como andamos a pouco menos de cinco quilômetros por hora em tempo quente e a pouco mais de cinco quilômetros e meio em tempo frio; como nossas cabeças abaixam-se dez graus enquanto andamos; como podemos ver os movimentos de uma pessoa a cem metros e reconhecê-la, e como podemos ouvi-la a cinquenta[6]. Esse tipo de observação tem fortes implicações para o projeto de ruas e praças públicas e, em geral, a lição é fazê-las menores. Gehl compartilha do aforismo "na dúvida, tire alguns metros" e nos lembra de que: "Se um jantar for servido em mesas estreitas, cria-se logo uma atmosfera festiva, pois todos podem falar em várias direções em torno da mesa."[7]

A analogia é adequada. Quase sempre, ficamos surpresos ao medir alguns dos espaços favoritos e mais bem-sucedidos dos Estados Unidos – Rockefeller

Center em Nova York, o Riverwalk de San Antonio, a Praça Ghirardelli em São Francisco – e descobrir como são pequenos. Poucos têm mais de sessenta metros de diâmetro[8]. E não nos esqueçamos da rua Principal da Disney, famosa por ser construída numa escala de 3/4. Amplos espaços públicos, cada vez mais exigidos dos empreendedores pelas comissões de munícipes e departamentos de planejamento, muitas vezes, podem oferecer menos conforto do que um espaço menor, principalmente se os prédios circundantes não forem muito altos. Já que a medida-chave de definição espacial de um lugar é a proporção entre altura e largura, espaços amplos somente dão a sensação de fechamento se forem flanqueados por prédios de altura considerável[9].

Mas a bem-merecida aversão de Gehl por coisas grandes estende-se também à altura dos edifícios. Sua posição o coloca na companhia de alguns dos mais proeminentes pensadores urbanos e o afasta de outros. Em *A Pattern Language* (Uma Linguagem de Padrões), o livro de soluções de projeto mais vendido de todos os tempos, Christopher Alexander determina um limite de quatro andares, observando que "há abundantes provas de que prédios altos enlouquecem as pessoas"[10]. O criativo Léon Krier, padrinho luxemburguês do Movimento Novo Urbanismo, também é firme na rejeição aos arranha-céus, que ele chama de "becos sem saída verticais", defendendo, por outro lado, a limitação de altura nas cidades a quatro andares, altura conveniente para subir a pé. Essa posição tem o apoio de Jim Kunstler (um dos que acreditam na brusca e irreversível queda da produção de petróleo, depois de atingir seu ponto máximo), que teme ou celebra que os custos exponenciais de energia vão impedir o funcionamento dos nossos elevadores.

A crítica de Gehl aos edifícios altos vem de sua preocupação com o espaço público e o fato de que apenas aqueles nos andares inferiores de um edifício podem interagir com as pessoas na rua. Ironicamente, comenta: "Pela lógica, escritórios e residências acima do quinto andar deveriam pertencer ao âmbito das autoridades de tráfego aéreo."[11] Também lembra que os edifícios altos capturam as correntes de ar que circulam em torno do décimo andar, isso "pode fazer com que a velocidade dos ventos na base dos edifícios altos seja de até quatro vezes a da paisagem circundante". Observa ainda que, em Amsterdã, os guarda-chuvas protegem as pessoas, enquanto em Roterdã (cheia de edifícios altos), as pessoas protegem os guarda-chuvas[12].

Gehl e Krier, provavelmente, têm razão quando dizem que as cidades mais agradáveis e habitáveis são aquelas como Amsterdã e Paris, construídas, sobretudo, antes do aparecimento dos elevadores. É claro, esse resultado depende mais do fato de que também foram construídas antes dos carros, mas a escala humana das construções também contribui. A discussão mais importante, porém, se refere a se os prédios mais altos degradam a caminhabilidade por sua presença tanto quanto a melhoram por sua capacidade. Quanto mais pessoas couberem num prédio, mais pessoas nas ruas, e o superlativo número de pedestres em Manhattan e Hong Kong sugere que arranha-céus desumanos e geradores de vórtices têm pouco efeito negativo na vida da rua. Na verdade, é essencial reconhecer que, em Manhattan, é precisamente a contínua presença de prédios altos ao longo das avenidas que permite que eles garantam a contínua faixa de fachadas comerciais quadra após quadra após quadra.

É por esse entre outros motivos que, enquanto alguns urbanistas se manifestam contra edifícios altos, a maior parte dos economistas pede mais. Ed Glaeser, hoje em dia o mais barulhento defensor dos arranha-céus, insiste em que são necessários para preservar a acessibilidade econômica em nossas florescentes áreas centrais e Chris Leinberger é famoso por questionar o limite de altura em Washington DC. Em teoria, a posição é correta, mas os economistas não parecem ter entendido completamente uma coisa que os urbanistas sabem: o quão densa uma cidade com altura moderada pode ser. Nos dias de Jane Jacobs, North End de Boston conseguiu 275 moradias a cada quatro mil metros quadrados sem quase nenhum elevador à vista[13]. Uma cidade de dez andares como Washington DC, simplesmente, não precisa de torres para atingir uma densidade caminhável. De fato, fora de Midtown e do distrito Financeiro, as mais animadas avenidas de Manhattan são ladeadas por edifícios perto dos dez andares.

No final, como a maior parte das cidades não é Nova York, há um argumento muito mais importante a ser feito em favor dos limites de altura do que o apelo de Gehl por sociabilidade e ventos calmos. O típico centro de cidade dos Estados Unidos não tem o volume de desenvolvimento, mesmo em tempos prósperos, que exigiria edifícios altos para contê-lo. Na maior parte dos lugares, o desafio é exatamente o oposto: uma predominância de propriedades vazias e lotes de estacionamentos, a tal lacuna que torna o caminhar tão desagradável. Elevar ou abolir o limite de altura, como ocorreu em Baton Rouge, cria o resultado de Baton Rouge, onde um único arranha-céu aterrissa num quarteirão vazio e suga a atividade de desenvolvimento de um ano todo, enquanto os quarteirões vizinhos ficam vazios ou cheios de estacionamentos para arranha-céus.

Enquanto isso, testemunhando o sucesso do empreendedor do arranha-céu, os proprietários vizinhos começam a especular. Não querem erguer uma construção de meia-altura em seu terreno porque não é o máximo que o lote permite. E não querem vender o lote por um preço razoável porque vale a pena construir ali um arranha-céu[14]. E, subitamente, ouve-se que todos os futuros empreendedores urbanos fugiram para o anel viário.

Nesse contexto, é tentador estudar o quão importante tem sido o limite de altura do Distrito de Colúmbia para a cidade e sua caminhabilidade. Esse limite, de cerca de seis metros mais alto do que a largura da rua defronte ao edifício, fez com que novos empreendimentos preenchessem muitos quarteirões a mais do que se não houvesse o limite. Essa estratégia criou rua após rua de excelente urbanismo, mesmo em locais onde a arquitetura poderia ser melhor. (A piada comum é que Washington DC é um lugar para onde os melhores arquitetos vão para fazer seus piores trabalhos.) Um caso desses seria a região da rua K, a nordeste do Complexo Watergate, onde quase nenhum prédio vale uma segunda olhada, mas cada monótona calçada ladeada por aço e vidro é perfeitamente cordial para os lobistas que por lá passeiam.

Será que essa experiência sugere que os arranha-céus são sempre uma ideia ruim nas cidades americanas típicas? Não necessariamente, desde que sigam o modelo de Vancouver de uma torre estreita sobre uma base larga. Apesar de um pouco mais caras do que largos blocos, torres estreitas criam uma linha de horizonte em vez de bloquear o céu, e não causam os mesmos problemas de vento. Também podem satisfazer aos empreendedores que, longe de buscar a densidade de Leinberger ou a acessibilidade econômica de Glaeser, com bem mais frequência, esperam vender apartamentos de luxo.

Sem Clima Ruim

Ao falar com plateias em todos os Estados Unidos, sempre me surpreendo quando ouço que — em qualquer lugar que esteja — o clima da cidade a torna menos capaz de garantir uma vida para pedestres do que o resto do planeta. Não importa a quantidade de turistas felizes que vão para Nova Orleans no verão, a Quebec no inverno, a Seattle na chuva e a Chicago no vento… "as pessoas não andam aqui porque é muito quente/ frio/ úmido/ tempestuoso!"

Não há dúvida de que o clima exerce alguma influência no caminhar, mas as evidências mostram que esse fator não tem metade do impacto do desenho das ruas. Nesse aspecto, sempre achei que três perguntas eram especialmente úteis: Qual cidade norte-americana tem a maior metragem linear de calçadas com comércio bem-sucedido? Toronto. Qual país desenvolvido tem a maior parcela de trajetos urbanos feitos a pé em vez de dirigindo? Suécia[15]. Durante quantos meses do ano os cafés de calçada de Copenhague ficam abertos? Doze[16].

A lição aprendida com esses lugares é que caminhar por uma rua estreita e cheia de lojas na gelada Boston ou na escaldante Savannah é uma experiência muito superior a andar por uma via arterial entre estacionamentos e revendas de carro no melhor dia de San Diego. Faça um bom projeto e as pessoas vão caminhar em quase qualquer tipo de clima.

Passo 8: Plantar Árvores

Eu trabalhava em Little Havana, o coração da Miami cubana, onde a rua principal, Calle Ocho, é ladeada por literalmente centenas de quadras com casas térreas. Conforme dirigia de uma rua para a outra, criei as primeiras impressões sobre quais lugares eram mais ricos ou mais pobres, mais seguros ou mais perigosos. Um dia, o arquiteto paisagista Douglas Duany sugeriu que eu fizesse o mesmo percurso pensando em árvores. Sem saber direito o que ele queria, tentei… e descobri que minhas ruas "ricas" e "seguras" tinham boa cobertura arbórea, e minhas ruas "pobres" e "perigosas" não tinham.

É melhor não escolher favoritos na discussão de caminhabilidade – cada ponto individual conta – mas a humilde árvore de rua americana pode ganhar meu voto. Muitas vezes os primeiros itens cortados em um orçamento, as árvores de rua são fundamentais, e de muitas formas, para o conforto do pedestre e habitabilidade urbana. Além de oferecerem sombra, reduzem a temperatura ambiente no calor, absorvem água da chuva e emissões de escapamentos de veículos, fornecem proteção uv e limitam os efeitos do vento. Também podem reduzir a velocidade dos carros e melhorar a sensação de fechamento, "protegendo" as ruas com suas copas. Uma cobertura arbórea consistente pode fazer muito para aprimorar o que poderia ser uma caminhada ruim.

Por terem um impacto tão forte na caminhabilidade, árvores de rua têm sido associadas a melhorias significativas tanto no valor dos imóveis como na viabilidade do varejo. E como esse ganho se traduz, diretamente, em maiores rendas advindas de impostos, as comunidades seriam financeiramente irresponsáveis se não investissem, para valer, em árvores.

Árvores Para a Vida

Já sabemos que árvores são boas para nós. Isso é algo que a maioria de nós entende, de forma intuitiva, mas não faz mal analisar alguns estudos. A mais famosa dessas pesquisas, realizada num hospital da Pensilvânia entre 1972 e 1981, acompanhou os padrões de recuperação de pacientes operados numa mesma ala de quartos. Metade desses quartos ficava de frente para uma parede de tijolos e a outra para uma fileira de árvores. Os demais fatores eram mantidos constantes. Sob tais condições, os pacientes com vista para as árvores tinham menos avaliações negativas, exigiam muitas doses a menos de fortes drogas, mostravam uma probabilidade mais baixa de complicações pós-cirúrgicas e recebiam alta do hospital, em média, um dia antes[17].

A evidência alinha-se ao trabalho de Dr. Roger Ulrich, na Universidade Texas A&M, que descobriu que "em pesquisa laboratorial, a exposição visual a ambientes com árvores produziu uma significativa recuperação de estresse em cinco minutos, conforme indicado por mudanças na pressão arterial e tensão muscular"[18]. Considerando o estresse do qual reclamam muitos daqueles que todos os dias viajam para ir e vir do trabalho, esse fenômeno pode ajudar a explicar a descoberta do engenheiro Walter Kulash, de que um trajeto numa rua sem árvores é percebido, significativamente, como mais longo do que um trajeto de igual distância numa rua arborizada[19].

Se as árvores são tão boas para nós e, de fato, tornam o dirigir menos estressante, seria razoável supor o estímulo a seu plantio ao longo das vias. Mas é claro que isso não ocorre, porque os engenheiros de tráfego preocupam-se, com certa razão, com que os motoristas não colidam com elas. O Departamento de Transportes da Geórgia proíbe o plantio de árvores a menos de dois metros e meio de uma via de propriedade do estado, porque, nas palavras de um repórter, "as calçadas são áreas de escape onde os motoristas podem corrigir o curso caso tenham se desviado"[20]. E só recentemente as regulamentações do estado da Virgínia pararam de se referir às árvores de rua como FHOS – Fixed and Hazardous Objects (Objetos Fixos e Perigosos).

Esse enfoque, claro, é um mau sinal para a caminhabilidade, já que pressupõe que somente a vida dos motoristas corre risco. Pode fazer sentido em estradas realmente rurais, mas não ao longo de ruas com calçadas, onde também é aplicado indiscriminadamente. Como resultado, os frágeis pedestres vêm se mostrando uma ameaça menor aos veículos do que as rígidas árvores.

Diante desse desafio, há duas táticas complementares para convencer os engenheiros de transporte a defender o plantio de árvores ao longo das ruas. O primeiro é fazê-los criar vergonha e colocar pedestres no mesmo patamar de segurança dos motoristas. Mas como essa abordagem nem sempre é eficaz, a estratégia maior seria convencê-los de que árvores tornam as ruas mais seguras tanto para motoristas como para pedestres. Essa nada intuitiva suposição tem um importante argumento a seu favor, que é: parece ser verdadeira. Graças à homeostase de risco, os motoristas respondem à presença de amplas áreas de escape acelerando e os acidentes se tornam tanto mais frequentes como mais fatais.

Foi o caso de uma pesquisa nas ruas arteriais em Toronto, ao constatar que a presença de árvores e de outros objetos verticais, ao longo da margem das ruas, correlacionava-se a uma redução de 5 a 20% de acidentes no meio das quadras (acidentes em cruzamentos foram relativamente pouco afetados). Um estudo da Universidade de Connecticut em vias de duas pistas divulgou que, apesar de amplos acostamentos "serem associados à redução de acidentes entre veículos únicos e objetos fixos, também estavam associados ao aumento significativo do total de acidentes". Mais recentemente, o pesquisador Eric Dumbaugh comparou quatro anos de estatísticas de acidentes em dois diferentes trechos da Colonial Drive em Orlando e descobriu que o trecho sem árvores ou outros objetos verticais teve 12% mais acidentes no meio da quadra, 45% mais ferimentos com vítimas e um número dramaticamente maior de acidentes com vítimas fatais: seis contra zero[21].

O Mais Verde dos Produtos Verdes

Como sempre, acidentes de carros continuam a ser a maior ameaça à nossa saúde física, mas não devemos subestimar o problema adicional das ondas de calor que, como era de se esperar, estão em elevação e matam dezenas de americanos a cada ano. Logo, muitas de nossas cidades começarão a sentir o calor abrasador como aquele que atingiu Moscou em 2010, matando mais de setecentas pessoas por dia. Quando isso acontecer, vamos desejar ter plantado mais árvores. Medidas de temperatura ambiente efetuadas em vias expostas e em vias emolduradas por árvores registram diferenças de temperaturas entre ambas, variando entre 5 a 15°F[22] ou, aproximadamente, entre 2,5 a 7°C, o que faz uma grande diferença quando a temperatura passa dos 38°C. O termo relevante aqui é "ilha urbana de calor", uma desvantagem de morar na cidade que pode ser eliminada, em grande parte, por uma cobertura arbórea adequada. Segundo o Departamento de Agricultura dos Estados Unidos, o impacto refrescante de uma única árvore sadia "equivale a dez condicionadores de ar funcionando 24 horas por dia"[23].

Nossa dependência de condicionadores de ar significa que a temperatura ambiente de nossas cidades sem árvores exerce duplo efeito negativo sobre o aquecimento global, além de um círculo vicioso. Bairros sem sombras não apenas fazem o mundo ficar mais quente, mas também exigem mais eletricidade para refrescar e a maior parte dessa eletricidade ainda vem do carvão. Considera-se que um bairro adequadamente sombreado exija 15 a 35% menos ar-condicionado, do que um não arborizado[24]. A mudança climática gera ar-condicionado que gera poluição por carvão, que gera mudança climática. Copas de árvores mais densas nas cidades podem ajudar a quebrar esse círculo vicioso.

Mas mesmo esse fator perde força perto do espantoso papel que as árvores desempenham no sequestro de carbono. No que os economistas chamam de "serviço de ecossistema", as árvores são insuperáveis em absorver o CO_2. E árvores urbanas, localizadas próximas a ruas, são dez vezes mais eficazes do que a vegetação mais distante no sequestro dos gases de escapamento antes que atinjam a estratosfera[25]. Todo tipo de vegetação absorve CO_2, mas as árvores são, de longe, os mais eficazes. Um estudo feito em Leicester, Inglaterra, mostrou que a vegetação acima do solo armazena mais de duzentas mil toneladas do carbono da cidade, 97% das quais são absorvidas pelas árvores em vez de pela cobertura do solo – mesmo considerando os amplos jardins ingleses[26].

Isso é somente no ar. E quanto à água? Um dos maiores e mais caros problemas enfrentados por muitas cidades é a poluição causada pelo CSO – Combined Sewage Overflow (Transbordamento de Esgoto Combinado). Mais de novecentas comunidades americanas, muitas delas cidades grandes como a minha, têm um antigo sistema de coleta que combina águas pluviais com esgoto sanitário. Quando chove muito – algo que ocorre cada vez mais – o esgoto misturado extravasa para os cursos d'água locais. Uma tempestade no verão de 2010 fez com que a cidade de Milwaukee despejasse mais de três bilhões de litros de esgoto não tratado no Lago Michigan. No total, a Agência de Proteção Ambiental dos Estados Unidos-EPA calcula que tais transbordamentos ultrapassem os 3,2 trilhões de litros por ano, "o suficiente para manter as Cataratas do Niágara rugindo por dezoito dias"[27].

Aqui em Washington DC, onde esses transbordamentos são comuns, vemos impactos perturbadores. O peixe macho achigã de boca pequena do rio Potomac está criando ovas em seus órgãos sexuais. A culpa por esses peixes involuntariamente transgêneros tem sido atribuída, em parte, a produtos farmacêuticos, inclusive pílulas anticoncepcionais, jogados nos vasos sanitários (ou transportados pela urina) e depois despejados devido ao transbordamento dos esgotos combinados. Nossa água potável vem do Potomac, o que é preocupante. Em Maryland, as taxas de câncer de pessoas que tomam essa água estão nitidamente acima da média estadual[28].

O que isso tem a ver com árvores das ruas? Bem, eis o que ocorre quando um centímetro de chuva cai numa árvore: os primeiros 30% da precipitação são, em geral, absorvidos diretamente pelas folhas e nunca chegam ao solo[29]. Uma vez que as folhas estejam saturadas, até 30% da chuva penetra no solo, que fica mais poroso pela estrutura radicular da árvore. Essa estrutura radicular reabsorve a água para dentro da árvore, de onde é, no final, transpirada de volta para o ar. Esse processo permite que uma árvore adulta absorva meia polegada de água a cada chuva[30]. Como resultado, comunidades que acrescentam 35% de cobertura arbórea vão reduzir a perda de suas águas pluviais em 10%[31]. Em muitas cidades americanas, esses 10% seriam o suficiente para eliminar a maior parte do transbordamento.

Sem as árvores e sem a vontade pública de plantá-las nos deparamos com um enorme desafio financeiro. O estado de Nova York prevê uma conta de 36 bilhões de dólares nos próximos vinte anos para resolver esse problema. A Filadélfia está atualmente coletando 1,6 bilhão de dólares para evitar transbordamentos[32]. Em Wheeling, Virgínia Ocidental, onde a renda média está em torno de dezoito mil dólares, os residentes preveem uma conta de reparos de esgotos que pode chegar a mais de quinze mil dólares por domicílio[33]. Teria sido muito melhor se, nos anos de 1990, cada domicílio tivesse plantado uma árvore de 150 dólares!

O problema óbvio aqui é o prazo de várias décadas entre o plantio de uma árvore e sua idade adulta. Nossos sistemas hídricos estão em crise agora e você quer plantar árvores? É óbvio que muitos reparos e modernizações de sistemas de esgotos já precisam ser feitos imediatamente, mas muitos outros estão previstos. Uma janela de vinte anos para o planejamento de sistemas hídricos não é um tempo muito longo. Qualquer análise sensata de custos presentes e futuros concluiria que devemos plantar árvores agora[34]. Mas, visto que pedir para um especialista em esgotos plantar árvores é como pedir a um porco que voe, precisamos pedir aos generalistas encarregados, como os prefeitos, para fazer das árvores uma prioridade. Felizmente há outras vantagens financeiras a serem colhidas com o plantio.

Árvores Compensam

"O primeiro dever do habitante de locais desolados é usar toda influência possível para o plantio de árvores nas ruas."[35] Assim declarava o principal arquiteto paisagista do período anterior à Guerra Civil Americana, Andrew Jackson Downing. Em *Republic of Shade* (República da Sombra), a magistral obra de Thomas Campanella sobre a história do olmo, um editorial retirado do *New England Farmer* compartilha desse sentimento:

> Não seria essa uma regulamentação que merece a atenção da Corte de Justiça exigir que cada cidade plantasse árvores da floresta nas margens das estradas públicas? [...] O valor da maioria das fazendas seria elevado em 10 a 15% pelo acréscimo de árvores de sombra perto das construções e ao longo da via pública. [Além disso, árvores] dão a aparência de riqueza ao país, o que nada mais pode assim fazer [...] Os mais espaçosos e principescos estabelecimentos, sem elas, parecem recobertos de uma tristeza que lembra uma prisão. Uma cabeça careca não é bonita, assim como também não o é uma rua que não seja bem provida de árvores.[36]

É difícil saber se o cálculo desse editorial referente ao valor dos imóveis era fundamentado por estudos econômicos, mas de acordo com os novos estudos de hoje, ele não estava muito errado. Segundo outra análise, conduzida pela Wharton School of Business da Universidade da Pensilvânia, o plantio de árvores, em um bairro da Filadélfia, num raio de quinze metros das casas levou a uma valorização dos imóveis de 9%[37].

Outro estudo ainda mais abrangente, desta vez na zona leste de Portland, chegou a conclusões menos dramáticas, mas, no geral, não menos convincentes. Comparando casas com e sem árvores nas ruas das proximidades, descobriu-se que uma árvore adjacente valorizava a casa, em média, em 3%, um aumento de 8.870 dólares – o equivalente a um pequeno quarto adicional. É interessante observar que, havendo mais casas do que árvores nas ruas, cada árvore foi considerada responsável por uma valorização de quase vinte mil dólares nos imóveis. Considerando-se toda a zona leste de Portland, o benefício das árvores nas ruas foi calculado em um valor absurdo de 1,12 bilhão de dólares[38].

Afinal, como esse valor aumentado afeta o ganho da cidade? Extrapolando para toda Portland, os autores descobriram que a presença de árvores sadias nas ruas acrescenta 15,3 milhões de dólares à renda anual derivada de impostos sobre a propriedade. Enquanto isso, a cidade paga 1,28 milhão de dólares por ano para plantio e manejo de árvores, resultando num lucro de quase doze para um[39].

Essa poderosa proporção deveria tornar-se um mantra dos arboristas ou arboricultores urbanos em todos os lugares, mas provavelmente o dado está subestimado. Ao focalizar somente nas moradias, o estudo ignora os benefícios urbanos advindos do maior lucro de seu comércio: um estudo recente mostrou uma renda 12% maior das lojas em ruas arborizadas[40]. Pessoalmente, desconfio um pouco desse estudo, já que seu resultado depende de muitos outros fatores difíceis de manter constantes, mas poucos discordariam de que uma cobertura arbórea sadia contribui sensivelmente para criar tanto o charme como o conforto de um distrito comercial caminhável.

De qualquer modo, os números residenciais deveriam ser suficientes. Na falta de um imposto sofisticado sobre o carbono, é difícil converter em dinheiro os benefícios ambientais de se plantar mais árvores nas vias; mesmo a economia na questão das águas pluviais pode ser de difícil convencimento, considerando-se a diferença de tempo entre plantio e maturidade das árvores. Mas um resultado claro, em que as rendas da cidade ultrapassam em muito os investimentos, parece ser uma base firme sobre a qual construir uma política.

Por esse motivo, seria bom que as cidades fizessem seus próprios estudos para ajudar a justificar um investimento multimilionário em árvores de rua, absolutamente necessárias[41]. Chamo esse investimento de Campanha de Cobertura Contínua e, apesar de não ter ainda conseguido convencer nenhuma cidade a se comprometer com tão nobre objetivo, o leitor pode usar o chamativo nome à vontade.

Considerando-se as enormes e múltiplas vantagens de uma cobertura arbórea contínua, é espantoso perceber que a maior parte das cidades americanas se preocupa tão pouco com suas árvores. Esse assombroso pouco-caso não é uma condição universal; em Melbourne, por exemplo, quinhentas árvores novas foram, anualmente, plantadas nas ruas nos últimos dezessete anos[42]. A cidade de Nova York, onde se pode caminhar por bairros inteiros sem ver uma única árvore, estabeleceu, há pouco tempo, a meta de plantar um milhão de árvores em uma década, incluindo 220 mil árvores nas ruas[43]. Mas esta campanha é a exceção. No máximo, a maior parte das cidades americanas chega ao ponto de ser nomeada uma "Cidade das Árvores dos USA", um *status* atingido através de um vacilante compromisso de gastar dois dólares *per capita* em árvores. Aparentemente, cada cidadão ganha um punhado de sementes para espalhar.

Aqui em Washington DC, o Distrito planta árvores e as abandona aos cuidados dos moradores, estratégia comum no país e que seria mais eficaz se os moradores soubessem disso. Levei três anos para descobrir, e por acidente, que era o guardião das árvores da minha rua. Agora, rego minha árvore quando rego meu jardim, mas sou aquele raro sujeito que abraça as árvores e se importa. É claro que deixar as árvores soltas no mundo sem designar cuidadores é uma estratégia tola. Sobretudo em regiões com problemas, onde árvores podem significar tanto, mas onde os moradores não estão condicionados a cuidar delas, um compromisso de plantar árvores precisa corresponder a um compromisso de mantê-las vivas. Isso custa mais de dois dólares *per capita*, e é por isso que os prefeitos precisam aceitar e celebrar o fato de que o plantio de árvores pode ser o melhor investimento que a cidade pode fazer.

Qual Árvore Onde?

Agora que está comprometido com uma cobertura arbórea contínua, há algumas coisas que precisa saber. A primeira, para meus amigos do sul, é parar de plantar palmeiras. Correção: somente três cidades nos Estados Unidos deveriam plantar palmeiras: Palm Beach, Palm Springs e Hollywood – e aí, somente ao longo do Sunset Boulevard. A questão é: se você tem lindas avenidas ladeadas de palmeiras, mantenha-as. Mas entenda que palmeiras só servem para decoração e não oferecem, de modo algum, os mesmo benefícios ambientais que as árvores decíduas. Da última vez em que verifiquei, a maior parte das cidades da Flórida não tinha aprendido essa lição[44]. O mesmo vale para *Lagerstroemia*, *Pinus glabra* e outros arbustos disfarçados de árvores que, por algum motivo, aparecem nas listas de árvores de várias cidades.

Minha segunda sugestão é abolir a prática corrente de não plantar mais do que algumas poucas árvores da mesma espécie em sequência. Muitas cidades americanas foram vítimas de arboricultores que, temendo a próxima doença holandesa do olmo, exigiram que todas as ruas fossem plantadas com uma mistura *tutti-frutti*, para que nenhuma praga desnudasse uma rua inteira. Apesar da lógica, esse princípio evita que as cidades façam o que fizeram antes, ou seja, criar ruas com personalidades diferentes, com base no uso consistente de uma espécie de árvore. Muitos de nós crescemos em cidades com uma rua Olmo, rua Bordo, rua Faia e rua Nogueira. Diferentemente da atual tradição de ruas com nomes das filhas dos loteadores, essas ruas eram de fato arborizadas por espécies que correspondiam ao nome e cada uma tinha sua própria paisagem. Os moradores de Filadélfia vão achar essa discussão bem familiar.

A regra *tutti-frutti* torna ilegal a maior parte das ruas dos Estados Unidos. Como muitos observadores já comentaram, uma rua com árvores maduras e consistentes é como uma catedral, os troncos servindo de colunas e os galhos formando as abóbodas. Esse feliz resultado só é possível quando uma mesma espécie é plantada com espaçamento regular[45].

Além disso, quando a próxima praga vier, melhor que ataque uma rua entre dez do que um décimo de cada rua, porque, na maior parte das cidades, só há mobilização se a mortandade for localizada e marcante. Uma ordem para replantar só vem quando a rua é impactada de forma dramática. Quando isso ocorre, a rua pode ser replantada com árvores que, novamente, vão buscar os céus em uníssono.

A Caminhada Interessante

Passo 9: Criar Faces de Ruas Agradáveis e Singulares

Ah, se segurança e conforto fossem suficientes... Mais americanos permaneceriam casados, comeríamos no mesmo restaurante todas as noites e poderíamos nos limitar a oito passos da caminhabilidade. Mas, afinal, somos humanos e nossas motivações são mais complexas. Entre outras coisas, exigimos estímulos quase constantes. Pedestres precisam sentir-se seguros e confortáveis, mas também têm necessidade de serem entretidos, caso contrário, aqueles que têm escolha escolherão dirigir.

E o que poderia ser mais monótono do que um estacionamento? Seja pelo vento varrendo aquela superfície pavimentada ou pelas paredes nuas incomunicáveis de um edifício-garagem, há pouco estímulo para caminhar quando você se encontra diante de visão tão estéril.

Mas não são apenas estacionamentos que contribuem para a praga da monotonia em muitos centros urbanos nos Estados Unidos. Quase toda cidade que testemunhou uma onda de construções desde 1950 tem, junto às calçadas, sua parcela de fachadas frias e nada acolhedoras em concreto, vidro fumê ou outra coisa desagradável. A maioria dos arquitetos ultrapassou aquele estilo de construir, mas isso não quer dizer que estejam mais motivados para envolver-se na questão do pedestre. As evidências mostram que *criar vida nas ruas* ainda está longe na lista de prioridades dos arquitetos mais famosos, talvez, em algum lugar lá no fim junto com *manter o orçamento e proteção contra a chuva.*

Na maioria das cidades, contudo, é menos provável que o responsável seja um arquiteto-estrela do que a drogaria de uma grande cadeia tipo RITE AID*, já que drogarias e outras cadeias de lojas recusam-se a colocar janelas em vez de prateleiras. Esses padrões podem ser superados, mas apenas por cidades que descartarem a mentalidade de pedintes e proibirem essa prática.

Finalmente, na busca para se tornarem mais sustentáveis, as cidades precisam lembrar-se de que, para o pedestre típico, uma loja com a vitrine mais comum ainda é mais interessante do que a paisagem mais exuberante. Uma resolução para o aumento do caminhar significa não permitir que o impulso pelo verde mine as principais qualidades de urbanidade que atraem as pessoas para os centros das cidades, em primeiro lugar.

Estacionamento Invisível

Em seu décimo mandato, Joe Riley, prefeito de Charleston na Carolina do Sul, conta como tentou convencer um arquiteto local a fazer uma nova garagem de veículos parecer um edifício tradicional. "Aprendemos na escola que a forma segue a função," o arquiteto me disse, "então, este edifício precisa se parecer com uma garagem". "Sim, também aprendi isso", retrucou o prefeito, "só que não vamos fazer isso em Charleston."

Agora a rua East Bay, com esse discreto edifício-garagem consegue três coisas importantes. Primeiro, cria no térreo, diretamente de frente para a calçada, uma área comercial com pé-direito alto, janelas, portas e atividade humana. Segundo, esconde as rampas dos carros, deixando-as longe das bordas do edifício, de modo que a construção não grita "sou uma garagem". Colocar as áreas planas para estacionamento no perímetro do edifício também permite uma eventual transformação para usos não automotivos[1]. Terceiro, o edifício detalha os pisos superiores como se fossem habitados, com vãos do tamanho de janelas equipadas com venezianas ao estilo de Charleston. As venezianas são fechadas, o que limita o ar gregário do edifício, mas também esconde os carros atrás delas. Em um exame mais detido, claramente, vai-se perceber que este edifício atende mais aos carros do que aos homens, mas é preciso olhar com atenção para perceber.

A cinco quadras a oeste desse edifício-garagem, há outro experimento em termos de estacionamento urbano. A estrutura maior e mais nova fica a 7,5 m atrás da Market Street. Nas esquinas, o recuo é ocupado por duas construções de uso misto que escondem o estacionamento. No térreo, essas atraentes estruturas – uma delas histórica – abrigam um salão de beleza e uma loja de animais de estimação. Entre elas, o recuo é ocupado por uma praça urbana rasa, com uma área ao ar livre do restaurante Chucktown Tavern no mesmo nível e sob quatro andares de estacionamento.

A lição principal é que esse edifício-garagem só utiliza 7,5 m da borda ocupada do edifício para esconder 75 m de estacionamento. Na verdade, graças aos ângulos de visão da calçada, três andares do edifício podem esconder quatro ou cinco andares de garagem. Na Market Street, trezentos carros verdadeiramente desapareceram no ar. A mesma técnica pode ser utilizada, de maneira ainda mais econômica, com estacionamentos de superfície, onde um deque de madeira pode esconder grandes áreas de asfalto. Em Mashpee Commons, um shopping center horizontal em Cape Cod, convertido em um novo centrinho após um *retrofit*, caracteriza-se por pequenas lojas térreas, cada uma do tamanho de uma garagem para dois carros.

Empreendedores mais esclarecidos, como os de Mashpee, sabem que estacionamentos disfarçados estimulam as vendas a varejo e o valor dos imóveis. Prefeitos esclarecidos como Joe Riley sabem que estacionamentos ocultos atraem e aumentam a vitalidade do centro da cidade. Os demais profissionais, como nós, são restringidos pelos códigos de obras e regulamentos urbanos que determinam onde e o que deve ser construído. É bem fácil medir a inteligência do departamento de planejamento de uma cidade, simplesmente, com uma pergunta: no centro e em outras áreas de potencial vitalidade para pedestres, suas regras exigem que os estacionamentos estejam escondidos atrás de um agradável espaço edificado?

Transições Atraentes *Versus* Transições Que Afastam

Nos Estados Unidos, os melhores códigos municipais não avançam muito quando se trata de atrair vitalidade para as ruas. Poucos vão mais longe, o que pode ser demonstrado por uma caminhada ao longo de quase toda rua principal, onde drogarias, bancos e outros empreendimentos comerciais ou colocam paredes nuas junto às calçadas ou enchem suas janelas com placas para ocultar prateleiras e objetos atrás delas. Bastante comum, tal atividade age exatamente contra tudo que conhecemos para satisfazer os pedestres. Jan Gehl observa: "Nenhum tema tem mais impacto na vida e na atração exercida pelo espaço da cidade do que esses espaços de transição, ativos, abertos e vivos."[2]

Em *Cidades Para Pessoas*, Gehl fala sobre o "efeito dos espaços de transição": como "sempre que as pessoas param um pouco, elas procuram lugares no limite do espaço."[3] Ele fotografou a famosa Piazza del Campo, em Siena, na qual o piso principal é circundado com robustos balizadores, cada um acumulando o peso de um homem apoiado ou sentado. Estes simples apoios de pedra servem como âncoras em um mar de atividades, convidando as pessoas a se aquietarem por um momento. Com mais frequência, essa função é desempenhada pelas frentes dos edifícios que, quando porosas e profundas, atraem tanto os que estão passeando quanto os que estão apenas passando. Por porosa, refiro-me a portas e janelas, luz interior adequada e qualquer outra medida que conecte, da melhor maneira, o interior da loja à calçada. Por *profunda*, entendo o nível oferecido pelas fachadas de abrigo, apoio, local para sentar-se ou outro envolvimento físico, e ainda o quanto o projeto é efetivo no que se refere à indefinição do limite entre o público e o privado, ao mesmo tempo que dissolve a experiência de entrar e sair.

Restaurantes ao ar livre e expositores nas calçadas são, talvez, as mais comuns e impactantes contribuições a uma fachada profunda. Toldos também ajudam, visto que oferecem ao potencial comprador o sentido de já estar dentro da loja. No início dos anos de 1990, Andres Duany e eu almoçamos com um colega, especialista em varejo de uma das maiores empresas imobiliárias do Canadá. Seus empregadores tinham gastado milhares de dólares para que ele, durante um ano inteiro e por todo o mundo, visitasse dezenas de distritos comerciais bem-sucedidos. Nós lhe perguntamos: "Existe alguma coisa que todos os melhores lugares têm em comum"? Sua resposta imediata: "Toldos ao alcance das mãos"

Fachadas profundas são também fachadas grossas. Há pilastras projetadas para fora da parede frontal? A porta da frente é recuada? As soleiras das janelas têm uma dimensão para que o cliente possa sentar-se nelas? Ou então, um banco embutido? Tudo isso ajuda. Como estudante de história da arte, sempre me impressionava que o Palazzo Medici, em Florença, tivesse sido construído com um banco de pedra em todo o seu perímetro. Na Florença do Renascimento, havia brigas de faca pelas ruas – e barras nas janelas – mas, ainda assim, os Medici viram um jeito de convidar os transeuntes a descansar. Dos dois lados de nossa casa, construí um muro à meia altura onde é possível sentar-se e, junto à entrada principal, um proeminente banco envolvendo a calçada. Você ficaria surpreso em saber a frequência com que as pessoas sentam-se ali. Não me importo se, eventualmente, esse alguém for um esquizofrênico sem teto e viciado em crack... Foi a coisa certa a fazer.

As observações de Jan Gehl sobre os centros urbanos bem-sucedidos abordam, até mesmo, a geometria das fachadas, destacando que uma orientação mais vertical, como a fornecida por pilares, aparentemente, torna a caminhada mais curta. "Em contraste", diz ele, "fachadas projetadas com longas linhas horizontais fazem as distâncias parecerem mais longas e cansativas." E acrescenta: "É interessante notar que, no mundo todo, lojas em ruas comerciais ativas e prósperas têm uma fachada de cinco ou seis metros de comprimento, o que [...] indica que, a cada cinco segundos, há novas atividades e atrações para serem vistas."[4]

Infelizmente, ainda que, em sua maioria, os códigos de obras das cidades sejam irritantemente específicos em relação a certas medidas, como a relação entre área construída e área do lote, eles dizem muito pouco sobre o que interessa ao pedestre, como a relação entre área da janela e da parede e a presença de toldos. Isso é fácil de mudar, mas as cidades precisam exigir. Pontos fora da curva, tanto Melbourne quanto Estocolmo adotaram a política de fachadas ativas. O código de Melbourne, por exemplo, exige que "60% das fachadas de novas construções, ao longo de ruas principais, sejam abertas e convidativas."[5] Enquanto muitas comunidades novas já vêm sendo projetadas com tais regras, algumas poucas cidades mais antigas adotaram diretrizes similares, exigindo a construção de fachadas amistosas em novos edifícios.

Há doze anos, em *Suburban Nation*, Andres Duany, Elizabeth Plater-Zyberk e eu defendíamos a substituição do zoneamento convencional das cidades por um novo tipo de instrumento que chamamos de "Traditional

Neighborhood Development Ordinance" (Portaria de Desenvolvimento do Bairro Tradicional)[6]. Criada, a princípio, pelos meus coautores na década de 1980, a portaria mostrou-se notável pela forma como superou a orientação de uso do solo e estatísticas do código convencional com um foco na forma física do edifício: como encontravam o chão, a rua e o céu; como lidavam com a transição do domínio público para a esfera privada; e como escondiam seus estacionamentos.

Desde aquele livro, este tipo de portaria tornou-se conhecido como código "baseado na forma", e centenas de cidades começaram a aplicá-lo, mais especialmente Miami, em 2009. Sua versão mais importante, chamada de SmartCode (Código Inteligente), é um *software* de código aberto disponível para download gratuito.[7] O documento é uma ferramenta abrangente para criar lugares melhores e quase toda cidade em desenvolvimento será beneficiada ao trocar seu atual zoneamento pelo *SmartCode* ou similar. Porém, substituir um código inteiro é uma tarefa de peso. Em curto prazo, algumas regras simples, como a lei de fachadas abertas de Melbourne, podem fazer uma grande diferença.

Na maioria dos casos, modificar um código é um processo de duas partes: acrescentar algumas novas regras e eliminar outras antigas. Em 1993, trabalhava com Andres Duany na revitalização da 5th Avenue South, a principal de Naples, na Flórida. Uma das coisas observadas foi que a maior parte das lojas tinha toldos não maiores que guarda-chuvas, pequenas manchas semicirculares que nem sequer chegavam a dar sombra nas calçadas escaldantes. Pesquisamos o código de obras e descobrimos que, inacreditavelmente, qualquer toldo maior do que determinado tamanho precisaria ter aspersores de teto para combate a incêndios. Antes de qualquer coisa, nos livramos daquela regra.

Ataque das Estrelas da Arquitetura

Percorremos um longo caminho desde a década de 1970, quando toda cidade empenhava-se em construir sua própria versão da prefeitura-fortaleza de Boston, uma estrutura que só os arquitetos amam (sim, amo aquele prédio). O estilo de arquitetura era o brutalismo, supostamente devido ao *béton brut* de Le Corbusier, mas o nome pegou por outras razões. Caracterizava-se por paredes tão abrasivas a ponto de ferir seu braço. Felizmente, a técnica não está mais em voga, mas muitos arquitetos, sobretudo as estrelas da profissão, ainda constroem paredes nuas, onde não deveriam estar. O arquiteto espanhol Rafael Moneo, meu velho professor, provavelmente é o principal criador de paredes nuas, um verdadeiro Copland do concreto*. Em seus ateliês, como em todos os meus da faculdade de arquitetura, ninguém jamais falou sobre como edifícios precisam criar vida nas calçadas. Na verdade, discutíamos detalhes como a profundidade e espessura da fachada (*thickness and depth*), – "doença e morte" (*sickness and death*), no sotaque pavoroso de Moneo –, mas estas eram qualidades arquitetônicas, não práticas. A maior parte das escolas de arquitetura ainda hoje estimula uma sensibilidade artística e intelectual, nada tolerante com essas questões triviais, tais como se um edifício vai incentivar ou não a atividade de pedestres.

Essa questão foi o tema de uma famosa discussão que aconteceu no Festival de Ideias de Aspen, em 2009, entre Frank Gehry e Fred Kent, um proeminente membro da plateia. Kent, que coordena a Project for Public Spaces (Projeto para Espaços Públicos), sem rodeios, perguntou a Gehry por que tantos "edifícios icônicos" projetados pelas estrelas da arquitetura não conseguem dar vida às ruas e calçadas de seu entorno. Citado certa vez como tendo dito "Não crio contexto"[8], Gehry alegou estar acima dessa crítica, mas Kent não ficou convencido. Como eu não estava lá, deixo James Fallows da revista *The Atlantic* contar o resto:

> Kent perguntou uma vez mais e Gehry fez algo que considero simplesmente incrível e inesquecível. "Você é um homem pomposo", disse ele – e acenou sua mão num gesto de desprezo, talvez como Luís XIV teria feito para afastar algum subalterno ultrajante. Sem dúvida, estava enxotando o questionador para longe do microfone, como um inferior – novamente, em um gesto pouco visto em tempos pós-feudais.[9]

É evidente que Gehry estava em um péssimo dia, mas vale a pena contar esse tipo de atitude arrogante como uma metáfora para alguns de seus trabalhos – não todos, mas alguns. Kent estava, sem dúvida, lembrando-se da visita de seu filho Ethan à obra-prima de Gehry, o Guggenheim de Bilbao, uma experiência que ele descreve na seção "Hall of Shame" (Hall da Vergonha), do *site* Project for Public Spaces. Depois de não conseguir encontrar a porta principal e observar a inexistência de árvores na praça vazia, Ethan viu um assalto que, como veio a descobrir depois, era comum por lá. Ele acrescenta: "Nos dez minutos que ficamos em torno do museu, testemunhei o primeiro assalto da minha vida – e olhem que vivi a vida inteira na cidade de Nova York."[10]

Assaltos não são mais muito comuns em Nova York, mas o mesmo vale para Bilbao – exceto em certos espaços problemáticos. Que um desses espaços esteja em frente ao museu é, parcialmente, culpa de Gehry, o resultado de uma paisagem (mais de uma paisagem desastrosa), concebida como uma tábua rasa para realçar o edifício em seu melhor efeito[11]. Na verdade, Gehry é perfeitamente capaz de contribuir com paisagens envolventes e atraentes – como fez no Millennium Park em Chicago – mas, raramente, faz isso com seus edifícios, cuja maioria não beneficia a vizinhança. Seu Disney Hall, em Los Angeles, tem um perímetro de cerca de 450 m, sendo que desse total, uns 300 m feitos com paredes nuas, inexpressivas, do tipo mais liso possível.

Mas você pode dizer... lá é uma sala de concertos, precisa ter paredes nuas. Bom, dê uma volta no entorno da Ópera de Paris, ou mesmo da Sala de Concertos de Boston e depois conversamos. As fachadas desses edifícios mais antigos são repletas de detalhes envolventes, de modo que até mesmo as suas paredes lisas não me parecem inexpressivas. Caminhar ao lado delas é um prazer.

Esta discussão me lembra de um maravilhoso conjunto de desenhos de Léon Krier, que mostra dois edifícios lado a lado, vistos de três diferentes distâncias. De longe, pode-se ver que um é um palácio clássico, o outro um cubo modernista de vidro. O palácio tem a base, a parte central e o topo, enquanto o cubo de vidro é articulado com linhas horizontais e verticais de suas amplas janelas refletivas. À medida que nos aproximamos, o palácio revela suas portas, janelas e cornija, enquanto o cubo de vidro permanece o mesmo de antes: linhas horizontais e verticais. Chegando ainda mais perto, a alguns passos de distância, observamos a linha decorativa do palácio, os caixilhos das janelas e a parte final das vigas, sustentando os beirais. Nossa visão do cubo de vidro permanece inalterável e silenciosa. Caminhamos uma grande distância até sua entrada principal e não fomos recompensados[12].

Krier apresenta esses desenhos como um poderoso argumento contra o modernismo. Mas não é, apenas, uma questão de estilo. Qualquer estilo arquitetônico – exceto o minimalismo, imagino – é capaz de fornecer detalhes, de pequena e média escala, envolvendo as pessoas que se aproximam e caminham nos seus arredores. O tecnológico Centro Pompidou, ao celebrar seus sistemas mecânicos no exterior da edificação, dá vida a um dos mais bem-sucedidos espaços públicos de Paris. O que importa não é se os detalhes foram feitos à mão por um escultor ou a frio por uma máquina extrusora, mas se existem ou não. Muitíssimos arquitetos contemporâneos não compreendem este ponto, ou compreendem, mas não se importam.

Muito de Uma Coisa Só

Mas o predomínio do detalhe na escala humana ainda não é suficiente se a paisagem da rua não mostrar variedade. Por mais delicada e agradável que seja a fachada de um edifício, há muito pouco para atrair um caminhante colocado a 150 m de distância. Como Jane Jacobs observou, "quase ninguém caminha, de boa vontade, da mesmice para a mesmice e da repetição para a repetição, mesmo se for mínimo o esforço exigido."[13] Escolher a escala certa do detalhe é apenas meio caminho andado; o que importa, mais ainda, é escolher a escala correta do edifício, de modo que cada quadra contenha tantos edifícios diferentes quanto razoavelmente possível. Só dessa forma, é que o pedestre vai sentir-se recompensado com o panorama que se desdobra continuamente e que vem do trabalho de inúmeras mãos.

Para a grande maioria dos arquitetos, tal fato parece perdido, sobretudo para as grandes estrelas da profissão, cujo objetivo não dito é conseguir tanto território quanto possível para colocar sua marca registrada, ainda que isso signifique uma paisagem urbana tediosamente repetitiva. Muito raramente isso é ensinado nas escolas de arquitetura, onde persiste um profundo mal-entendido entre urbanismo e arquitetura, de tal forma que a maior parte dos projetos de desenho urbano é vista como uma oportunidade para criar um único edifício monstruoso. Estrelas da profissão, como Rem Koolhaas, em sua vertiginosa celebração da "enormidade" adotaram essa confusão como doutrina[14].

Para ser justo, egocentrismo e desejo de virar celebridade são apenas, em parte, responsáveis por essa orientação, que também vem de uma insistência sobre a honestidade intelectual. Da mesma forma que um edifício, supostamente, tem a obrigação de ser "do seu tempo", também deve ser "do seu autor". Para o autor de uma grande obra, fingir ser muitos arquitetos diferentes é falsificar o registro histórico, especialmente desde que o mito moderno do arquiteto-gênio insiste que seu estilo pessoal é tão único quanto sua impressão digital. Ainda me lembro (como poderia esquecer?) da crítica feita a meu trabalho final de arquitetura: "Não entendo: seus dois edifícios parecem ter sido projetados por dois diferentes arquitetos." A resposta no meu mundo de fantasia, vinte anos depois do fato: "Puxa... obrigado, professor."

Certamente, há uma forma mais fácil de resolver esse problema: repassar alguns projetos. Quando for solicitado a projetar um "edifício" do tamanho de uma série deles, chame seus amigos e divida a riqueza... E, precisamente, quantos arquitetos, sobretudo nesses tempos magros, você espera que deem esse salto? Somente aqueles raros profissionais que consideram urbanismo tão importante quanto arquitetura.

Foi justamente o que ocorreu no início do ano 2000, quando o escritório DPZ participou de um concurso internacional para reprojetar a Piazza dei Navigatori, um local de destaque na principal estrada ao sul de Roma. O edital falava de 150 mil m² de construção em uma área aproximada de 48 mil m². Os outros arquitetos convidados eram Rem Koolhaas, Rafael Moneo, Rafael Viñoly, além de três escritórios italianos. Cada arquiteto apresentou um único megaedifício em seu estilo inimitável. Nossa estratégia foi um pouco diferente. Propusemos dividir a imensa área em sete quadras distintas de construções e designar uma quadra a cada um dos competidores, inclusive nós mesmos. Escrevemos uma página de instruções que controlavam volume e localização de cada edifício e recomendamos aos juízes que, em vez de patrocinar um único monumento, eles poderiam construir um bairro diversificado.

A próxima etapa foi a mais divertida. Fui para a biblioteca de projetos de Harvard e tirei fotos do edifício mais famoso de cada um de nossos competidores. Entreguei essas fotos ao nosso desenhista, com a instrução de reformatá-los dentro das localizações designadas em nossa proposta, e levamos a arte final a Roma para a decisão. Não vencemos, mas a feição de nossos competidores quando viram seus edifícios em nossos desenhos valeu a viagem. Quando perceberam que queríamos derrotá-los para partilhar o projeto com eles, eles pareceram igualmente bravos, gratos e sem graça[15].

Uma vez que tão poucos arquitetos estão dispostos a repassar projetos, ou fingir que têm múltiplas personalidades projetuais, ao estilo de Sybil*, a responsabilidade para forçá-los a isso fica com as cidades. A maior parte dos códigos urbanísticos que escrevo para órgãos governamentais inclui um parágrafo que diz algo assim: "Apesar de estimular unidades de projeto ainda menores, não mais de sessenta metros de frente contínua de rua podem parecer ter sido projetados por um único arquiteto." Junto com a política de fachada ativa, essa regra pode ajudar a salvar as ruas daquilo que Jane Jacobs chamou de "Grande Praga da Monotonia".

No entanto, essa discussão é tanto administrativa quanto de projeto. Grande parte da prática imobiliária nessa época tem sido sobre falsa variedade, dando a impressão de haver múltiplos atores quando o controle está, imprudentemente, concentrado nas mãos de pouquíssimos, mas poderosos, atores. Como naqueles distantes bairros residenciais elegantes do nosso país, os empreendedores individuais são convidados pelas cidades e recebem pleno controle sobre imensas faixas de terra, de tal forma que o futuro daquelas áreas acaba dependendo inteiramente da habilidade e magnanimidade daqueles empreendedores.

Essa abordagem comum é, com certeza, expedita e pode ser o único modo de conseguir construir, rapidamente, algo em bairros arruinados. Mas aquele novo empreendimento cobra um preço que, em geral, inclui o sentido de caráter e variedade gerados pelo resultado. Também representa um risco maior de todo o acordo ruir, deixando você com lugar nenhum ou – às vezes, pior – o risco de a construção produzir mudança tão drástica que um local perca totalmente seu caráter original, sem mencionar a sua população. Isso é o que Jacobs chama de "dinheiro-cataclísmico" *versus* "dinheiro gradual"[16].

Em projetos maiores, o caminho para evitar esse tipo de resultado é direto e inclui designar um diretor para gerenciar o projeto, mas que não seja o empreendedor dos edifícios individuais. Este papel deve ser desempenhado pela cidade, por uma autoridade pública, ou até mesmo por um empreendedor privado, em alguns casos[17]. O importante é que edifícios diferentes serão construídos por pessoas diferentes. O resultado, em uma verdadeira prática *Small is Beautiful**, é a cidade dos pequenos, não dos poderosos. Felizmente, enquanto os poderosos vêm de fora das cidades, os pequenos são locais e têm um interesse muito maior no resultado final.

Natureza Monótona

Em *Green Metropolis*, David Owen conta a história de como costumava fazer longos passeios por Manhattan, cumprindo suas tarefas levando a filha bebê em um carregador, tipo canguru. O bebê nunca reclamava e, por estar planejando mudar-se para Vermont, Owen imaginava quão mais a criança iria gostar dessas caminhadas no campo. Mas, ao contrário, veja o que aconteceu: "A primeira vez que caminhamos até a praça central do povoado, para comprar o jornal, em uma espetacular manhã de outono, a criança mexia e se contorcia no canguru, durante todo o caminho. Para ela, não havia nada a olhar."[18]

Espaços verdes nas cidades são encantadores, saudáveis e necessários. Mas também podem ser monótonos, ao menos se comparados com as vitrines das lojas e barracas de rua. Nossas crianças talvez estejam sofrendo do *transtorno do déficit de natureza*, mas, instintivamente, elas também sabem o que fomos ensinados a ignorar, que as paisagens verdejantes não nos entretêm. Como Owen ainda observa, grandes áreas abertas "podem estimular algumas pessoas a caminhar. Mas se o objetivo for fazer com que as pessoas adotem a caminhada como forma de transporte prático, espaços verdes superdimensionados podem ser, na verdade, contraproducentes"[19].

Esta crítica aos espaços abertos coloca Owen ao lado de Jane Jacobs que, cinquenta anos antes, havia dito:

> Para compreender como as cidades e seus parques se influenciam mutuamente, a primeira necessidade é livrar-se da confusão entre usos reais e míticos— por exemplo, a bobagem de ficção científica de que os parques são "os pulmões da cidade". São precisos doze mil metros quadrados de bosques para absorver a quantidade de dióxido de carbono que quatro pessoas eliminam ao respirar, cozinhar e se aquecer. Os oceanos de ar que circulam entre nós, não nossos parques, são os fatores que impedem as cidades de sufocarem.[20]

Assim como Owen, Jacobs também brigava contra um *ethos* dominante cujo discurso consistia em que mais espaços verdes tornam as cidades mais saudáveis quando, na verdade, sua aparência microscópica desmente seu impacto macroscópico. Ao separar coisas úteis entre si, elas podem contribuir para uma cultura de veículos automotores, o que acentua a poluição. O exemplo de Jacobs foi Los Angeles, com o espaço mais aberto e com a maior nuvem de poluição de qualquer cidade contemporânea dos Estados Unidos[21].

Isso não significa que devemos parar de construir parques – afinal, Chicago e Seattle são duas cidades com parques novos, grandes e caros junto a corpos d'água, dos quais ninguém se arrepende – mas, sim, que não devemos permitir que os espaços abertos rasguem o tecido urbano de nossos centros caminháveis. Toda cidade, especialmente se quiser atrair a geração Y, precisa fornecer fácil acesso à natureza, incluindo trilhas regionais para caminhada, escalada e ciclismo. Da mesma forma, vários pequenos bolsões ou zonas verdes e parques infantis, são elementos-chave para reter na cidade pais com filhos ainda pequenos. Atender a essas necessidades, no entanto, é muito diferente de transformar a cidade em um jardim. As tendências atuais de deixar nossas cidades mais sustentáveis, lotando-as com superfícies permeáveis, gramados e, a última moda, "jardins de chuva", ameaçam apagar uma das características-chave que constitui o principal atrativo das cidades e as distingue dos distantes bairros residenciais americanos[22].

Na verdade, foi o desejo de, magicamente, combinar cidade e campo que criou o desastre ambiental, social, e econômico que é a expansão urbana com seus bairros residenciais chiques e afastados. Mesmo assim, é comum aparecerem propostas de escolas de arquitetura e de concursos de projeto que nos fazem procurar por uma "nova e inédita relação entre o homem e a natureza"[23], como se houvesse alguma forma, ainda não descoberta, de melhorar a cidade diluindo suas melhores qualidades. A gente já sabe. E também sabemos que o principal entre essas qualidades é a vitalidade nas ruas, só possível em um ambiente verdadeiramente urbano, onde há mais edifícios do que arbustos.

Passo 10: Eleger Suas Prioridades

Os nove passos anteriores conformam uma abrangente estratégia para criar lugares caminháveis. Como enfatizado em todo o livro, seguir todos os passos, em vez de apenas alguns deles, é essencial se quisermos converter grande parte dos motoristas em caminhantes. Mas seguir esses passos em todos os lugares iria quebrar a maioria das cidades. Mais ainda, a aplicação universal do critério da caminhabilidade, simplesmente, não está de acordo com a forma como as cidades funcionam hoje: grandes faixas de qualquer metrópole são necessariamente dedicadas a atividades que não atraem e não deveriam atrair vida nas ruas. Para dar um exemplo óbvio, um depósito de contêineres não é um lugar para encorajar o surgimento de um restaurante de calçada.

Triagem Urbana

Mas são os exemplos menos óbvios desse fenômeno que exigem a nossa atenção, ou melhor, nossa desconsideração combinada. Uma quantidade absurda de dinheiro está sendo gasta, atualmente, para aumentar a caminhabilidade de ruas que nunca irão atrair mais do que algum motorista perdido pedindo carona para comprar gasolina. Em metade das cidades que visitei, sou levado para um passeio pela rua recém-recuperada, no mais das vezes o principal corredor da área central, adornada com as últimas novidades em luminárias, protetores de árvores, ladrilhos multicoloridos, como se essas modificações fossem criar o caminhar em um lugar onde não existe quase nada para onde caminhar. O corredor ficou mais atraente para os motoristas, com certeza, mas a um custo muito maior do que se esse tivesse sido o objetivo inicial.

Este erro mostra a primeira pergunta a ser feita antes de se investir em caminhabilidade: qual o lugar onde gastar a menor quantidade de dinheiro fará a maior diferença? A resposta, tão óbvia quanto ignorada, é: nas ruas que já são emolduradas por edifícios que têm potencial de atrair e garantir vitalidade nas ruas. Em outras palavras, nos lugares onde já existe uma esfera privada disposta a dar conforto e se interessar por uma esfera pública melhorada. A maior parte das cidades tem sua parcela de ruas assim, onde existem fachadas de edificações históricas de lojas e outras construções atraentes ao longo de calçadas, arruinadas por vias sem árvores e com veículos em alta velocidade. Recupere a rua e você conseguirá todo o resto, ou algo perto disso.

Por outro lado, há pouco a se ganhar em vitalidade e convivência quando se fazem melhorias em uma rua ladeada por lojas de escapamentos e estacionamentos de lanchonetes. No final, aquela ainda será a zona dos veículos e não valerá sua atenção. Deixe para lá.

Esta abordagem mais mercenária para a revitalização de um trecho de cidade é o que chamamos de *triagem urbana*, nome adequado a uma técnica iniciada nos campos de batalha da Primeira Guerra[24]. Nas crises seja com pedestres ou em combates, às vezes, o que está pior tem que ser sacrificado para um bem maior. Aqui, as categorias de pacientes são um pouco diferentes: as primeiras a receber cuidados são as ruas "A", mais bem preparadas para se beneficiar da ação. Em segundo lugar, as ruas "B", que poderiam apresentar uma vitória um pouco mais difícil, mas são necessárias para unir as melhores ruas em uma rede adequada – adiante falarei mais sobre isso. Em terceiro lugar, descartada, está o que sobra: a cidade dos automóveis. Não se deve permitir que as ruas "C" sejam modelo para outras; de todo modo, tape os buracos e junte a sujeira. Mas não se preocupe com a largura das calçadas, árvores nas ruas ou ciclofaixas – pelo menos, não nessa década.

Âncoras e Caminhos

A segunda categoria acima, ruas que conectam, exige as maiores reflexões, junto com – ouso dizer – um pouco de projeto. Porque, no centro de qualquer cidade, há uma rede de caminhabilidade, às vezes escondida, que está esperando para emergir. Persuadi-la a vir para a superfície exige uma cuidadosa observação e um decisivo esforço de projeto. No centro disso, está o conceito de âncoras e caminhos.

Digam o que quiserem sobre shopping centers, há que se admitir que, em seus dias de glória, fizeram algumas coisas muito bem. Uma delas foi determinar, quase cientificamente, a localização e a relação das lojas entre si, para encorajar o gasto máximo, o que incluía situar as lojas-âncora a certa distância, de modo a sempre ter pessoas passando pelas lojas menores entre uma e outra âncora. Criar pedestres em frente às lojas foi quase tão importante quanto o projeto do shopping, no qual as lojas âncoras eram bem-vindas, quase sempre sem pagar aluguel[25].

No centro de uma cidade, há poucas âncoras, mas facilmente identificadas: grandes lojas varejistas, grandes estruturas de estacionamento, cinemas, teatros e qualquer outro uso que gere um tráfego regular e significativo de pedestres, como um teatro ou ginásio de esportes. Uma rede de ruas caminháveis é também um tipo de âncora, visto que proporciona pedestres dispostos a caminhar mais longe, se a caminhada valer a pena. Às vezes, as âncoras estão muito perto umas das outras, mas quase ninguém caminha entre elas em função da má qualidade da ligação. Além das condições do próprio leito da via, a rua pode sofrer de uma falta de transições bem definidas que a coloque no grupo "B" ou mesmo no "C". Se o trecho for curto o suficiente e existirem oportunidades para seu desenvolvimento, pode fazer sentido para a municipalidade investir e melhorá-lo rapidamente.

Vamos dizer que nos deparamos com uma situação onde duas áreas caminháveis estão localizadas a poucas quadras uma da outra. Uma tem um centro de convenções, hotéis e uma arena esportiva. É cheia de gente, mas poucos querem caminhar. A outra área contém restaurantes, bares, galerias e é circundada por habitações. Apesar de um tremendo caráter e estilo, precisa de uma melhoria. Os participantes das convenções e da arena adorariam visitá-la, mas poucos vão, porque embora pequena a distância entre elas não é nada atraente. O que a cidade deve fazer?

Era exatamente o cenário em Columbus, Ohio, onde o centro de convenções e a arena esportiva da cidade ficavam afastados do marcante bairro de Short North por uma rodovia interestadual em nível inferior, executada nos anos de 1960. Ir de um lado para o outro significava cruzar uma ponte árida, cortada pelo vento e fechada com tela de arame. Quando surgiu a necessidade de reconstruir essa ponte em 2003, a cidade e o estado fizeram uma coisa inteligente: em vez de construir uma ponte de trinta metros de largura, construíram uma de sessenta metros, criando dois polos em seus lados. Deram o projeto a um empreendedor antenado, que construiu uma moderna Ponte Vecchio, ocupando as calçadas com lojas e restaurantes.

Por um custo público adicional de $1,9 milhão de dólares, esta nova ponte realizou uma mágica: fez a autoestrada desaparecer. Agora, os participantes das convenções visitam o distrito de Short North e a diferença de volume nos negócios é descrita como "dia e noite"[26]. Duas áreas caminháveis foram unificadas e todo um setor da cidade teve seu caráter modificado.

Muitas cidades contêm rodovias e ferrovias abaixo do nível e alguns desses lugares pensam em um tipo de arranjo semelhante ao de Columbus. Mas são também um exemplo do que pode ser uma situação muito mais sutil, na qual alguns poucos estacionamentos ou serviços automotivos cortam o que seria uma ligação caminhável entre duas âncoras. Reunir novamente esse tecido pode ser mais econômico do que o esforço de Columbus, e tão impactante quanto, mas isso requer um ato explícito de identificação.

Por isso, quando faço um plano de caminhabilidade existe um processo de múltiplas fases. Em primeiro lugar, estudo cada rua com chance de se tornar caminhável e lhe dou uma classificação em termos de qualidades urbanas. Ignoro as características de tráfego, já que são fáceis de serem reformuladas e observo apenas o conforto e o interesse: definição espacial e presença de frentes de ruas agradáveis. Este esforço produz um mapa no qual as ruas são coloridas – de verde, amarelo ou vermelho – de acordo com seu potencial para atrair pedestres. Desse mapa surge um padrão, no qual certas ruas, suficientemente boas, reúnem-se para formar uma clara rede de caminhabilidade. Complemento esta rede com ruas adicionais, necessárias para conectá-las aos pontos-chave, às âncoras, que essa rede quase alcança, incluindo outros trechos da mesma rua.

O resultado é um plano de triagem urbana: as ruas estão dentro ou fora do esquema. O plano estabelece o padrão para investimentos públicos e privados para a década seguinte. Apenas as ruas dentro do plano recebem melhorias para estimular a caminhabilidade, como medidas de tráfego mais seguro, plantio de árvores e melhoramentos nas calçadas. Apenas as ruas dentro do plano devem receber apoio da cidade, seja financeiro ou apenas de expedição de alvarás, para sua recuperação. E as "lacunas" dentro dessa rede – especialmente ao longo das principais conexões interrompidas por elas – recebem o tratamento completo para serem suprimidas. Idealmente, as lideranças da cidade, tanto do setor público quanto do privado, se reúnem em torno de um simples entendimento: antes de qualquer coisa, construir nessas lacunas.

A Lição de LoDo

Os planos concebidos a partir desse processo podem ter algumas características surpreendentes. Por exemplo, uma comunidade pode ser eminentemente caminhável e ainda conter inúmeras ruas não caminháveis. Na verdade, muitos centros urbanos bons alternam ruas boas e ruins. O importante é que as ruas boas se conectem em uma rede contínua de modo que, alguém, talvez mesmo tendo que caminhar cruzando uma rua C, nunca precise caminhar ao longo de uma delas[27]. Este fenômeno ocorre em toda cidade dos Estados Unidos com becos de serviço atrás das quadras.

Ainda mais surpreendente é quão pequena uma rede de caminhabilidade pode ser e, mesmo assim, dar a impressão de uma cidade caminhável. Algumas cidades menores, conhecidas por sua caminhabilidade, como Greenville, Carolina do Sul, devem sua reputação a apenas uma boa rua caminhável. Menos importante que o tamanho de um distrito caminhável é sua qualidade. Aprendemos essa lição, de forma convincente, em Denver.

Em 1993, o mundo do planejamento urbano estava agitado com histórias sobre Denver. "Você tem que ir a Denver", as pessoas viviam nos dizendo. "É fantástico o que estão fazendo por lá".

Então, fomos para lá e o que encontramos não era Denver, mas o distrito LoDo (Lower Downtown) de Denver. Na verdade, também não era LoDo; era apenas algumas quadras de LoDo, que continham a cervejaria John Hickenlooper's Wynkoop, um salão de sinuca, um pequeno teatro de comédia e, do outro lado da rua, o estiloso prédio vazio da estação da Estrada de Ferro Union, circundada por galpões industriais que começavam a atrair pioneiros urbanos. O urbanismo não era perfeito, mas bem próximo, embora somente uma pequena área ainda mostrasse algum tipo de promessa efetiva. A maior parte do distrito permanecia sem modificação há décadas quando, de acordo com o colunista esportivo Rick Reilly, era "cheio de drogados, brutamontes e ladrões com apenas três dentes. E estes eram as mulheres"[28].

Mas aquelas poucas quadras quase perfeitas foram suficientes. Como nós, outras pessoas ouviram aquelas histórias e começaram a investir em LoDo e em Denver, em geral. Em dez anos, toda a cidade experimentava forte renascimento. Desde 1990, a população da cidade aumentou 28%.

Será que todas aquelas pessoas vieram para Denver por causa da cervejaria Wynkoop? Claro que não. Mas, para criar uma reputação bastam algumas poucas quadras. A lição de LoDo é começar com pequenos passos, com algo que seja tão bom quanto você possa fazer. Essa é a beleza da triagem urbana.

Áreas Centrais em Primeiro Lugar

Embora do ponto de vista lógico a triagem urbana faça todo sentido, politicamente, pode ser um desafio. Primeiro, há o próprio nome que carrega a presença de vencedores e perdedores e, por essa razão, exige muitas explicações. Sou sempre rápido em indicar como a rua das autopeças pode, na verdade, exigir maiores aluguéis que a rua principal e que essa é uma discussão sobre caminhabilidade, não valores de imóveis. Dito isso, talvez o nome triagem urbana precise ser substituído por algo menos incisivo.

Segundo, um problema ainda maior, é a forma como os servidores públicos pensam a distribuição dos recursos. A maioria dos prefeitos, administradores e urbanistas municipais sentem responsabilidade em relação à cidade como um todo. O resultado é que tendem a espalhar a caminhabilidade, indiscriminadamente, por toda a cidade como pó de pirlimpimpim. Também são otimistas – ou não estariam em órgãos públicos – e querem acreditar que, um dia, irão conseguir uma cidade excelente como um todo. A ideia é fascinante, mas contraproducente. Ao tentar ser universalmente excelente, a maior parte acaba sendo universalmente medíocre. A caminhabilidade está provavelmente naqueles lugares que concentram o melhor que uma cidade pode oferecer em uma área. Concentração, não dispersão, é o elixir da urbanidade.

Esta discussão é capciosa, já que logo levanta a questão da equidade, e não apenas de rua a rua, mas de bairro a bairro. Na maior parte das cidades americanas, um planejamento realista de caminhabilidade começa no centro da cidade, onde a maioria dos ingredientes-chave já existe. Mas, hoje, muitos ainda não podem viver lá. Assim, para quem são esses esforços e, mais ainda, são justificáveis? Essa é uma das mais difíceis perguntas que um urbanista enfrenta. Em Baton Rouge, essa dúvida foi colocada assim: "Por que trabalhar no centro, quando o centro já está muito melhor do que o lugar onde moramos? Por que, em vez disso, você não faz um plano para sua comunidade?"

A resposta a essa pergunta é simples. O centro é a única parte da cidade que pertence a todos. Não importa onde você more; o centro também é seu. Investir no centro da cidade é a única forma, baseada em um local, de beneficiar todos os cidadãos de uma só vez.

E tem mais. Cada decisão de se mudar, seja de um aluno de pós-graduação ou de uma empresa, é feita com a imagem de um lugar em mente. Aquela imagem é palpável e poderosa. É decididamente física: uma imagem de edifícios, ruas, praças, cafés e vida social que aqueles lugares geram. Boa ou ruim, essa imagem é difícil de ser abalada. E, com raras exceções, reflete o centro da cidade.

Assim, a reputação de cada cidade está, em grande parte, nos atributos físicos de sua área central. Se o seu centro não parece bom, a cidade não parece boa. As pessoas não vão querer se mudar para lá e será muito mais difícil sentir-se bem em relação ao lugar que escolheram para viver. Um centro urbano bonito e vibrante, por outro lado, pode ser a maré alta que levanta todos os barcos. À maneira de LoDo, um pedacinho de um ótimo centro de cidade pode ajudar a impulsionar toda a cidade para um novo patamar. Este é o lugar onde começar.

Quando penso no conceito de imagem de cidade, não consigo tirar da cabeça uma em especial. Aos dez anos, em frente à televisão com meus pais e meu irmão, assisto aos créditos do programa *The Mary Tyler Moore Show*. Em um absoluto contraste com a maior parte das cidades mostradas na TV, naquela época, a Minneapolis de Mary é alegre, vibrante e cheia de oportunidades. Uma mulher de trinta anos havia rompido seu noivado e se mudado para a grande cidade buscando recomeçar. Não sabemos o que espera por ela, mas compartilhamos sua expectativa e curiosidade diante das infinitas possibilidades da vida urbana. Alegre e rodeada de outros pedestres, ela dá piruetas e joga seu gorro de lã no ar. Não o vemos cair.

Notas

PRÓLOGO

* Em inglês, o termo *suburb*, amplamente usado neste livro, não tem a mesma conotação que o termo subúrbio em português. Entre nós, o termo designa bairro de periferia, distante do centro da cidade e em geral mais pobre, mas nos Estados Unidos é exatamente o contrário: os *suburbs* caracterizam-se como bairros residenciais agradáveis de classe média alta ou classe alta, impulsionados na década de 1960, como uma alternativa para fugir dos centros das cidades (N. da T.).

UMA TEORIA GERAL DA CAMINHABILIDADE

1 Agora em seu 26º ano, o programa atendeu aproximadamente mil prefeitos com resultados surpreendentes. Mais informações no endereço < www.micd.org >.
2 54 em 100. Ver adiante mais informações sobre esse Índice de Caminhabilidade.
3 Cf. <janeswalk.net>
4 A. Duany; E. Plater-Zyberk; J. Speck, *Suburban Nation*, p. 164.
* *Main street* é um conceito norte-americano que designa, de forma genérica, a mais importante rua do distrito comercial de várias cidades. Representa um ponto-chave para o comércio, a vitalidade e o dinamismo da cidade (N. da T.).
5 A. Duany; J. Speck, Private Streetscape, *The Smart Growth Manual*, seção "Shops on the Sidewalk".

PARTE I: POR QUE CAMINHABILIDADE?

1 A. Duany; E. Plater-Zyberk; J. Speck, *Suburban Nation*, p. 217.

CAMINHAR, A VANTAGEM DA CIDADE

* Referência aos nascidos nos anos de 1980-1990 (N. da T.).
1 D. Barnett, A Comeback for Downtown Cleveland, *NPR Morning Edition*. A United Airlines, em 2011, transferiu 1300 funcionários da remota Elk Grove Township, Illinois, para o centro de Chicago.
2 DPZ é Duany-Plater Zyberk & Company, fundada por Andres Duany e Elizabeth Plater-Zyberk, que assinam *Suburban Nation* comigo.
3 J. Neff, Is Digital Revolution Driving Decline in U.S. Car Culture?, *Advertising Age*.
4 J.D. Power and Associates, *Press Release*, Oct. 8, 2009.
5 R. Florida, The Great Car Reset, *The Atlantic*.
* *Gilligan's Island* apresentava as aventuras de sete náufragos em uma ilha tropical aparentemente desabitada. *The Brady Bunch* mostrava a nova família nos EUA, fruto do encontro de divorciados, seus filhos e os novos filhos. *The Partridge Family*, exibida nos anos de 1970 no Brasil, contava a história da carreira musical de uma viúva e seus cinco filhos (N. da T.).
6 Para ser justo, também via alguns episódios ocasionais do programa da Lucille Ball e dos *Honeymooners*, nos quais a cidade tomava a forma de uma presença vaga e coberta de fuligem, por trás da janela de um apartamento apertado – não ameaçador, mas nada convidativo. A única exceção memorável era

o programa de Mary Tyler Moore. Falarei sobre ela mais adiante.
7 The Segmentation Company, *Attracting College-Educated, Young Adults to Cities*, p. 7.
8 P.C. Doherty; C.B. Leinberger, The Next Real Estate Boom, *The Washington Monthly*.
* Acontecimento ou evento de magnitude inusual criado por uma rara combinação de circunstâncias que o agravam; termo originário do século XVIII popularizado pelo sucesso do filme *Mar em Fúria* (Perfect Storm, 2000) (N. da E.).
9 Ibidem.
10 C.B. Leinberger, *The Option of Urbanism*, p. 89.
11 Ibidem.
12 Ibidem, p. 89-90. O livro de Leinberger é uma referência básica para a área, já que coloca muitos dos argumentos e estatísticas sobre a demanda por cidades caminháveis. Enquanto quatro milhões de americanos moravam sozinhos em 1950, o número agora atinge 31 milhões, ver N. Heller, The Disconnect, *The New Yorker*, April, 16, p. 110. De acordo com o jornal *USA Today*, hoje há mais domicílios com cachorros do que com crianças, ver H. El Nasser, In Many Neighborhoods, Kids Are Only a Memory.
13 C.B. Leinberger, op. cit., p. 90.
14 D. Byrne, *Bicycle Diaries*, p. 283.
15 C. Morello; D. Keating; S. Hendrix, Census: Young Adults Are Responsible for Most of D.C.'s Growth in Past Decade, *The Washington Post*.
16 C.B. Leinberger, Federal Restructuring of Fannie and Freddie Ignores Underlying Cause of Crisis, *Urban Land*.
17 Idem, The Next Slum, *Atlantic Monthly*.
18 Estas categorias são levemente enganosas, pois um urbanismo caminhável também pode ser um bom lugar para se dirigir, enquanto o sub-urbanismo dirigível não é caminhável. Ou melhor, no urbanismo caminhável, dirigir torna-se uma opção viável para aquelas pessoas com renda e tempo para gastar no trânsito, enquanto no sub-urbanismo dirigível, caminhar é uma prática utilizada apenas por aqueles menos privilegiados que não têm escolha.
19 C.B. Leiberger, *The Option of Urbanism*, p. 96-98.
20 Ibidem, p. 101; e A. Troianovski, Downtowns Get a Fresh Lease, *The Wall Street Journal*.
21 C.B. Leinberger, *The Option of Urbanism*, p. 91, p. 8-9.
22 De acordo com Lerner, quando a versão básica foi instalada e estava funcionando, "mandei *e-mail* para vinte pessoas sobre o *site* e recebemos 150 mil visitantes no dia seguinte." *Walk Score* agora oferece mais de quatro milhões de índices por dia.
23 Uma das coisas mais fascinantes sobre esse Índice de Caminhabilidade é sua precisão, apesar do fato de, atualmente, medir apenas um aspecto da caminhabilidade: a proximidade às destinações diárias. Especificamente, o algoritmo pergunta qual a distância (em linha reta) que a pessoa está dos nove locais na categoria de amenidades, incluindo compras, jantar, café, parques e escolas. Como será discutido mais adiante, a verdadeira caminhabilidade depende muito de vários outros fatores que o Índice de Caminhabilidade não mede – como o tamanho dos quarteirões e a velocidade dos carros –, mas o fato de (até hoje) não medir estas características não interfere muito devido a uma conveniente coincidência: quase todos os lugares nos Estados Unidos, com diferentes

Usos em locais próximos, tendem a possuir pequenos quarteirões e menor velocidade de tráfego. Usos mistos e ruas propícias aos pedestres são parte do modelo comum (o bairro urbano tradicional), onde usos isolados e ruas não facilmente acessíveis a pé constituem o outro (a expansão urbana dos distantes bairros residenciais). O algoritmo começa a falhar em cidades periféricas com grande intensidade comercial. Aqui, a preponderância das grandes lojas de varejo (*outlets*) faz subir a pontuação, apesar de que a única caminhada ocorre nos gigantescos estacionamentos. Por isso, o modelo de Tysons Corner, Virginia – direto da capa do livro de Joel Garreau, *Edge City* –, ganha um impressionante 87. Isso coloca a cidade dois pontos acima da minha própria rua em U, em um bairro de Washington DC, mesmo se metade de meus vizinhos não possui carros e caminha para tudo. Morar sem carro em Tysons Corner, ainda que não seja ilegal, é um conceito absurdo.

Felizmente, os criadores estão trabalhando duro para refinar o algoritmo. Uma nova versão chamada *Smart Street* (Rua Inteligente) consegue, de forma incrível, considerar o tamanho da quadra, a largura da rua e a velocidade do veículo. Em algum momento esta nova versão irá substituir a original – talvez quando você estiver lendo este livro. Mas Lerner e equipe estão receosos de avançar muito depressa: "Quando fizermos a mudança para a Rua Inteligente, o índice de muitas pessoas irá mudar, então queremos um tempo extra para resolver quaisquer questões."

24 As exceções foram Las Vegas e Bakersfield, Califórnia, duas cidades quase totalmente desprovidas de urbanismo tradicional, ver J. Cortright, Walking the Walk, *ceos for Cities White Paper*, p. 2. Em recente estudo da região de Washington DC, C.B. Leinberger e Mariela Alfonzo encontraram uma correlação positiva em todos os segmentos de mercado. Referindo-se a cinco categorias do Índice de Caminhabilidade, afirmam que "cada degrau na escada da caminhabilidade acresce trinta dólares por metro quadrado nos

aluguéis anuais de escritórios, 23 dólares nos aluguéis de lojas, mais de mil dólares por mês nos aluguéis de apartamentos e quase 273 dólares ao valor das casas". Ver C.B. Leinberger, Now Coveted, *The New York Times*.
25 J. Cortright, Walking the Walk, *ceos for Cities White Paper*, p. 20.
26 Belden; Russonello & Stewart Research and Communications, What Americans Are Looking for When Deciding Where to Live, 2011 *Community Preference Survey*, p. 2.
27 J. Cortright, Portland's Green Dividend, *ceos for Cities White Paper*.
28 Para ser exato, Portland não se furtou a ter sua área de expansão. Mas graças aos limites da área de crescimento urbano, esta área é menor e mais perto da cidade do que seria da outra forma.
29 J. Cortright, Portland's Green Dividend, op. cit., p. 1.
30 Ibidem, p. 1-2; Idem, Driven Apart, *ceos for Cities White Paper*.
31 Ibidem, p. 3.
32 Poster, Intelligent Cities Initiative, National Building Museum
33 C.B. Leinberger, *The Option of Urbanism*, p. 20.
34 C. Lutz; A. Lutz Fernandez, *Carjacked*, p. 80. Milhas viajadas por veículo por domicílio aumentaram 70 % de 1969 a 2001, ver C. Kooshian; S. Winkelman, Growing Wealthier, *Smart Growth Climate Change and Prosperity*.
35 B.J. Lipman, *A Heavy Load*, p. IV.
36 Ibidem, p. 5.
* Expressão comum no mercado imobiliário para vender imóveis mais afastados do centro, ou seja, aqueles sem condições de ter uma casa confortável, perto do lugar de trabalho, terão de dirigir cada vez mais longe até se qualificarem para a faixa de renda exigida pelo imóvel pretendido (N. da T.).
37 P.C. Doherty; C.B. Leinberger, op. cit.
38 Ibidem.
39 C.B. Leinberger, Federal Restructuring of Fannie and Freddie Ignores Underlying Cause of Crisis, op. cit.
40 C. Lutz; A. Lutz Fernandez, op. cit., p. 207.
41 Pôster da Iniciativa Cidades Inteligentes, do Museu Nacional da Construção. Pelos meus cálculos, isso tudo ocorreu em 20 de janeiro de 2009, dia da posse de Barack Obama, quando quinze mil apoiadores de George Bush foram substituídos por trinta mil apoiadores de Obama. Muitos integrantes da era Bush, como ponto de orgulho, moravam "além do anel rodoviário", no republicano estado de Virgínia.
42 Ibidem. Na Austrália, um estudo similar determinou que morar em um bairro com transporte coletivo estabelecido equivalia a economizar cerca de 750 mil dólares ao longo de uma vida, sendo que a maior parte desse valor seria gasto localmente, ver P. Newman; T. Beatley; H. Boyer, *Resilient Cities*, p. 120. E desde que cada carro retirado do orçamento domiciliar típico permite que aquela família consiga um financiamento 135 mil dólares maior, é fácil ver por que os preços do mercado imobiliário de Washington DC caíram só 20% do seu pico, enquanto as casas além do anel viário, os bairros distantes, perderam quase metade de seu valor.
43 Um estudo de gastos em Baltimore mostrou que enquanto cada milhão gasto em estradas cria apenas sete empregos, cada milhão gasto em melhorias para pedestres gera onze empregos, e cada milhão gasto para ciclovias cria mais de quatorze empregos. H. Garrett-Peltier, Estimating the Employment Impacts of Pedestrian, Bicycle, and Road Infrastructure, *Case Study: Baltimore*, p. 1-2.
44 C.B. Leinberger, *The Option of Urbanism*, p. 77-78; e idem, Here Comes the Neighborhood, The Atlantic Monthly. Ver também J. Mapes, *Pedaling Revolution*, p. 143.
45 De acordo com o censo, a porcentagem da participação das bicicletas chega a 5,8% e estudos locais a colocam abaixo de 8%. A média nacional é 0,4%.
46 *The Young and the Restless*, p. 34. Quando o número de pessoas com curso universitário aumenta em cerca de 10%, em uma área metropolitana, os ganhos individuais aumentam 7,7 vezes. Isso também vale para aqueles sem curso universitário, porque sua produtividade também aumenta. D. Brooks, The Splendor of Cities, *The New York Times*.
47 J. Swartz, San Francisco's Charm Lures High-Tech Workers, USA *Today*.
48 Há mais de 25 anos, a pesquisa de William Whyte seguiu o desempenho das ações de 38 empresas de Nova York que optaram por se transferir para bairros residenciais remotos, e descobriu que as ações se valorizaram menos de metade do que as das empresas que ficaram. W. Whyte, *City: Rediscovering the Center*, p. 294-295.
49 D. Brooks, op. cit.
50 J. Mapes, op. cit., p. 268.
51 J. Lehrer, A Physicist Solves the City, The New York Times Magazine, p. 3.
52 Ibidem, p. 4.
53 C. Kooshian; S. Winkelman, op. cit., p. 2. A correlação parece mais significativa, na medida em que pessoas de maior renda têm uma condição financeira que lhes permitiria dirigir mais.
* No original, *white flight* refere-se à ida dos moradores brancos em direção aos bairros residenciais distantes e de classe média alta, os *suburbs* em inglês, na busca por melhor qualidade de vida (N. da T.).

54 H. Yen, Suburbs Lose Young Whites to Cities, Associated Press; e C.B. Leinberger, *The Option of Urbanism*, p. 170.
55 Ibidem.

POR QUE OS GAROTOS NÃO PODEM IR A PÉ?

* No original, "Why Johnny Can't Walk", estudo feito pelo National Trust for Historic Preservation, questiona a falta de manutenção e/ou substituição das antigas escolas de bairros por enormes edificações nos novos e distantes bairros residenciais de classe média alta, que impedia os alunos de irem a pé à escola, dificultando sua relação com o entorno e a da escola com a comunidade. *Why Johnny Can't Walk to School: Historic Neighborhood Schools in the Age of Sprawl*, de Constance E. Beaumont e Elizabeth G. Pianca (N. da T.).
1 J. Colleran, The Worst Streets in America.
2 J. Speck, Our Ailing Communities.
3 Ibidem.
4 L. Frank, Conferência ao 18º Congresso Para o Novo Urbanismo.
5 N. Peirce, *Biking and Walking: Our Secret Weapon?* Similarmente, o número de crianças da escola fundamental levadas à escola em carros particulares subiu de 12% em 1969 para 44% em 2009 (Poster, Intelligent Cities Initiative, National Building Museum.)
6 M. Farmer, South Jordan Mom Cited for Neglect for Allowing Child to Walk to School, The Deseret News.
7 H. Frumkin; L. Frank; R. Jackson, *Urban Sprawl and Public Health*, p. xii.
8 T. Gotschi; K. Mills, Active Transportation for America, p. 27.
9 Dito isso, a obesidade é a culpada por quase 1/8 do recente aumento nos custos de assistência médica, ver J. Mapes, *Pedaling Revolution*, p. 230. Relatórios do sistema de saúde dizem que pagam 15% a mais de despesas para beneficiários obesos. Empregados obesos tiram doze vezes mais licenças médicas, por doenças, do que os colegas mais magros. A General Motors gasta, anualmente, 286 milhões de dólares em despesas médicas devido à obesidade, ver T. Gotschi; K. Mills, op. cit., p. 29. Como o estudioso dos problemas urbanos, Neal Peirce observa que "se não se lidar com a crise de obesidade, os crescentes níveis de cardiopatias e diabetes, com certeza, irão solapar os esforços do país para reduzir os ascendentes custos de saúde". Ver N. Peirce, op. cit.
10 J. Gehl, *Cidades Para Pessoas*, p. 111.
11 N. Peirce, op. cit.
12 T. Gotschi; K. Mills, op. cit., p. 44.
13 Escrevendo para a revista *The New Yorker*, Elizabeth Kolbert observa: "Os hospitais tiveram que comprar cadeiras de rodas especiais e mesas de operações para acomodar obesos, portas giratórias foram alargadas – de três para 3,60 m de largura. Uma empresa de Indiana, a Goliath Casket, começou a oferecer caixões com largura tripla e dobradiças reforçadas que podem sustentar até quase 500 kg. Estima-se que o peso extra dos americanos custe para as empresas aéreas 250 milhões de dólares, o que equivale ao combustível anual de um jato." Ver E. Kolbert, xxxl: Why Are We So Fat?, *The New Yorker*.
14 J. Mapes, op. cit., p. 230.
15 Até mesmo a gota, já considerada certa vez como "a doença dos reis", está encenando um doloroso retorno entre a classe média. Mas a maior ameaça, tanto física como financeira, é a diabetes, a sexta maior causa de mortes nos Estados Unidos. Mais de 21 milhões de americanos, ou seja, 7% da população, têm diabetes tipo 2 e, hoje, consomem cerca de 2% do PIB. A obesidade é o principal fator de risco para a diabetes, aumentando em quarenta vezes a probabilidade de o indivíduo contrair a doença. Ver H. Frumkin; L. Frank; R. Jackson, op. cit., p. xi.
16 E. Kolbert, op. cit.
17 Muito tem sido escrito, e quase tudo de forma bem convincente, sobre a absurda dieta dos americanos baseada no xarope de milho e sua contribuição para a medida da cintura nacional. Uma vez que nossa dieta é tão ruim, será que é justo culpar a inatividade pela expansão de nossa cintura? Nenhum estudo americano parece comparar diretamente estes fatores, mas a revista médica britânica *British Medical Journal* juntou-os em um artigo que colocava a pergunta "gulodice ou ociosidade?" O estudo comparava taxas de obesidade com dados sobre dieta e inatividade, e descobriu uma correlação muito mais forte com a última. Especificamente, "de 1950 até 1990, a obesidade cresceu intensamente, mesmo quando a gulodice atingia seu pico e declinava na Inglaterra. A ociosidade, por outro lado, aumentava em paralelo com a obesidade, sugerindo um importante papel causal". Ver H. Frumkin; L. Frank; R. Jackson, op. cit., p. 95.

Qualquer que seja a evidência, fica claro que nosso peso, independentemente da genética, é função de dois fatores principais: a ingestão e a eliminação de calorias. Seria errado ignorar qualquer um destes fatores e a classe médica, que até pouco tempo se concentrava apenas no primeiro, agora está dando o devido valor à atividade física. Um estudo de 2007 da Universidade da Califórnia – ucla, investigando por que tantas dietas de emagrecimento eram um fracasso, concluiu: "a verdadeira chave para o emagrecimento parece ser não a inteligência do plano alimentar, mas a quantidade de atividade física". Ver J. Mapes, op. cit., p. 231.

Enquanto isso, na Clínica Mayo, o doutor James Levine testou alguns indivíduos com detectores de movimento junto ao corpo, colocou-os na mesma dieta e então começou a dar-lhes calorias extras. Como era de se esperar, alguns indivíduos ganharam peso e outros não. Esperando encontrar um fator metabólico, ele descobriu, ao contrário, que o resultado fora inteiramente atribuído à atividade física. As pessoas que engordaram haviam feito menos movimentos inconscientes e, de fato, ficavam sentadas (em média) duas horas a mais por dia. Ver J. Vlahos, Is Sitting a Lethal Activity? *The New York Times Magazine*.

18 C.B. Leinberger, *The Option of Urbanism*, p. 76.
19 C. Lutz; A. Lutz Fernandez, *Carjacked*, p. 165.
20 H. Frumkin; L. Frank; R. Jackson, op. cit., p. 100.
21 Ibidem.
22 E. Noonan, A Matter of Size, The Boston Globe.
23 Wendell Cox e Randall O'Toole. Pulando direto da obesidade para seus resultados, médicos descobriram que o sedentarismo está associado ao aumento de "30 para 50% nos casos de doença coronariana, aumento de 30% na hipertensão e de 20 a 50% nos AVCs, bem como de 30 a 40% no risco de câncer de colo de útero e 20 a 30% no de câncer de mama", ver J. Vlahos, op. cit. Os custos médicos anuais dos Estados Unidos por sedentarismo foram estimados entre 76 a 117 bilhões de dólares, que é mais do que 10% de todas as despesas médicas. Ver T. Gotschi; K. Mills, op. cit., p. 47-48.
24 <americandreamcoalition.org>.
25 R. Jackson, We Are No Longer Creating Wellbeing.
26 K. Sack, Governor Proposes Remedy for Atlanta Sprawl, The New York Times, p. A14.
27 Infelizmente, o respiro foi só temporário, terminando com o encerramento dos jogos. Atlanta obteve um segundo fôlego em 1998, quando a farra da construção da lendária autoestrada foi suspensa por dois anos, graças às repetidas violações da lei federal ambiental ("Clean Air Act"). Mas estas foram exceções e, em 2002, Atlanta foi chamada de "a cidade menos saudável dos Estados Unidos para os homens", pela revista *Men's Health*, graças aos avisos de "Permanecer em casa" por 45 dias no ano. Ver D. Monroe, Taking Back the Streets, *Atlanta Magazine*, p. 89.
28 C. Lutz; A. Lutz Fernandez, op. cit., p. 172-173; American Lung Association, State of the Air 2011 City Rankings.
29 Asthma and Allergy Foundation of America, Cost of Asthma; J.F. Wasik, *The Cul-de-sac Syndrome*, p. 68.
30 WebMD, 10 Worst Cities for Asthma.
31 Este cálculo baseia-se em dados divulgados pela classificação do Brookings Institution das áreas metropolitanas dos Estados Unidos por quilômetros percorridos com automóvel.
32 C. Siegel, *Unplanning: Livable Cities and Political Choices*, p. 30.
33 C. Lutz; A. Lutz Fernandez, op. cit., p. 182.
34 A matemática utilizada por diferentes analistas é tão variada que hesitei em ser mais específico. Os autores de *Carjacked* colocam algo "em torno de 433 bilhões de dólares".
35 H. Frumkin; L. Frank; R. Jackson, op. cit., p. 110.
36 As estatísticas de lesões são calculadas com base no fato de que, nos últimos anos, houve setenta vezes mais relatos, tanto de ferimentos como de mortes no trânsito.
37 Dados de mortes no trânsito recolhidos pela organização Drive and Stay Alive, Inc.
38 R. Jackson, op. cit. Nova York registrou menos de uma morte a cada trinta mil habitantes em 2004, contra a taxa dos Estados Unidos de 2010 de mais de quatro mortes a cada trinta mil habitantes. A diferença entre esses dois dados em uma população de oito milhões de habitantes chega a mais de 270 mortes evitadas anualmente.
39 Será que os nova-iorquinos (e os europeus) dirigem melhor do que o resto do mundo? Provavelmente, não. Como era de se esperar, a diferença nos índices de mortalidade vem, em parte, de uma diferença no número de quilômetros rodados. Mas só em parte e isso é interessante: os moradores dos cinco estados mais perigosos dirigiram, em 2003, 64% a mais do que os moradores dos cinco estados menos perigosos. Se as mortes no trânsito simplesmente aumentassem com o número de quilômetros rodados, então poderíamos supor que os cinco estados mais perigosos tivessem 64% mais mortes no trânsito *per capita* que os cinco mais seguros. Mas, surpresa, eles registraram 243% mais mortes no trânsito *per capita*. Cada quilômetro percorrido, em um dos cinco estados menos seguros, era ao menos duas vezes mais mortal do que um quilômetro no estado mais seguro. (Estes cálculos foram baseados em dados estaduais de mortes no trânsito do Drive and Stay Alive, Inc. e do VMT [Milhas Percorridas por Veículos] do US Research and Innovative Technology Administration).

Acontece que os quatro estados mais seguros, além de Nova York, estão todos no Nordeste do país. Massachusetts (que bate Nova York), Connecticut, Nova Jersey e Rhode Island. Os quatro mais perigosos são praticamente rurais: Wyoming, Mississippi, Montana e Dakota do Sul. A principal diferença entre eles, além da quantidade de quilômetros rodados, é

a urbanização. Os cinco estados mais seguros têm, em média, oito vezes mais densidade residencial do que os cinco mais mortais (dados do censo). São, também, bem mais antigos e, portanto, se desenvolveram de acordo com o modelo mais caminhável do período pré-Segunda Guerra, em vez do paradigma de maior velocidade que se seguiu. Esse é o motivo pelo qual um quilômetro dirigido em Dakota do Sul tem quase três vezes mais probabilidade de matar do que um quilômetro em Massachusetts.
40 H. Frumkin; L. Frank; R. Jackson, op. cit., p. 112.
41 J. Speck, op. cit.
42 J. Gerstenang, Cars Make Suburbs Riskier Than Cities, Study Says, *The Los Angeles Times*, p. A1, p. A20. Vale a pena salientar que este estudo foi realizado há quase vinte anos, quando a taxa de assassinatos em muitas cidades americanas era três vezes maior do que é hoje, ver K. Johnson; J. Keen; W.M. Welch, Homicides Fall in Large American Cities, *USA Today*.
43 J. Ford, Danger in Exurbia, University of Virginia News.
44 Ibidem. Será que se as pessoas conhecessem estas estatísticas, isso influenciaria suas escolhas quanto a onde viver? Provavelmente não. A ilusão do controle que temos quando dirigimos nos dá a confiança de que somos os donos de nosso destino na estrada. Afinal, em outro estudo, 85% dos motoristas – que, hospitalizados, se recuperavam de acidentes causados por eles mesmos – classificaram as suas próprias habilidades de dirigir como "acima da média" (*National Public Radio*, July 20, 2010). Mas, deixando de lado motoristas individuais, seria bom ver esses números terem algum impacto nas políticas públicas, especialmente nos níveis estaduais e no nível federal. Em função do tremendo custo humano e econômico das colisões de veículos e do aumento do número de mortes em áreas não caminháveis, faria muito sentido investir um pouco em caminhabilidade. Como resposta ao episódio do 11 de Setembro, mais que dobramos o tamanho de nosso equipamento nacional de inteligência; na verdade, quase 1% de todos os americanos agora tem autorização para segurança confidencial, secreta ou ultrassecreta. Ver J. Mayer, The Secret Sharer, *The New Yorker*, p. 48. Depois de quatrocentas mil mortes ao volante, como nossos líderes reagiram? Pode haver esperança de correção de rumo ao longo do tempo. E esse é o mesmo governo federal que, em 1970, disse "os possíveis benefícios dos cintos de segurança não devem justificar os custos para os fabricantes e para o público" (National Highway Traffic Safety Administration).
45 D. Monroe, The Stress Factor, Atlanta Magazine, p. 89.
46 J. Mapes, op. cit., p. 239.

47 D. Klotz, Air Pollution and Its Effects on Heart Attack Risk, The Boston Globe.
48 H. Frumkin; L. Frank; R. Jackson, op. cit., p. 142; C. Lutz; A. Lutz Fernandez, op. cit., p. 156; A. Stutzer; B.S. Frey, Stress That Doesn't Pay: The Commuting Paradox. Disponível em: <https://ideas.repec.org/p/zur/iewwpx/151.html>.
49 Mainstreet.com, apud C. Frazier, Survey Says, The New Yorker.
50 D. Buettner, *Thrive: Finding Happiness the Blue Zones Way*, p. 189.
51 H. Frumkin; L. Frank; R. Jackson, op. cit., p. 172.
52 J. Jacobs, *The Death and Life of Great American Cities*, p. 72. Putnam, com certeza, não se referiu à caminhabilidade, mas um estudo de 2010 da Universidade de New Hampshire, sim. Primeiro, os pesquisadores trataram de determinar os bairros mais ou menos caminháveis de duas cidades, Manchester e Portsmouth, no estado de New Hampshire, cada uma delas com um centro de uso misto bastante charmoso e um anel de áreas de expansão urbana. Fizeram, então, um levantamento com setecentos moradores de vinte bairros, divididos entre localidades mais ou menos caminháveis. O resultado foi que "moradores de bairros mais caminháveis confiavam mais em seus vizinhos; participavam de projetos comunitários, clubes e atividades voluntárias; e, com menor frequência, descreviam a televisão como sua maior forma de entretenimento, em comparação com os participantes que moravam em bairros menos caminháveis". Ver S. Rogers et al., Examining Walkability..., p. 201-203.
53 D. Buettner, *The Blue Zones*, p. 220. Vale a pena mencionar que a lição nº 4 é: "compre uma caixa de vinho tinto de boa qualidade", o que, com certeza, aumenta o poder de atração do livro, ver ibidem, p. 240.
54 Ibidem, p. 223. De acordo com o *The New York Times*, "uma recente meta-análise dos estudos sobre atividade física e mortalidade mostrou que, em geral, o risco de morte prematura de uma pessoa sedentária, por qualquer causa, cairia 20% se ela começasse uma caminhada rápida (ou seu equivalente) de trinta minutos por dia, cinco vezes por semana", ver G. Reynolds, What's the Single Best Exercise?, *The New York Times Magazine*.
55 D. Nozzi, *Dom's Plan B Blog*.

O VERDE ERRADO

1 T. Tamminen, *Lives per Gallon*, p. 207.
2 Michael T. Klare, apud C. Lutz; A. Lutz Fernandez, Carjacked, p. 90.
3 C. Lutz; A. Lutz Fernandez, op. cit., p. 96, sugerem que "10 a 25% do orçamento militar deveria ser

relocado para o item de controle de recursos do petróleo".
4 Quanto aos dados do Tahoe, ver C. Lutz; A. Lutz Fernandez, op. cit., p. 88, cujos autores observam que o Tahoe custa quase treze mil dólares a mais do que seu gêmeo convencional, além de fazer apenas 6,4 km a mais por galão.
5 A partir de 2010, quase a metade de toda a eletricidade nos Estados Unidos foi gerada pela queima de carvão, que é cerca de duas vezes mais do que a gerada pela segunda fonte mais comum, o gás natural (US Energy Information Administration, Net Generation by Energy Source)
6 J. Dorner, NBC Confirms That "Clean Coal" Is an Oxymoron, Huffington Post.
7 Além disso, graças a um precário compromisso federal, um ligeiro aumento na geração de energia eólica, solar, hídrica, das marés, ou até mesmo nuclear parece, pelo menos, a uma geração de distância. É quase inevitável que o caminho para a independência energética, tão importante para segurança e solvência de nosso país, nos levará através de um vale coberto de fuligem de ainda maior emissão de carbono. Como observa D. Owen, *Green Metropolis*, p. 66: "às vezes, a mão invisível chega na garganta". Ver também D. Gros, *Coal vs. Oil*. A geração de eletricidade é também responsável por cerca de 20% de todo o consumo de água nos Estados Unidos, ver J.F. Wasik, *The Cul-de-Sac Syndrome*, p. 60.
8 B. Marsh, Kilowatts vs. Gallons, The New York Times.
9 F. DeBrabander, What If Green Products Make Us Pollute More?, The Baltimore Sun.
10 Ibidem.
11 M. Mehaffy, The Urban Dimensions of Climate Change.
* Veículo da AM General Motors, desenvolvido a partir do HMMWV, originalmente um veículo de guerra que caiu no gosto dos consumidores americanos, virou sucesso de vendas entre as SUVs e teve a produção interrompida, desde a crise financeira de 2008-2009 (N. da T.).
12 D. Owen, op. cit., p. 48 e 104.
13 *A Convenient Remedy*, vídeo para o Congresso Para o Novo Urbanismo.
14 W. Rybczynski, *Makeshift Metropolis*, p. 189.
15 *Location Efficiency and Building Type: Boiling It Down to BTUs*.
16 New Urban Network, Study: Transit Outperforms Green Buildings, *Better Cities and Towns*.
17 LEED se refere aos padrões, hoje em dia amplamente adotados, do US Green Building Council, chamado "Leadership in Energy and Environmental Design" (Liderança em Energia e Projeto Ambiental).
18 K. Benfield, *EPA Region 7*.
19 Ibidem.
20 O edifício no centro da cidade, ainda que não certificado, não é um devorador de energia, ver K. Benfield, op. cit.
21 D. Nozzi, *Dom's Plan B Blog*.
22 D. Owen, op. cit., p. 19 e 23.
23 A. Duany; E. Plater-Zyberk; J. Speck, *Suburban Nation*, p. 7-12.
24 E. Glaeser, If You Love Nature, Move to the City, The Boston Globe.
25 D. Owen, op. cit., p. 2-3 e 17.
* Entidade responsável pelos transportes de massa na cidade (N. da T.).
26 P. Newman; T. Beatley; H. Boyer, *Resilient Cities*, p. 7 e 88.
27 Ibidem, p. 92.
28 J. Holtzclaw, Using Residential Patterns and Transit to Decrease Auto Dependence and Costs, Natural Resources Defense Council.
29 Mercer, 2010 Quality of Living Worldwide City Rankings.
30 Ibidem. A propósito, a pior cidade na classificação foi Bagdá.
31 P. Newman; T. Beatley; H. Boyer, op. cit., p. 99.

PARTE II:
OS DEZ PASSOS DA CAMINHABILIDADE

A CAMINHADA PROVEITOSA

1 D. Nozzi, *Dom's Plan B Blog*.
2 R.W. Emerson, Experience (1844), apud C. Seiler, *Republic of Drivers*, p. 16; W. Whitman, Song of the Open Road (1856).
* Lei que autorizou a implantação de um imenso sistema de rodovias estaduais por todo o país (N. da T.).
3 C. Seiler, op. cit., p. 94.
4 D. Byrne, *Bicycle Diaries*, p. 8.
5 History of General Motors, *Wikipedia*. O comentário é interessante quando se considera que a GM armava os nazistas mesmo depois de eles terem declarado guerra aos Estados Unidos, ver C. Higham, *Trading With the Enemy*. Adolf Hitler concedeu ao diretor executivo da GM, James D. Mooney, a Ordem do Mérito da Águia Dourada por seus serviços em apoio aos nazistas.
6 P. Condon, Canadian Cities, American Cities: Our Differences Are the Same, Smart Growth on the Ground Initiative, p. 16.
7 Ibidem, p. 8.
8 W. Rybczynski, *City Life*, p. 160-161.
9 Norman Bel Geddes, de muitas formas o mentor intelectual do sistema interestadual de estradas,

afirmou em 1939 que "as rodovias não deveriam impor-se às cidades", apud A. Duany; E. Plater-Zyberk; J. Speck, *Suburban Nation*, p. 86-87.
10 D. Shoup, *The High Cost of Free Parking*, p. 65.
11 B. Levey; J. Freundel-Levey, End of the Roads, The Washington Post, p. 1.
* The National Mall é uma ampla área verde com lagos, fontes e monumentos, em Washington DC (N. da T.).
12 Ibidem, p. 2-3.
13 Ibidem, p. 2-4.
14 Exxon Mobil, Chevron e ConocoPhillips (de acordo com o ranking *Fortune* 500, de 2011). A maior empresa, claro, é a Walmart, cujo modelo de negócios é baseado no transporte rodoviário de mercadorias.
15 T. Tamminen, *Lives per Gallon*, p. 60-61.
16 C.B. Leinberger, *The Option of Urbanism*, p. 164.
17 Boas notícias: depois de mais deliberações, a cidade deixou o estudo de lado e devolveu o estacionamento, sem incidentes.
18 R. Salzman, Build More Highways, Get More Traffic, The Daily Progress.
19 "Does Widening Roads Cause Congestion?" (Alargar Ruas Causa Congestionamento?), retirado de D. Chen, If You Build It, They Will Come..., *Surface Transportation Policy Project Progress*. Um estudo, de 2010, de G. Duranton e M. Turner da Universidade de Toronto, conclui que "é improvável que o aumento na disponibilidade de rodovias interestaduais e vias urbanas de grande porte alivie o congestionamento nessas vias", ver The Fundamental Law of Road Congestion, *American Economic Review*, p. 2616.
20 N. Summers, Where the Neon Lights Are Bright: And Drivers Are No Longer Welcome, *Newsweek*. É importante relacionar o trecho citado com a discussão mais ampla de que a demanda induzida aplica-se principalmente à criação e alargamento de estradas e vias arteriais, em vez da criação de malha viária mais intrincada por meio da inserção de pequenas vias locais.
21 Para ser justo, meu comentário refere-se, sobretudo, a engenheiros municipais e estaduais que devem aprovar os projetos que crio. Hoje, há muitos engenheiros de transporte que fazem o melhor possível para partilhar informações sobre demanda induzida. Recentemente, também tive boas experiências trabalhando com engenheiros municipais em Carmel, Indiana, Cedar Rapids e Fort Lauderdale. Mas, para a maior parte desses profissionais, a famosa observação de Upton Sinclair ainda vale: "É difícil fazer um homem entender algo quando seu salário depende de ele não entender."
22 C. Siegel, *Unplanning*, p. 29 e 95.

23 Declaração ao senado proferida pela Administradora Federal de Estradas Mary Peters, citado em D. Nozzi, op. cit.
* Saul Bellow (1915-2005), escritor norte-americano do século XX nascido no Canadá e radicado nos Estados Unidos, recebeu o prêmio Nobel de literatura em 1976. Dono de uma melancolia cômica, surgiu com a ideia da hipotética Cia de Pavimentação Boas Intenções, em uma sátira muito usada do conhecido ditado (N. da T.).
24 P. Newman; T. Beatley; Heather Boyer, Resilient Cities, 102.
25 AAA, *Your Driving Costs 2010*. O custo operacional marginal da maior parte dos veículos está bem abaixo de 12,5 centavos por quilômetro. Isso explica por que os programas de compartilhamento de carros são tão efetivos na redução do uso de carros. Segundo o *site* da empresa, cada "um desses programas retira pelo menos quinze veículos particulares da rua". Para um membro do programa Zipcar, os preços fixos – uma taxa de matrícula de vinte dólares e uma anuidade de sessenta dólares – são insignificantes, se comparados ao custo por hora de um carro de aluguel.
26 Texas Transportation Institute, 2010 Urban Mobility Report.
27 *Site* da Walk Score (Índice de Caminhabilidade): "America's Most Walkable Neighborhoods". O resultado faz sentido, porque as melhores cidades, muitas vezes, atraem os bairros residenciais mais remotos. Leitores errantes podem querer se mudar para uma das três cidades que chegaram à segunda lista, mas não estão na primeira. Casos de: Filadélfia; Long Beach, Califórnia; e Portland, Oregon.
* Sul e sudoeste dos Estados Unidos (N. da T.).
** William Sherman, general norte-americano da Guerra de Secessão, reconhecido pela sua marcha destruidora e política de "terra arrasada", implantada ao propor guerra total contra os Estados Confederados, no sul dos Estados Unidos (N. da T.).
28 D. Nozzi, op. cit.
29 A. Duany; E. Plater-Zyberk; J. Speck, op. cit., p. 16.
30 Algumas ressalvas: alguns estados são melhores que outros. Tive boas experiências em Massachusetts e Michigan, e o Distrito de Colúmbia (quase um estado) está na frente da maior parte das cidades em políticas pró-pedestres. E também a maior parte dos engenheiros estaduais de tráfego é boa gente. Apesar de uma matéria do *The New York Times* de 2010 sobre as tendências de engenheiros para o terrorismo – "nas fileiras dos terroristas capturados e confessos, engenheiros e estudantes de engenharia estão bastante super-representados" (David Berreby, "Engineering Terror") –, eu sempre os achei agradáveis o

suficiente para trabalhar com eles. Claro que eles ainda não leram esse livro.
31 Há um bom perfil de Dan Burden em J. Mapes, *Pedaling Revolution*.
32 Informação extraída de uma troca de *e-mails* com Dan Burden.
33 J. Jacobs, *Dark Age Ahead*, p. 73.
34 Ibidem, p. 74-79.
35 C. Marohn, Confessions of a Recovering Engineer, *Strong Towns*. Mais informações sobre o autor e seu trabalho podem ser lidos em <www.strongtowns.org>.
* Referência à frase do filme *Campo dos Sonhos*: "Construa e eles virão" (N. da T.).
36 Um estudo britânico com dados mundiais salienta que a remoção de rodovias, geralmente, melhora a economia local, enquanto novas estradas aumentam o desemprego urbano. J. Kruse, Remove It and They Will Disappear, *Surface Transportation Policy Project Progress*, p. 5 e 7.
37 Y. Freemark; J. Reed, Huh?! Four Cases of How Tearing Down a Highway Can Relieve Traffic Jams (and Save Your City).
38 K. Rao, Seoul Tears Down an Urban Highway, and the City Can Breathe Again, Grist.
39 Ibidem.
40 Ibidem.
41 O diálogo é obviamente a paráfrase de uma discussão muito mais ampla.
42 C. Siegel, op. cit., p. 102; W. Yardley, Seattle Mayor Is Trailing in the Early Primary Count, The New York Times.
43 Removing Freeways: Restoring Cities.
44 J. Gehl, *Cidades Para Pessoas*, p. 9.
45 Ibidem, p. 13.
46 P. Newman; T. Beatley; H. Boyer, op. cit., p. 117.
47 J. Mapes, op. cit., p. 81.
48 W. Rybczynski, *Makeshift Metropolis*, p. 83.
49 J. Speck, Six Things Even New York Can Do Better.
50 Isto é fato mesmo ignorando-se fatores externos como poluição e tempo perdido. Por exemplo, os impostos gerais de Nova Jersey transferem cerca de setecentos milhões de dólares por ano da população aos motoristas. Ver C. Siegel, op. cit., p. 29.
51 K. Livingstone, Comentário do Vencedor Pelo Prefeito de Londres, *World Technology Winners and Finalists*.
52 Dados extraídos de duas fontes: Ibidem; e London Congestion Charge, *Wikipedia*.
53 Ibidem.
54 S. Brand, *Whole Earth Discipline*, p. 71.
55 New York Congestion Pricing, *Wikipedia*.
56 Ibidem.
57 Ibidem.
58 D. Nozzi, *Dom's Plan B Blog*.

59 B.-H. Lévy, *American Vertigo*.
60 I. Illich, *Toward a History of Needs*.
61 Ibidem, p. 119.
62 Ibidem, p. 127 e 119. Pouco nos consola saber que Illich também não era fã de ferrovias. "A partir de nossa limitada informação, parece que em todos os lugares do mundo, após algum veículo quebrar a barreira dos 35 km/h, a escassez de tempo relacionada ao tráfego começa a crescer", ver Ibidem, p. 119.
63 Ibidem, p. 120. Ele acrescenta: "e esse número não considera o tempo consumido em outras atividades ditadas pelo transporte: tempo gasto em hospitais, tribunais de trânsito e oficinas. Tempo gasto assistindo comerciais de automóveis ou participando de reuniões de consumidores para melhorar a qualidade da próxima compra". E não esqueçamos que os dados de Illich eram de por volta de 1970, quando dirigíamos bem menos e gastávamos consideravelmente menor parte de nossa renda em carros.
64 Ibidem, p. 119. Em nome da exatidão, devo notar que meu amigo Phil Harrison caminha pelo parque para ir ao trabalho em Atlanta. Mas, é o único.
65 A. Duany; E. Plater-Zyberk; J. Speck, op. cit., p. 91n.
66 C. Lutz; A. Lutz Fernandez, *Carjacked*, 145.
67 Edward Glaeser, comentário no Congresso Para o Novo Urbanismo, 03 jun. 2011. Por motivos já discutidos, os nova-iorquinos nascidos em 2010 têm uma expectativa de vida de dois anos acima da média nacional.
68 A. Duany; E. Plater-Zyberk; J. Speck, op. cit., p. 10.
* Rejeição discriminatória de pedidos de empréstimo com base no local de residência do solicitante (N. da T.).
** Escritor norte-americano Jean-Louis Lebris de Kerouac (1922 –1969) que, com seu estilo de prosa espontânea, similar ao do fluxo de consciência, escreveu a primeira versão de seu livro mais conhecido *On the road* (Pé na Estrada), em apenas três semanas (N. da T.).
69 Conversa com Adam Baacke, 14 jun 2011.
70 A propósito, as monoculturas também não são boas para a sociedade. Jane Jacobs se expressa assim: "alguém supõe que na vida real as respostas, a qualquer das grandes questões que nos preocupam, virão de comunidades homogêneas?" *The Death and Life of Great American Cities*, p. 448.
71 N. Brunick, The Impact of Inclusionary Zoning on Development, Report of Business and Professional People for the Public Interest, p. 4.
* No sentido de libertarismo, tendência política americana contrária à intervenção do governo na vida social (N. da T.).

72 Uso o termo *sofisticado* para excluir a National Association of Homebuilders (Associação Nacional de Construtores de Casas), que continua a defender incessantemente os bairros residenciais distantes apesar do fato de essa associação ter falido seus membros.

* Em inglês NIMBYS – Not In My Backyard, não no meu quintal (N. da T.).

73 A propósito, a maior densidade dessas "edículas autônomas" dos Estados Unidos provavelmente é encontrada em Rosemary Beach, Flórida, que ajudei a DPZ a projetar no final dos anos de 1990. Na última contagem, havia 214 desses apartamentos adaptados em antigas garagens.

74 J. Keen, Seattle's Backyard Cottages Make a Dent in Housing Need.

75 Dados do departamento de planejamento e desenvolvimento da cidade de Seattle.

76 T. Newcomb, Need Extra Income? Put a Cottage in Your Backyard, Time.

77 M. Groves, He Put Parking in Its Place, The Los Angeles Times.

78 Ibidem.

79 E. Betz, The First Nationwide Count of Parking Spaces Demonstrates Their Environmental Cost, *The Knoxville News Sentinel*.

80 D. Shoup, *The High Cost of Free Parking*, p. 25. O livro de Shoup tem 751 páginas e pesa mais de um quilo e meio, mas quando tivermos acabado de falar dele, você vai querer lê-lo. Nem tudo neste capítulo é daquele livro, mas tanto veio dele que ficarei feliz se o autor receber crédito por todo o capítulo.

81 D. Shoup, op. cit., p. 190. Shoup observa que os recordistas mundiais estão no Japão, onde uma estrutura subterrânea em Kawasaki custa 414 mil dólares por vaga. A garagem inteira custa mais de 157 milhões.

82 Ibidem, p. 189.

83 C. Lutz; A. Lutz Fernandez, op. cit., p. 8.

84 Ibidem.

* Região central da costa leste dos EUA (N. da T.).

85 D. Shoup, op. cit., p. 83.

86 Ibidem, p. 591.

87 Ibidem, p. 2.

88 Ibidem, p. 208-214.

89 D. Shoup, op. cit., p. 585. Todos esses critérios, exceto os três últimos, são citados por Shoup.

90 Ibidem, p. 24.

91 Ibidem, p. 559.

92 P. Langdon, Parking: A Poison Posing as a Cure, New Urban News.

93 Ibidem.

94 D. Shoup, op. cit., p. 80. Sou encantado por esse singular requisito que, aparentemente, supõe que uma piscina de três metros de profundidade contenha o dobro da quantidade de nadadores do que uma piscina de 1,5 m de profundidade, imagino eu, empilhados como bombons numa caixa.

95 P. Langdon, op. cit.

96 E. Betz, op. cit.

97 D. Shoup, op. cit., p. 81.

98 S. Karush, Cities Rethink Wisdom of 50s-Era Parking Standards, *USAToday*.

99 Washington DC, Economic Partnership, 2008 *Neighborhood Profiles: Columbia Heights*.

100 Entrevista com o arquiteto Brian O'Looney da Torti Gallas and Partners.

101 P. Schwartzman, At Columbia Heights Mall, So Much Parking So Little Need, The Washington Post.

102 Ibidem.

103 D. Shoup, op. cit., p. 43.

104 Ibidem, p. 8.

105 A. Duany; E. Plater-Zyberk; J. Speck, op. cit., p. 163n.

106 D. Shoup, op. cit., p. 131.

107 D. Shoup, op. cit., p. 153. Shoup também conta a história de um empresário em South Berkeley que queria substituir uma loja de guitarras falida por um restaurante, mas foi derrotado pela exigência de um aumento de doze vagas de estacionamento.

108 Ibidem, p. 157.

109 P. Langdon, op. cit.; D. Shoup, op. cit., p. 146.

110 P. Langdon, op. cit.

111 D. Shoup, op. cit., p. 150.

112 Ibidem.

113 Ibidem, p. 150. A redução do aluguel foi prevista em cinquenta dólares com aluguéis iniciais médios na faixa dos quinhentos dólares.

114 N. Kazis, NYCHA Chairman: Parking Minimums "Working Against Us".

115 Carmel-by-the-Sea, California, *Wikipedia*.

116 D. Shoup, op. cit., p. 102-103, 230, 239.

117 Ibidem, p. 239.

* Algo como contrapartida financeira pela vaga (N. da T.)

118 Ibidem, p. 262.

119 Ibidem, p. 498.

120 Ibidem, p. 122.

121 Ibidem, p. 327, 310, 14, 359.

122 Ibidem, p. 328.

123 Ibidem, p. 400.

124 Ibidem, p. 380-381.

125 D. Kolozsvari; D. Shoup, Turning Small Change into Big Changes, Access.

126 D. Shoup, op. cit., p. 299.

* Personagem de Little Orphan Annie, tira de jornal criada por Harold Gray, que contava as aventuras da órfã Annie, seu cão Sandy e o milionário benfeitor Oliver "Daddy" Warbucks (N. da T.).

127 Ibidem, p. 383.
128 Ibidem, p. 391-392.
129 M. Groves, op. cit.
130 B. Fulton, Parking Management That Actually Manages Parking, Bill Fulton's Blog.
131 Ibidem.
132 M. Groves, op. cit.
133 D. Shoup, op. cit., p. 309.
134 A política de preços do SFpark para estacionamento na rua, em 11 de abril de 2011, traz elevação ou queda de preços sempre que o nível de ocupação está acima de 80% ou abaixo de 60%. Não explicam por que esse número está abaixo dos 85% de Shoup.
135 R. Gordon, Parking: S.F. Releases Details on Flexible Pricing.
136 Ibidem.
137 D. Kolozsvari; D. Shoup, op. cit.; e D. Shoup, op. cit., p. 417.
138 D. Kolozsvari; D. Shoup, op. cit.
139 D. Shoup, op. cit., p. 417, 434, 415.
140 Ibidem, p. 348-353.
* O "Please, call your Office" virou bordão humorístico para alguém desaparecido, desde o misterioso sumiço do juiz Joseph Crater, numa noite em Nova York, em 1930 (N. da T.).
141 D. Kolozsvari; D. Shoup, op. cit.; e D. Shoup, op. cit., p. 417.
142 D. Kolozsvari; D. Shoup, op. cit.
143 P. Langdon, op. cit.
144 D. Kolozsvari; D. Shoup, op. cit.
145 D. Shoup, op. cit., p. 397.
* Personagem da série de TV *Seinfeld* (N. da T.).
146 Ibidem, p. 275.
147 Ibidem, p. 299.
148 A. Salta, Chicago Sells Rights to City Parking Meters for $1.2 Billion.
* Região central de Chicago, caracterizada por um anel metroviário – estrutura metálica sobre a qual correm os trens – que a circunda, o Loop, e que foi implantado no final do século xix. É o centro financeiro e de negócios da cidade, com inúmeros edifícios históricos (N. da T.).
149 Ibidem.
150 Y. Freemark, Transit Mode Share Trends Looking Steady. Dados do US Census Bureau's American Community Survey, 13 de Outubro, 2010.
151 D. Shoup, op. cit., p. 2.
152 P. Newman; T. Beatley; H. Boyer, op. cit., p. 86-87.
153 Y. Freemark, Transit Mode Share Trends Looking Steady.
154 D. Parolec, apresentação no Congresso Para o Novo Urbanismo.
155 T. Tamminen, op. cit., p. 112.

156 Essa conspiração está bem resumida em T. Tamminen, op. cit. Como relata o autor, ao encarar o ano de 1922 com perdas recordes, Alfred Sloan Jr. da GM juntou-se a Standard Oil, Phillips Petroleum, Firestone Tire and Rubber e a Mack Truck para criar uma empresa de fachada, a National City Lines "para discretamente comprar as agências de transporte de massa do país e sucatear os trens elétricos em operação. A National City Lines pode, então, substituir os trens por ônibus fabricados e abastecidos pelos conspiradores. Nesse processo, iria reduzir o serviço de transporte de massa e promover as vendas de automóveis como uma opção mais conveniente para milhões de consumidores". Apesar de "a conspiração ter sido comprovada num tribunal [...] as corporações envolvidas foram multadas em apenas cinco mil dólares e os executivos em um dólar cada porque o juiz determinou que não havia nada a ser feito quanto ao transporte de massa perdido", Ibidem, p. 110-111.
157 D. Owen, *Green Metropolis*, p. 127.
* Jornal satírico do mundo digital (N. da T.).
158 Ibidem, p. 121.
** Ironia com a forma americana de protestar, sempre através de buzinaço (N. da T.).
159 T. Gotschi; K. Mills, *Active Transportation for America*, p. 18. A propósito, os pesquisadores também recomendaram destinar 22% para bicicletas e caminhadas, em vez do 1% atual.
160 A. Duany; J. Speck, Regional Transportation, *The Smart Growth Manual*, seção "Multimodal Balance".
161 P. Newman; T. Beatley; H. Boyer, op. cit., p. 109.
162 C.B. Leinberger, op. cit., p. 166.
163 J. Van Gleson, Light Rail Adds Transportation Choices on Common Ground, National Association of Realtors, p. 10.
164 T. Litman, Raise My Taxes, Please!, Victoria Transport Policy Institute.
* Referência à expressão "It's the economy, stupid", da campanha de Bill Clinton à presidência dos EUA (N. da T.).
165 Este capítulo e o próximo reafirmam um dos principais argumentos encontrados em *Suburban Nation* de A. Duany, E. Plater-Zyberk e J. Speck, onde a discussão é feita em muito mais detalhe.
166 Y. Freemark, The Interdependence of Land Use and Transportation.
* Referência a "Don't Mess with Texas", lema do Estado (N. da T.).
167 Dados de <dart.org>, 2008.
168 W. Cox, DART's Billion Dollar Boondoggle, Dallas Business Journal.
169 Y. Freemark, An Extensive New Addition to Dallas' Light Rail Makes It America's Longest.

170 J. Van Gleson, op. cit., p. 10.
171 Y. Freemark, An Extensive New Addition, op. cit.
172 O sistema estacione e pegue o transporte (*park-and-ride*) só funciona em cidades onde dirigir para o centro é proibitivamente caro em termos de tempo ou dinheiro, já que pessoas que começam seus trajetos de carro detestam fazer a temida *transferência intermodal*, salvo se estiverem sob ameaça de uma penalidade. Ver A. Duany; E. Plater-Zyberk; J. Speck, op. cit., p. 138-139.
173 Aqui não há nenhuma solução shoupista rápida de acerto de preços. Dallas está tão cheia de estacionamentos que seu preço superbarato (em geral, um dólar por hora) é o preço de mercado.
174 Essa conclusão é sustentada pelo estudo The Fundamental Law of Road Congestion, op. cit., publicado por G. Duranton e M. Turner da Universidade de Toronto, que conclui: "extensões de transporte público não são políticas adequadas para combater congestionamento de trânsito", p. 34.
175 Y. Freemark, An Extensive New Addition..., op. cit. Embora alguns dos novos empreendimentos nas áreas próximas das estações tenham alta densidade, nenhum assumiu a forma de bairro caminhável. A maior parte é constituída dos convencionais conjuntos de torres e estacionamentos, às margens da cidade, sem sequer uma única rua convidativa à vista.
176 LSC Transportation Consultants, San Miguel County Local Transit and Human Service Transportation Coordination Plan, p. III-6 a III-7.
177 C. Hales, Apresentação na Rail-Volution, 18 out. 2011.
178 American Public Transportation Association, Transit Ridership Report, 1st Quarter 2011.
179 C. Hales, op. cit. O "conjunto de estratégias" incluía o famoso limite de crescimento de Portland, que contribuiu para uma demanda reprimida de imóveis.
180 D.C. Surface Transit, Value Capture and Tax-Increment Financing Options for Streetcar Construction.
181 Ibidem.
182 Ibidem.
183 American Public Transportation Association, op. cit.
184 D.C. Surface Transit, op. cit.
185 Equilibrium Capital, Streetcars' Economic Impact in the United States.
186 D.C. Surface Transit, op. cit.
187 Ibidem.
188 A. Duany; E. Plater-Zyberk; J. Speck, op. cit., p. 202-203.
189 D. Nordahl, *My Kind of Transit*, IX.
190 Ibidem, p. 126-143.

191 M. Jahne, Local Officials Find Fault with Proposed Hartford-New Britain Busway.
192 *Status of North American Light Rail Projects*. O custo médio de tais projetos é de quase 22 milhões de dólares por quilômetro, excluindo o sistema diferente de Seattle.
193 US Government Accounting Office, Bus Rapid Transit Shows Promise.
194 O de Chattannooga custou entre 160 mil e 180 mil dólares cada.
195 M. Clendaniel, Zipcar's Impact on How People Use Cars Is Enormous.

A CAMINHADA SEGURA

* The Strip é um trecho de sete quilômetros do Las Vegas Boulevard, que corta a cidade de ponta a ponta. Reúne os principais hotéis, cassinos, atrações turísticas e a maior concentração de pessoas. A Fremont Street, localizada no antigo coração de Las Vegas, ao norte da The Strip, estende-se por cinco quarteirões e é coberta por um enorme telão projetando imagens lúdicas e coloridas (N. da T.).
1 A rede viária de Portland contém notáveis seiscentos cruzamentos por milha quadrada. Cabem nove típicas quadras de Portland em uma quadra de Salt Lake City. A matemática da relação entre quadra e largura da rua não é exata por várias razões interessantes. Em geral, as quadras de Portland contêm prédios mais altos que as de Salt Lake City, mas esse fator é compensado pelo círculo vicioso que ocorre em cidades com quadras grandes, onde um ambiente que estimule veículos automotores leva muitos potenciais pedestres a dirigir em vez de caminhar.
2 As ruas de Salt Lake City são famosas por terem cerca de quarenta metros de largura, graças a uma ordem de Brigham Young de que as ruas fossem largas o suficiente para que se pudesse virar uma carruagem sem "recorrer a palavras de baixo calão", ver M. Haddock, Salt Lake Streets Have Seen Many Changes over Past 150 Years, *Deseret News*. Hoje, esses quarenta metros incluem as calçadas, mas ainda deixam espaço para muitas faixas.
3 W. Marshall; N. Garrick, Street Network Types and Road Safety, Urban Design International, tabela 1.
4 A. Duany; E. Plater-Zyberk; J. Speck, *Suburban Nation*, p. 160n.
5 D. Burden; P. Lagerwey, Road Diets, Walkable Communities Inc.
6 São Francisco também já conhece esse tipo de dieta de rua, tendo convertido cinco importantes vias de quatro para três faixas: Dolores, Guerrero, Valencia, Mission e South Van Ness. Nas cinco vias, o

tempo do tráfego permaneceu inalterado, enquanto o volume de bicicletas aumentou exponencialmente. Na Valencia Street, por exemplo, o número de ciclistas no horário de pico aumentou de 88 para 215 por hora. M. Ronkin, *Road Diets*.
7   R. Ewing; E. Dumbaugh, The Built Environment and Traffic Safety, Journal of Planning Literature, p. 363.
8   R. Noland, Traffic Fatalities and Injuries, apud C. Lutz; A. Lutz Fernandez, *Carjacked*, p. 244, nota 19.
9   Revelação: sou membro fundador dessa organização, que, durante as duas últimas décadas, tem trabalhado arduamente em apoio aos ideais apresentados neste livro. Você pode juntar-se a nós em <cnu.org>.
10 *Designing Walkable Urban Thoroughfares*.
11 NCHRP Report 500, Volume 10: A Guide for Reducing Collisions Involving Pedestrians.
12 20's Plenty for Us, <20splentyforus.org.uk>.
13 Como seria de se esperar, isso é mais do que improvável, por motivos já discutidos. A maior parte dos engenheiros insistiria em que ruas com limite de velocidade de vinte milhas por hora fossem projetadas conforme desenho de velocidade de 35-30 milhas por hora (55-50 km/h) para que os motoristas mais apressados estejam "seguros".
14 Principalmente, graças às demonstrações políticas de xenofobia de Geno.
15 A. Duany; E. Plater-Zyberk; J. Speck, op. cit., p. 36-37.
16 M. Gladwell, Blowing up, The New Yorker, p. 36; também em A. Duany; E. Plater-Zyberk; J. Speck, op. cit., p. 37n.
17 Ver em A. Jacobs, *The Boulevard Book*, p. 118-119, uma discussão completa de como o requisito do triângulo de visão faz com que muitas ruas ótimas sejam ilegais. Num desenho esclarecedor, Jacobs demonstra como aplicar o padrão americano faria desaparecer 1/3 das árvores do maravilhoso Passeig de Gràcia de Barcelona.
18 T. McNichol, Roads Gone Wild, Wired.
19 T. Vanderbilt, *Traffic*, p. 199.
20 T. McNichol, op. cit.
21 J. Mapes, *Pedaling Revolution*, p. 62.
22 T. McNichol, op. cit.
23 D. Owen, *Green Metropolis*, p. 186.
24 T. McNichol, op. cit.
25 Ibidem.
26 A. Duany; E. Plater-Zyberk; J. Speck, op. cit., p. 64.
27 Foi uma decisão dessas que devastou a Calle Ocho, a principal de Little Havana em Miami nos anos de 1970. A. Duany; E. Plater-Zyberk; J. Speck, op. cit., p. 161n.
28 C. Sottile, One-Way Streets.
29 Ibidem.
30 M. Eversley, Many Cities Changing One-Way Streets Back.
31 A. Ehrenhalt, The Return of the Two-Way Street, Governing.
32 Ibidem.
33 Ibidem.
34 A. Duany; E. Plater-Zyberk; J. Speck, op. cit., p. 71.
35 Assim como em muitas cidades americanas, são as calçadas em frente a edifícios federais que tiveram a maior parte dos pedidos de proibição de estacionamento antiterrorista.
36 Uma divertida batalha travada, ultimamente, é a disputa entre estacionamento em ângulo, de frente ou de ré. Muitas cidades têm distritos comerciais onde a largura das vias comporta estacionamento em ângulo. A tradição recente diz que o estacionamento deve ser de frente para a calçada, apesar de que, historicamente, algumas ruas principais faziam o contrário. Entram, nesse instante, os engenheiros de tráfego e alguém descobre que estacionar de ré é mais seguro e nasce um novo movimento. Agora, dezenas de ruas principais em todo o país reintroduziram o estacionamento de ré – incluindo Charlotte, Honolulu, Indianápolis, Nova York, Seattle, Tucson e Washington DC – e houve uma diminuição de acidentes, especialmente, aqueles envolvendo bicicletas. Tucson, por exemplo, tinha uma média de um acidente por semana entre carro e bicicleta, antes de mudar a forma do estacionamento de frente para o de ré. Agora, mais de quatro anos após a implementação, não se relatou mais nenhum acidente. Ver <brunswickme.org/backinparking.pdf>.

É fácil perceber o motivo. Com o estacionamento de ré, o movimento reverso é contra a calçada, enquanto o estacionamento de frente exige que o motorista, ao sair, entre de ré no meio do tráfego. Estacionar de ré também é mais conveniente para carregar e descarregar. O único problema é que quase todo mundo o detesta, principalmente por falta de hábito. Esse foi o caso em Cedar Rapis, em Iowa, onde a reação típica do público foi resumida por Brent B.: "incrível, os tontos do conselho da cidade levaram três anos para perceber que ideia idiota era aquela, enquanto nós, com bom senso, sabíamos que era uma bobagem, desde o início" Ver comentário *on-line* a R. Smith, Cedar Rapids Phasing Out Back-In Angle Parking, *The Gazette*. Diga-se em favor dele que um membro do conselho, Jerry McGrane, disse que votara em apoio ao estacionamento de ré, "somente pelo seu valor como entretenimento", ibidem.

O estacionamento de ré também foi implantado em algumas comunidades que simplesmente não estão prontas para ele. Não digo isso em termos intelectuais, mas urbanísticos. Se os moradores não estiverem acostumados ao estacionamento paralelo, com baliza – que é mais difícil que de ré – e, se quase todo o estacionamento for de frente, nos shoppings, estacionar de ré pode ser complicado demais. Foi o caso em Fremont, na Califórnia, quando o estacionamento de ré foi interrompido após um ano, depois que 70% dos pesquisados numa enquete disseram que "tinham menor probabilidade de parar" numa loja com estacionamento de ré. Ver *City Council Agenda and Report* (Cidade de Fremont, Relatório e Agenda do Conselho Municipal). Mas veja bem, o bairro residencial de Fremont é pura expansão urbana – 217 mil moradores sem uma única quadra de caminhabilidade urbana.

O melhor argumento que ouvi contra o estacionamento de ré é que a fumaça dos escapamentos pode ser nociva aos bares com mesas na calçada. Faz sentido e precisa ser considerado quando se localiza distritos com estacionamentos de ré. Como sugerido por Tucson, rotas de bicicletas também precisam ser consideradas, já que ciclofaixas atrás de áreas com estacionamento de frente são basicamente suicídio. Com essas duas advertências, fico feliz de deixar a decisão aos cidadãos. Quando me perguntam, em geral, respondo assim: "O estacionamento de ré funciona bem em Washington DC. Você dirige melhor ou pior do que nós?"

* De acordo com a autobiografia de Henry Barnes, a manobra – criada na década de 1940 – ficou conhecida por esse nome quando um repórter mencionou que "Barnes havia deixado as pessoas tão felizes que elas pareciam dançar nas ruas" (N. da T.).

37 O ciclo ideal é quase sempre de sessenta segundos ou menos. Ciclos mais longos são preferidos pelos engenheiros de tráfego, que calculam que eles contribuem para o rendimento do sistema. Entretanto, seus cálculos ignoram os impactos negativos associados ao excesso de velocidade e agressividade no trânsito, que resultam do fato de os motoristas terem que esperar demais nos semáforos, sem falar de acidentes com pedestres atravessando o cruzamento na hora errada.

38 J. Gehl, *Cidades Para Pessoas*, p. 186.
39 J. Mapes, op. cit., p. 85.
40 M. Grynbaum, Deadliest for Walkers, The New York Times.
41 D. Newton, Only in LA.
42 D. Owen, op. cit., p. 185.
43 De fato, sinais de PARE em um cruzamento de quatro vias são, na maior parte dos casos, o sonho dos ciclistas, já que em geral permitem que ciclistas confiantes atravessem cruzamento após cruzamento sem ter que reduzir a velocidade.

44 Na verdade, foi em cidades onde o ciclismo é mais avançado, como Amsterdã e Berlim, que mais corri perigo com ciclistas velozes. Porém, nos dois casos, certamente, a culpa foi minha por andar distraído em ciclovias bem demarcadas, tendo acabado de descer do avião e ainda não adaptado às divisões de rua bem marcadas e lógicas. E um quase encontrão foi tudo o que bastou para corrigir meu curso pelo restante da visita.

45 R. Gabriel, 3-Way Street by Ronconcocacola, *Vimeo*.
46 H.A. Lord, Cycle Tracks, New York City Department of Transportation.
47 J. Gehl, op. cit., p. 105.
48 A. Aubrey, Switching Gears, NPR Morning Edition.
49 J. Mapes, op. cit., p. 24.
50 R. Hurst, *The Cyclist's Manifesto*, p. 176.
51 J. Gehl, op. cit., p. 104-105.
52 J. Mapes, op. cit., p. 14.
53 J. Pucher; R. Buehler, Why Canadians Cycle More Than Americans, Transport Policy, p. 265.
54 J. Walljasper, The Surprising Rise of Minneapolis as a Top Bike Town.
55 J. Pucher; R. Buehler, op. cit., p. 273.
56 Ibidem, p. 265.
57 J. Pucher; R. Buehler, op. cit., p. 265. Os autores concluem que "a maior parte desses fatores resultam de diferenças entre Canadá e Estados Unidos em suas políticas de transporte e uso do solo e não de diferenças intrínsecas em história, cultura ou disponibilidade de recursos."
58 J. Mapes, op. cit., p. 65 e 70.
59 J. Walljasper, Cycling to Success: Lessons from the Dutch.
60 J. Mapes, op. cit., p. 71; J. Pucher; L. Dijkstra, Making Walking and Cycling Safer: Lessons from Europe, Transportation Quaterly, p. 9.
61 J. Mapes, op. cit., p. 62.
62 R. Shorto, The Dutch Way, The New York Times.
63 Ibidem.
64 J. Gehl, op. cit., p. 185-187.
65 J. Mapes, op. cit., p. 81.
66 Modal Share, *Wikipedia*, dados de <urbanaudit.org>.
67 M. Burke, Joyride: Pedaling Toward a Healthier Planet.
68 J. Mapes, op. cit., p. 155.
69 M. Burke, op. cit.
70 <bikerealtor.com>.
71 Ver p. 29, supra.
72 J. Mapes, op. cit., p. 158 e 143.
73 Ibidem, p. 139.
74 America's Top-50 Bike Friendly Cities, *Bicycling*. Por exemplo, Rahm Emanuel de Chicago comprometeu-se a acrescentar 25 milhas (cerca de 40 km) de

ciclovias a cada ano de seu primeiro mandato. Seattle está executando um plano de ciclismo de dez anos, de 240 milhões de dólares, que irá acrescentar 450 milhas (724 km) de ciclovias.
75 N. Kazis, New PPW Results; G. Buiso, Safety First!, The Brooklin Paper.
76 G. Buiso, Marty's Lane Pain Is Fodder for His Christmas Card, The Brooklin Paper.
77 Ibidem. [N.da T: A música é do filme *A Noviça Rebelde* ("The Sound of Music") e sem preocupação com a rima, seria algo assim: "Carrinhos e carregadores, skatistas e corredores / Faixas de Natal só para turma da gemada / Mas não nos esqueçamos dos carros – por aqui uma grande trapalhada / Bem-vindo ao Brooklin, 'O Bairro das Faixas'."]
78 A. Bernstein, NYC Biking Is Up 14% from 2010.
79 H.A. Lord, op. cit.
80 LVI A. Bernstein, *NYC Biking Is Up 14% from 2010*. Esses 59% eram antes 56% em 2010, o que equivalia à porcentagem de nova-iorquinos que não têm carro (Fonte: Censo dos Estados Unidos, 2010).
81 R. Hurst, op. cit., p. 81.
82 Ibidem, p. 175.
83 A. Bernstein, op. cit.
84 T. Gotschi; K. Mills, Active Transportation for America, p. 28.
85 J. Mapes, op. cit., p. 23 e 128. Citada como "dez milhas quadradas cercadas de realidade" (p. 135), Davis também tem as taxas mais baixas de acidentes veiculares e de pedestres das dezesseis cidades estudadas.
86 Ibidem, p. 24.
87 Ibidem, p. 225.
88 Children's Safety Network, Promoting Bicycle Safety for Children.
89 J. Forester, *Bicycle Transportation*, p. 3.
90 R. Hurst, op. cit., p. 90.
* Doutrina dos Estados Unidos que justificava a segregação racial, legalizando-a em nível estatal, desde que as instalações previstas para ambos, brancos e negros, fossem supostamente "iguais" (N. da T.).
91 J. Pucher; R. Buehler, Cycling for Few or for Everyone, World Transport Policy and Practice, p. 62-63.
92 J. Mapes, op. cit., p. 40.
93 T. Vanderbilt, op. cit., p. 199.
* Fusão de *share* (compartilhar) e *arrow* (flecha), devido à marcação no solo em forma de seta (N. da T.).
94 R. Hurst, op. cit., p. 94.
95 J. Mapes, op. cit., p. 81. Como a temporização somente melhora o trajeto numa direção, a velocidade é dada para facilitar o fluxo no sentido predominante na hora do *rush*.
96 S. Erlanger; M. de la Baume, French Ideal of Bicycle-Sharing Meets Reality, The New York Times.

97 Bicycle Sharing System, *Wikipedia*.
98 No início, algumas lojas de bicicletas temiam a competição, mas agora celebram o aumento nas vendas, alimentada por membros do Capital Bikeshare que decidiram ter sua própria bicicleta.
99 C. Eckerson Jr., The Phenomenal Success of Capital Bikeshare.
100 Supomos que esses trajetos foram principalmente morro abaixo – os funcionários da Bikeshare usam vans para redistribuir as bicicletas, que tendem a parar nas altitudes mais baixas.
101 C. Goodman, Expanded Bike-Sharing Program to Link DC, Arlington, The Washington Post.
102 District Department of Transportation, Capital Bikeshare Expansion Planned in the New Year.
103 W. Koch, Cities Roll Out Bike-Sharing Programs, USA Today.
104 D. Byrne, *Bicycle Diaries*, p. 278.
105 H.A. Lord, op. cit.

A CAMINHADA CONFORTÁVEL

1 T.J. Campanella, *Republic of Shade*, p. 135.
* Oriole Park é o estádio de baseball dos Baltimore Orioles, em Camden Yards, na cidade de Baltimore, em Maryland (N. da T.).
2 O que mais dói na área central de Akron é o quanto já foi feito – com grande uso adaptado de imóveis históricos, um novo e *sexy* museu de arte e alguns agradáveis restaurantes e cafés – e o quão fácil seria chegar a um novo patamar se houvesse vontade para resolver alguns poucos problemas com os quais ninguém parece se importar.
3 Para os não iniciados, Pruitt Igoe foi o premiado projeto habitacional torre-no-parque de Minoru Yamasaki em Saint Louis, que precisou ser abandonado e demolido devido a seu total colapso social. A maior parte das pessoas concorda que esse fracasso, apesar de em parte causado por má gestão, também resultou de um desenho urbano incapaz de criar espaços físicos que desenvolvessem nos moradores um sentido de apropriação.
4 J. Gehl, *Cidades Para Pessoas*, p. 4.
5 Pesquise no Google "Monty Python Architect."
6 J. Gehl, op. cit., p. 120, 139, 34.
7 Ibidem, p. 59, 50.
8 Times Square? Sessenta metros de diâmetro. Piazza Navona em Roma? Sessenta de diâmetro.
9 Como discutido em *Suburban Nation* de Andres Duany, Elizabeth Plater-Zyberk e Jeff Speck, a proporção altura/largura maior que 6:1 é, em geral, considerada como excedendo os limites da definição espacial, sendo que a proporção historicamente considerada ideal é de 1:1.

10   C. Alexander, *A Pattern Language*, p. 115.
11   J. Gehl, op. cit., p. 42.
12   Ibidem, p. 171-173.
13   J. Jacobs, *The Death and Life of Great American Cities*, p. 203.
14   A. Duany; J. Speck, Private Streetscape, *The Smart Growth Manual*, seção "Skyscrapers".
15   29% contra 6% nos Estados Unidos, ver J. Pucher; L. Dijkstra, Making Walking and Cycling Safer, *Transportation Quaterly*, p. 27.
16   J. Gehl, op. cit., p. 146.
17   R.S. Ulrich et al., View Through a Window May Influence Recovery from Surgery, Science.
18   The Value of Trees to a Community, *Arbor Day Foundation*.
19   D. Burden, 22 Benefits of Urban Street Trees.
20   H. Frumkin; L. Frank; R. Jackson, *Urban Sprawl and Public Health*, p. 119.
21   E. Dumbaugh, Safe Streets, Livable Streets, Journal of the American Planning Association, p. 285-290.
22   D. Burden, op. cit.
23   US Department of Agriculture, Forest Service Pamphlet #FS-363.
24   D. Burden, op. cit.
25   H.F. Arnold, *Trees in Urban Design*, p. 149.
26   Z.G. Davies et al., Mapping an Urban Ecosystem Service, Journal of Applied Ecology.
27   D. Whitman, The Sickening Sewer Crisis in America.
28   G. Peterson, Pharmaceuticals in Our Water Supply Are Causing Bizarre Mutations to Wildlife.
29   Rainfall Interception of Trees, in Benefits of Trees in Urban Areas, *Colorado Tree Coalition*.
30   D. Burden, op. cit.
31   K. Coder, Identified Benefits of Community Trees and Forests.
32   C. Duhigg, Saving US Water and Sewer Systems Would Be Costly, The New York Times.
33   D. Whitman, op. cit.
34   Numa recente visita a Kentlands— uma nova comunidade em Gaithersburg, Maryland, projetada pela DPZ em 1989 –, fiquei entusiasmado por descobrir que as árvores que plantamos há vinte anos já vinham formando uma cobertura sobre muitas das ruas.
35   T.J. Campanella, op. cit., p. 89.
36   Ibidem, p. 75-77.
37   A.S. Twyman, Greening Up Fertilizes Home Prices, Study Says, The Philadelphia Inquirer.
38   G. Donovan; D. Butry, Trees in the City, Landscape and Urban Planning.
39   Ibidem.
40   D. Burden, op. cit. Em outro estudo feito em seis cidades pela Universidade de Washington, os consumidores pesquisados avaliaram os produtos como tendo 30% maior qualidade quando adquiridos em ruas com boa cobertura arbórea. Ver K. Coder, op. cit.
41   Para auxiliar nesse esforço, o serviço florestal do Departamento de Agricultura dos Estados Unidos criou um pacote de *software* chamado i-Tree Streets, que pode ser baixado em <www.itreetools.org/streets/index.php>.
42   J. Gehl, op. cit., p. 180.
43   Ver <milliontreesnyc.org>.
44   A propósito, tínhamos outro termo para palmeiras em Miami: mísseis de furacão.
45   Vale a pena mencionar um meio termo: nas mãos de um profissional realmente hábil, as ruas podem ser plantadas com duas ou três espécies quase idênticas, mas com uma base genética diferente.

A CAMINHADA INTERESSANTE

*   Uma das maiores cadeias de drogarias dos Estados Unidos (N. da T.).
1   A maior parte das estruturas para estacionamento, com pisos perimetrais em rampa, nunca poderão ter outro uso que não seja estacionamento. Em vez disso, quando as rampas são colocadas no centro da edificação, elas podem ser removidas para criar um átrio de luz circundado pelos pisos planos, os quais podem ser transformados em escritórios ou moradias. As garagens servidas de rampas laterais em espiral, embora um pouco mais caras, são ainda mais facilmente convertidas em outros usos.
2   J. Gehl, *Cidades Para Pessoas*, p. 88.
3   Ibidem, 137.
4   Ibidem, p. 77.
5   Ibidem, p. 151.
6   A. Duany; E. Plater-Zyberk; J. Speck, *Suburban Nation*, p. 175-178.
7   O SmartCode pode ser baixado do Centro de Estudos Avançados de Transect – CATS no endereço <www.transect.org/codes.html>. [N. da T.: O *Transect* é um corte na escala regional e geográfica usado para orientar a disposição e tipos de ocupação da paisagem, inclusive urbana.]
*   Aaron Copland (1900-1990), um dos mais conhecidos pianistas e compositores norte-americanos do século XX, como autor de trilhas de filmes e balés ficou famoso por obras musicais que refletem vários aspectos da vida e história dos Estados Unidos, como *Appalachian Spring*, *Lincoln Portrait* e *Fanfare* (N. da T.).
8   C. Turner, What Makes a Building Ugly?, *Mother Nature Network*.
9   J. Fallows, Fifty-Nine and a Half Minutes of Brilliance, Thirty Seconds of Hauteur, The Atlantic.

10 E. Kent, Guggenheim Museum Bilbao, *Project for Public Spaces Hall of Shame*.
11 Os urbanistas que trabalharam com Gehry para desvincular, tão completamente, o museu de seu entorno também têm culpa.
12 L. Krier, The Architecture of Community, p. 70.
13 J. Jacobs, *The Death and Life of Great American Cities*, p. 129. Ela acrescenta: "Nenhuma praga urbana chega perto de ser tão devastadora quanto a Grande Praga da Monotonia", p. 234; e "em arquitetura, como na literatura e no teatro, é a riqueza da variação humana que dá vitalidade e cor ao cenário humano", p. 229.
14 Koolhaas, presença influente e dono de belos textos, hipnotizou até agora duas gerações de estudantes de arquitetura com seu dogma convincente. Em seu ensaio "O Que Aconteceu Com o Urbanismo", ele assim resume sua proposta mais ampla: "O aparente fracasso do urbano oferece uma excepcional oportunidade, um pretexto para uma frivolidade nietzschiana. Temos que imaginar 1001 outros conceitos de cidade; temos que assumir riscos insanos; temos que ousar ser totalmente acríticos; temos que engolir profundamente e perdoar a torto e a direito. A certeza do fracasso tem que ser nosso gás do riso; a modernização, nossa droga mais potente. Desde que não somos responsáveis, temos que nos tornar irresponsáveis", ver R. Koolhaas, H. Werlemann, B. Mau, *S, M, L, XL*, p. 959-971. Com certeza, essa citação é algo para se guardar na memória antes de dar a ele a chave de sua cidade.
15 Ficamos com o segundo lugar, depois do único arquiteto romano do grupo, resultado que sentimos como uma vitória, tendo em vista a política local. A proposta vencedora, um megaedifício que desafiava a gravidade, ainda não foi construído. (Dos arquitetos convidados, Moneo e Koolhaas decidiram não apresentar propostas.)
* Referência ao livro *Sybil*, de Flora Rheta Schreiber, publicado em 1973, sobre o mais famoso caso já registrado de personalidade múltipla (N. da T.).
16 J. Jacobs, op. cit., p. 291.
17 Provavelmente, o exemplo mais conhecido de tal abordagem é o Battery Park em Manhattan, que foi desenvolvido e permanece de propriedade de uma corporação de benefício público. Como descrito por Witold Rybczynski, "foi projetado para crescer aos poucos, edifício por edifício, com projetos individuais financiados e construídos por diferentes empreendedores, em resposta às demandas de um mercado em modificação, mas seguindo as diretrizes arquitetônicas do plano diretor", W. Rybczynski, *Makeshift Metropolis*, p. 151.
* Referência ao livro de 1973 *Small is Beautiful* (O Negócio É Ser Pequeno), considerado um dos cem livros mais influentes desde a Segunda Guerra. Seu autor, o economista e pensador alemão Ernst Friedrich Schumacher, questionava os objetivos da economia ocidental que desconsiderava preocupações sociais e ambientais e, portanto, não era sustentável em longo prazo (N. da T.).
18 D. Owen, *Green Metropolis*, p. 178.
19 Ibidem, p. 181.
20 J. Jacobs, op. cit., p. 91.
21 Ibidem, p. 91n.
22 Os jardins de chuva permitem, em certos climas, que as ruas tenham uma drenagem natural e representam alternativa valiosa para os convencionais sistemas de águas pluviais. Podem ser construídos de várias maneiras de modo a não aumentar o espaço da rua ou impedir o acesso de pedestres.
23 Esta citação é parafraseada do vencedor de um concurso do ano 2000 para refazer o local do Aeroporto Fornebu em Oslo. (Também perdemos esse concurso.)
24 A. Duany; E. Plater-Zyberk; Jeff Speck, op. cit., p. 162. Como tantas outras, a frase foi cunhada por Andres; no campo de batalha, triagem significa diminuir o cuidado com aqueles pacientes com maior probabilidade tanto de viver como de morrer e concentrar recursos naqueles cujo destino poderia ser alterado.
25 A. Duany; E. Plater-Zyberk; J. Speck, op. cit., p. 166.
26 B. Kamin, Ohio Cap at Forefront of Urban Design Trend, The Chicago Tribune.
27 A. Duany; J. Speck, Thoroughfare Network, *The Smart Growth Manual*, seção "Urban Triage".
28 R. Reilly, Life of Reilly: Mile-High Madness.

Agradecimentos

Este é o primeiro livro sobre urbanismo que escrevi sem Andres Duany ou Elizabeth Plater-Zyberk, mas não se enganem: não teria sido possível, ou pelo menos algo de bom, sem eles. Não só as ideias deles compõem uma porcentagem significativa deste livro, mas também a estratégia de organizá-las em uma implacável estrutura instrumental que, espero, esteja ao nível deles.

Quando terminei o volume, enviei-o a Andres, para que apontasse algumas de suas ideias às quais eu não teria dado o devido crédito. Ele recusou-se a esta tarefa, o que mostra dois traços dominantes de sua personalidade: uma violenta alergia à perda de tempo e uma generosidade intelectual de proporções verdadeiramente históricas. Por isso, se o leitor ler algo de que goste, há uma grande chance de ter vindo de Andres – não que ele quisesse os créditos.

Quando, em 1988, pela primeira vez ouvi uma palestra dele, tive uma reação muito específica: – "Oh, meu Deus, isso tem que virar livro". O resultado foi *Suburban Nation*. Mais de vinte anos depois, tive a sorte de ver esse cenário por outro viés, quando após minha palestra para a "CEOS for Cities" (Executivos para cidades), Carol Coletta me agradece com as mesmas palavras. Diferentemente de minha sugestão para Andres, Carol não estava se oferecendo para escrever o livro por mim; aquele ainda seria meu trabalho. Mas sem ela, este livro não teria sido escrito. Além de seu estímulo, sou grato a ela e à sua entidade por garantirem uma subvenção para que eu tivesse tempo para escrever. O auxílio veio do Fundo para o Meio Ambiente e a Vida Urbana (Fund for the Environment and Urban Life), cujo fundador, Richard Oram, cometeu o erro de me perguntar:

"Há algo interessante por aí que mereça ser subvencionado?" Espero que ele me perdoe pela resposta tão egoísta.

Com a promessa do apoio, criei uma proposta para minha agente, a brilhantemente cética Neeti Madan, cuja exigência foi para que eu reescrevesse o texto por três vezes e, quando eu estava a ponto de desistir, ela vendeu o livro para Farrar, Straus and Giroux, a editora de *Suburban Nation*. Dada nossa experiência positiva ao criar o livro, não fiquei surpreso em saber qual editor tinha sido designado para mim, nada menos que Sean McDonald que, além de notadamente espertíssimo em relação a livros, provavelmente, é a única pessoa na Terra que se preocupa mais com urbanismo do que eu. E também tem tolerância zero com excesso de informação; então, se o leitor achar algo chato nesse livro, é porque ignorei alguns de seus cortes. E, se achar que gostaria de um livro mais longo, por favor, ligue e torne a ligar para ele.

Quatro outros editores, todos da família Speck, voluntariamente contribuíram e muito para este esforço. Meu pai Mort garantiu a direção executiva. Minha mãe Gayle e o irmão Scott, ensaístas de primeira categoria, se debruçaram sobre cada sentença, melhorando muitas delas. E a esposa Alice serviu como caixa de ressonância diária, sem mencionar fonte de inspiração. Conseguiu ainda me dar espaço para escrever, milagrosamente, controlando duas crianças pequenas em um país que não é à prova de crianças.

Este país é a Itália, onde fui generosamente recebido por organizações que me deram imenso apoio: a Academia Americana de Roma e a Fundação Bogliasco do Centro de Estudos da Ligúria. Sou pessoalmente grato a Adele Chatfield-Taylor e à família Harrison pelo seu entusiástico estímulo e também por desconsiderar os estragos do meu bebê.

Tenho dezenas de pessoas a quem agradecer pelas informações e histórias que compõem este livro. Como os textos e notas sugerem, alguns capítulos dependem basicamente dos líderes do pensamento em suas áreas, a saber: economia: Chris Leinberger e Joe Cortright; saúde: Richard Jackson, Howie Frumkin e Lawrence Frank; estacionamento: Donald Shoup; transporte: Yonah Freemark; segurança: Dan Burden; ciclismo: Jeff Mapes e Robert Hurst; e triagem urbana: Andres Duany.

Embora a lista não esteja, de forma alguma, completa, também recebi importante ajuda de Adam Baacke, Kaid Benfield, Scott Bernstein, Ron

Bogle, Tom Brennan, Amanda Burden, Norman Garrick, Robert Gibbs, Alex Gorlin, Vince Graham, Charlie Hales, Blake Kreuger, Bill Lennertz, Matt Lerner, Todd Litman, Mike Lydon, Michael Mehaffy, Charles Marohn, Paul Moore, Wes Marshall, Eileen McNeil, Darrin Nordahl, Brian O'Looney, Eva Otto, David Owen, Jay Primus, Shannon Ramsay, Ginny Seyferth, Christian Sottile, Boo Thomas, Brent Toderian, John Torti, Harriet Tregoning e Sam Zimbabwe.

Finalmente, alguns prefeitos me ajudaram a compreender a necessidade deste livro, as questões a serem abordadas e as exigências que suas recomendações fossem factíveis e baseadas na realidade. Alguns deles são: Steve Bellone (Babylon, Nova York), Jim Brainard (Carmel, Indiana), John Callahan (Bethlehem, Pensilvânia), Mick Cornett (Cidade de Oklahoma), Frank Cownie (Des Moines, Iowa), Manny Diaz (Miami), A.C. Wharton (Memphis) e o incomparável Joe Riley (Charleston, Carolina do Sul), que demonstrou, ao longo de dez mandatos consecutivos, que o desenho da cidade importa mais do que a maioria de nós imagina.

Bibliografia

LIVROS

ALEXANDER, Christopher. *A Pattern Language*. New York: Oxford University Press, 1977.
ARNOLD, Henry F. *Trees in Urban Design*. 2. ed. New York: John Wiley, 1992.
BRAND, Stewart. *Whole Earth Discipline: Why Denser Cities, Nuclear Power, Transgenic Crops, Restored Wetlands and Geoengineering Are Necessary*. New York: Penguin, 2009.
BUETTNER, Dan. *The Blue Zones: Lessons for Living Longer from the People Who've Lived the Longest*. Washington: National Geographic, 2008.
_____. *Thrive: Finding Happiness the Blue Zones Way*. Washington: National Geographic, 2010.
BYRNE, David. *Bicycle Diaries*. New York: Viking, 2009.
CAMPANELLA, Thomas J. *Republic of Shade: New England and the American Elm*. New Haven: Yale University Press, 2003.
DESIGNING Walkable Urban Thoroughfares: A Context-Sensitive Approach: An ITE Recommended Practice. Institute of Transportation Engineers and Congress for the New Urbanism, Washington, 2010.
DUANY, Andres; PLATER-ZYBERK, Elizabeth; SPECK, Jeff. *Suburban Nation: The Rise of Sprawl and the Decline of the American Dream*. New York: North Point Press, 2000.
DUANY, Andres; SPECK, Jeff. *The Smart Growth Manual*. New York: McGraw-Hill, 2010.
FORESTER, John. *Bicycle Transportation*. 2. ed. Cambridge: MIT Press, 1994.
FRUMKIN, Howard; FRANK, Lawrence; JACKSON, Richard. *Urban Sprawl and Public Health: Designing, Planning, and Building for Healthy Communities*. Washington: Island Press, 2004.
GEHL, Jan. *Cidades para Pessoas*. 2. ed. São Paulo: Perspectiva, 2013 (trad. de *Cities for People*. Washington: Island, 2010).
HART, Stanley I.; SPIVAK, Alvin L. *The Elephant in the Bedroom: Automobile Dependence and Denial: Impacts on the Economy and Environment*. Pasadena: New Paradigm, 1993.

HIGHAM, Charles. *Trading with the Enemy: An Exposé of the Nazi-American Money Plot, 1933-1949*. New York: Delacorte Press, 1983.
HURST, Robert. *The Cyclist's Manifesto: The Case for Riding on Two Wheels Instead of Four*. Helena: Globe Pequot Press, 2009.
ILLICH, Ivan. [1973]. *Toward a History of Needs*. New York: Pantheon, 1977.
JACOBS, Alan. *The Boulevard Book*. Cambridge: MIT Press, 2002.
_____. *Great Streets*. Cambridge: MIT Press, 1993.
JACOBS, Jane. *Dark Age Ahead*. New York: Random House, 2004.
_____. *The Death and Life of Great American Cities*. New York: Vintage, 1961.
KOOLHAAS, Rem; WERLEMANN, Hans; MAU, Bruce. *S, M, L, XL*. New York: Monacelli, 1994.
KRIER, Léon. *The Architecture of Community*. Washington: Island, 2009.
LEINBERGER, Christopher B. *The Option of Urbanism: Investing in a New American Dream*. Washington: Island, 2009.
LÉVY, Bernard-Henri. *American Vertigo: On the Road from Newport to Guantanamo*. London: Gibson Square, 2006.
LUTZ, Catherine; LUTZ FERNANDEZ, Anne. *Carjacked: The Culture of the Automobile and Its Effect on Our Lives*. New York: Palgrave Macmillan, 2010.
MAPES, Jeff. *Pedaling Revolution: How Cyclists Are Changing American Cities*. Corvallis: Oregon State University Press, 2009.
NEWMAN, Peter; BEATLEY, Timothy; BOYER, Heather. *Resilient Cities: Responding to Peak Oil and Climate Change*. Washington: Island, 2009.
NORDAHL, Darrin. *My Kind of Transit: Rethinking Public Transportation in America*. Chicago: The Center for American Places, 2008.
OWEN, David. *Green Metropolis: Why Living Smaller, Living Closer, and Driving Less Are the Keys to Sustainability*. New York: Penguin, 2009.
RYBCZYNSKI, Witold. *City Life: Urban Expectations in a New World*. New York: Scribner, 1995.
_____. *Makeshift Metropolis: Ideas About Cities*. New York: Scribner, 2010.
SEILER, Cotton. *Republic of Drivers: A Cultural History of Automobility in America*. Chicago: University of Chicago Press, 2008.
SHOUP, Donald. *The High Cost of Free Parking*. Chicago: Planners, 2004.
SIEGEL, Charles. *Unplanning: Livable Cities and Political Choices*. Berkeley: The Preservation Institute, 2010.
TAMMINEN, Terry. *Lives per Gallon: The True Cost of Our Oil Addiction*. Washington: Island, 2006.
VANDERBILT, Tom. *Traffic: Why We Drive the Way We Do (and What It Says About Us)*. New York: Knopf, 2008.
WASIK, John F. *The Cul-de-Sac Syndrome: Turning Around the Unsustainable American Dream*. New York: Bloomberg, 2009.
WHYTE, William. *City: Rediscovering the Center*. New York: Doubleday, 1988.

ARTIGOS E RELATÓRIOS

AAA. *Your Driving Costs*, 2010. <aaa.com>.

AMERICAN Lung Association. *State of the Air 2011 City Rankings*. Disponível em: < www.stateoftheair.org/2011/city-rankings>.

AMERICAN Public Transportation Association. *Transit Ridership Report, 1st Quarter 2011*. Washigton DC.

AMERICA'S Top-50 Bike Friendly Cities. *Bicycling*. Disponível em: <www.bicycling.com >.

ASTHMA and Allergy Foundation of America. *Cost of Asthma*. Disponível em: <www.aafa.org>.

BELDEN, Russonello & Stewart Research and Communications. 2004 *National Community Preference Survey*, Nov. 2004.

____. What Americans Are Looking for When Deciding Where to Live. *2011 Community Preference Survey*, Mar. 2011.

BENFIELD, Kaid. *EPA Region 7: We Were Just Kidding About That Sustainability Stuff*. Apr. 18, 2011. Disponível em: <www.sustainablecitiescollective.com>.

BERNSTEIN, Andrea. *NYC Biking Is Up 14% from 2010: Overall Support Rises*. July 28, 2011. Disponível em: <www.transportationnation.org >.

BERREBY, David. Engineering Terror. *The New York Times*, Sept. 10, 2010.

BETZ, Eric. The First Nationwide Count of Parking Spaces Demonstrates Their Environmental Cost. *The Knoxville News Sentinel*, Dec. 1, 2010.

BRANYAN, George. What Is an LPI? A Head Start for Pedestrians. December 1, 2010. Disponível em: <www.ddotdish.com >.

BROOKS, David. The Splendor of Cities: Review of *Triumph of the City* by Edward L. Glaeser (New York: Penguin, 2011). *The New York Times*, Feb. 7, 2011.

BRUNICK, Nicholas. The Impact of Inclusionary Zoning on Development. *Report of Business and Professional People for the Public Interest*, 2004. Disponível em: <www.bpichicago.org >.

BUISO, Gary. Marty's Lane Pain Is Fodder for His Christmas Card. *The Brooklyn Paper*, Dec. 12, 2010.

____. Safety First! Prospect Park West Bike Lane Working. *The Brooklyn Paper*, Jan. 20, 2011.

BURDEN, Dan. 22 *Benefits of Urban Street Trees*. Disponível em: <www.ufei.org/files/pubs/22benefitsofurbanstreettrees.pdf >, May 2006.

BURDEN, Dan; LAGERWEY, Peter. Road Diets: Fixing the Big Roads. *Walkable Communities Inc.*, 1999. Disponível em: <www.walkable.org/assets/downloads/roaddiets.pdf>.

BURKE, Mia. *Joyride: Pedaling Toward a Healthier Planet*. Feb. 28, 2011. Disponível em: <www.planetizen.com>.

CALL FOR Narrower Streets Rejected by Fire Code Officials. *Better Cities and Towns*. Dec. 1, 2009. Disponível em: <www.bettercities.net>.

CHEN, Donald. If You Build It, They Will Come... Why We Can't Build Ourselves Out of Congestion. *Surface Transportation Policy Project Progress*, v. 7, n. 2, Mar. 1998.

CHILDREN'S Safety Network. *Promoting Bicycle Safety for Children*, 2, 2011. Disponível em: <www.childrenssafetynetwork.org>.

CLENDANIEL, Morgan. *Zipcar's Impact on How People Use Cars Is Enormous.* July 19, 2011. Disponível em: <www.fastcompany.com>.

CODER, Rim D. *Identified Benefits of Community Trees and Forests.* University of Georgia Study, Oct. 1996. Disponível em: <www.warnell.forestry.uga.edu/service/library/for96-039/for96-039.pdf>.

COLLERAN, Jim. *The Worst Streets in America.* Mar. 21, 2001. Disponível em: <www.planetizen.com>.

CONDON, Patrick. Canadian Cities, American Cities: Our Differences Are the Same. *Smart Growth on the Ground Initiative,* University of British Columbia, Feb. 2004. Disponível em: <www.jtc.sala.ubc.ca/newsroom/patrick___condon___primer.pdf>.

CORTRIGHT, Joe. Driven Apart: Why Sprawl, Not Insufficient Roads, Is the Real Cause of Traffic Congestion. *CEOs for Cities White Paper,* Sept. 29, 2010.

____. Portland's Green Dividend. *CEOs for Cities White Paper,* July 2007.

____. Walking the Walk: How Walkability Raises Home Values in U.S. Cities. *CEOs for Cities White Paper,* Aug. 2009.

CORTRIGHT, Joe; COLETTA, Carol. *The Young and the Restless: How Portland Competes for Talent.* Portland: Impresa, Inc., 2004. Disponível em: <http://globalurban.org/Portland.pdf>.

COX, Wendell. DART's Billion Dollar Boondoggle. *Dallas Business Journal,* June 16, 2002.

DAVIES, Zoe G. et al. Mapping an Urban Ecosystem Service: Quantifying Above-Ground Carbon Storage at a City-Wide Scale. *Journal of Applied Ecology,* v. 48, 2011.

D.C. Surface Transit. *Value Capture and Tax-Increment Financing Options for Streetcar Construction.* Report commissioned by DC Surface Transit from the Brookings Institution, HDR, Re-Connecting America, and RCLCO, June 2009.

DEBRABANDER, Firmin. What If Green Products Make Us Pollute More? *The Baltimore Sun,* June 2, 2011.

DISTRICT Department of Transportation, Washington DC. *Capital Bikeshare Expansion Planned in the New Year,* Dec. 23, 2010.

DOHERTY, Patrick C.; LEINBERGER, Christopher B. The Next Real Estate Boom. *The Washington Monthly,* Nov./Dec. 2010.

DOIG, Will. Are Freeways Doomed? Dec. 1st, 2011. Disponível em: <www.salon.com>.

DONOVAN, Geoffrey; BUTRY, David. Trees in the City: Valuing Trees in Portland, Oregon. *Landscape and Urban Planning,* v. 94, 2010.

DORNER, Josh. NBC Confirms That "Clean Coal" Is an Oxymoron. *Huffington Post,* Nov. 18, 2008.

DUHIGG, Charles. Saving US Water and Sewer Systems Would Be Costly. *The New York Times,* Mar. 14, 2010.

DUMBAUGH, Eric. Safe Streets, Livable Streets. *Journal of the American Planning Association,* v. 71, n. 3, 2005.

DURANTON, Gilles; TURNER, Matthew. The Fundamental Law of Road Congestion: Evidence from U.S. Cities. *American Economic Review,* v. 101, n. 6, 2011.

DURNING, Alan. The Year of Living Car-lessly. Apr. 28, 2006. Disponível em: <www.daily.sightline.org>.

ECKERSON JR., Clarence. *The Phenomenal Success of Capital Bikeshare.* Aug. 2, 2011. Disponível em: <www.streetfilms.org>.

EHRENHALT, Alan. The Return of the Two-Way Street. *Governing*. Dec. 2009. Disponível em: <www.governing.org>.

EL NASSER, Haya. In Many Neighborhoods, Kids Are Only a Memory. *USA Today*, June 3, 2011.

ERLANGER, Steven; BAUME, Maïa de la. French Ideal of Bicycle-Sharing Meets Reality. *The New York Times*, Oct. 30, 2009.

EVERSLEY, Melanie. Many Cities Changing One-Way Streets Back. *USA Today*, Dec. 20, 2006.

EWING, Reid; CERVERO, Robert. Travel and the Built Environment: A Meta-Analysis. *Journal of the American Planning Association*, v. 76, n. 3, 2010.

EWING, Reid; DUMBAUGH, Eric. The Built Environment and Traffic Safety: A Review of Empirical Evidence. *Journal of Planning Literature*, v. 23, n. 4, 2009.

FALLOWS, James. Fifty-Nine and a Half Minutes of Brilliance, Thirty Seconds of Hauteur. *The Atlantic*, July 3, 2009. Disponível em: <www.theatlantic.com>.

FARMER, Molly. South Jordan Mom Cited for Neglect for Allowing Child to Walk to School. *The Deseret News*, Dec. 15, 2010.

FLORIDA, Richard. The Great Car Reset. *The Atlantic*, Jun. 3, 2010. Disponível em: < http://www.theatlantic.com/national/archive/2010/06/the-great-car-reset/57606/>. Acesso em: 17 mar. 2015.

FORD, Jane. Danger in Exurbia: University of Virginia Study Reveals the Danger of Travel in Virginia. *University of Virginia News*, Apr. 30, 2002.

FRAZIER, Cora. Survey Says. *The New Yorker*, Mar. 19, 2012. Disponível em: <http://www.newyorker.com/magazine/2012/03/19/survey-says>.

FREEMARK, Yonah. *An Extensive New Addition to Dallas' Light Rail Makes It America's Longest*. Dec. 5, 2010. Disponível em: <www.thetransportpolitic.com>.

____. *The Interdependence of Land Use and Transportation*. Feb. 5, 2011. Disponível em: <www.thetransportpolitic.com>.

____. *Transit Mode Share Trends Looking Steady*. Oct. 13, 2010. Disponível em: <www.thetransportpolitic.com>.

FREEMARK, Yonah; REED, Jebediah. *Huh?! Four Cases of How Tearing Down a Highway Can Relieve Traffic Jams (and Save Your City)*. July 6, 2010. Disponível em: <www.infrastructurist.com>.

FREMONT, Calif., City of. *City Council Agenda and Report*, May 3, 2011.

FRIED, Ben. *What Backlash? Q Poll Finds 54 Percent of NYC Voters Support Bike Lanes*. Mar. 18, 2011. Disponível em: <www.streetsblog.org>.

FULTON, Bill. Parking Management That Actually Manages Parking. *Bill Fulton's Blog*. Disponível em: <http://fulton4ventura.blogspot.com.br/2010/09/parking-management-that-actually.html>

GARRETT-PELTIER, Heidi. Estimating the Employment Impacts of Pedestrian, Bicycle, and Road Infrastructure. *Case Study: Baltimore*. Political Economy Research Institute, University of Massachusetts, Amherst, Dec., 2010.

GERSTENANG, James. Cars Make Suburbs Riskier Than Cities, Study Says. *The Los Angeles Times*, Apr. 15, 1996.

GLADWELL, Malcolm. Blowing up. *The New Yorker*, Jan. 22, 1996.

GLAESER, Edward. If You Love Nature, Move to the City. *The Boston Globe*, Feb. 10, 2011.

GOODMAN, Christy. Expanded Bike-Sharing Program to Link D.C., Arlington. *The Washington Post*, May 23, 2010.

GORDON, Rachel. *Parking: S.F. Releases Details on Flexible Pricing.* Apr. 2, 2011. Disponível em: <www.sfgate.com>.

GOTSCHI, Thomas; MILLS, Kevin. *Active Transportation for America: The Case for Increased Federal Investment in Bicycling and Walking.* Oct. 20, 2008. Disponível em: <www.railstotrails.org>.

GROS, Daniel. *Coal vs. Oil: Pure Carbon vs. Hydrocarbon.* Dec. 28, 2007. Disponível em: <www.achangeinthewind.com>.

GROVES, Martha. He Put Parking in Its Place. *The Los Angeles Times*, Oct. 16, 2010.

GRYNBAUM, Michael. Deadliest for Walkers: Male Drivers, Left Turns. *The New York Times*, Aug. 16, 2010.

HADDOCK, Mark. Salt Lake Streets Have Seen Many Changes over Past 150 Years. *Deseret News*, July 13, 2009.

HANSEN, Mark; HUANG, Yuanlin. Road Supply and Traffic in California Urban Areas. *Transportation Research, part A: Policy and Practice*, v. 31, n. 3, 1997.

HELLER, Nathan. The Disconnect. *The New Yorker*, Apr. 16, 2012.

HOLTZCLAW, John. Using Residential Patterns and Transit to Decrease Auto Dependence and Costs. *Natural Resources Defense Council*, 1994. Disponível em: <www.docs.nrdc.org/SmartGrowth/files/sma____09121401a.pdf>.

JACKSON, Richard. *We Are No Longer Creating Wellbeing.* Sept. 12, 2010. Disponível em: <www.dirt.asla.org>.

JAHNE, Mark. *Local Officials Find Fault with Proposed Hartford-New Britain Busway.* Jan. 18, 2010. Disponível em: <www.mywesthartfordlife.com>.

J.D. POWER and Associates. *Press Release*, Oct. 8, 2009.

JOHNSON, Kevin; KEEN, Judy; WELCH, William M. Homicides Fall in Large American Cities. *USA Today*, Dec. 29, 2010.

KAMIN, Blair. Ohio Cap at Forefront of Urban Design Trend. *The Chicago Tribune*, Oct. 27, 2011.

KARUSH, Sarah. Cities Rethink Wisdom of 50s-Era Parking Standards. *USA Today*, Sept. 20, 2008.

KAZIS, Noah. East River Plaza Parking Still Really, Really Empty, New Research Shows. Apr. 20, 2012. Disponível em: <www.streetsblog.org>.

____. *New PPW Results: More New Yorkers Use It, Without Clogging the Street.* Dec. 8, 2010. Disponível em: <www.streetsblog.org>.

____. *NYCHA Chairman: Parking Minimums "Working Against Us".* Oct. 17, 2011. Disponível em: <www.streetsblog.org>.

KEATES, Nancy. A Walker's Guide to Home Buying. *The Wall Street Journal*, July 2, 2010.

KEEN, Judy. *Seattle's Backyard Cottages Make a Dent in Housing Need.* May 26, 2010. Disponível em: <www.usatoday.com>.

KENT, Ethan. Guggenheim Museum Bilbao. *Project for Public Spaces Hall of Shame.* Disponível em: <www.pps.org>.

KLOTZ, Deborah. Air Pollution and Its Effects on Heart Attack Risk. *The Boston Globe*, Feb. 28, 2011.

KOCH, Wendy. Cities Roll Out Bike-Sharing Programs. *USA Today*, May 9, 2011.

KOLBERT, Elizabeth. XXXL: Why Are We So Fat? *The New Yorker*, July 20, 2009.

KOLOZSVARI, Douglas; SHOUP, Donald. Turning Small Change into Big Changes. *Access*, n. 23, 2003. Disponível em: <www.shoup.bol.ucla.edu/SmallChange.pdf>.

KOOSHIAN, Chuck; WINKELMAN, Steve. Growing Wealthier. *Smart Growth, Climate Change and Prosperity*. Washington DC: Center for Clean Air Policy, Jan. 2011.

KRUSE, Jill. Remove It and They Will Disappear: Why Building New Roads Isn't Always the Answer. *Surface Transportation Policy Project Progress*, v. 7, n. 2, Mar. 1998.

KUANG, Cliff. Infographic of the Day: How Bikes Can Solve Our Biggest Problems. Co.Design, 2011. Disponível em: <www.fastcodesign.com/1665634/infographic-of-the-day-how-bikes-can-solve-our-biggest-problems>.

LANGDON, Philip. Parking: A Poison Posing as a Cure. *New Urban News*, Apr./May 2005.

____. Young People Learning They Don't Need to Own a Car. *New Urban News*, Dec. 2009.

LEHRER, Jonah. A Physicist Solves the City. *The New York Times Magazine*, Dec. 17, 2010.

LEINBERGER, Christopher B. Now Coveted: A Walkable, Convenient Place. *The New York Times*, May 25, 2012.

____. Federal Restructuring of Fannie and Freddie Ignores Underlying Cause of Crisis. *Urban Land*, Feb. 1st, 2011.

____. Here Comes the Neighborhood. *The Atlantic Monthly*, June 2010.

____. The Next Slum. *Atlantic Monthly*, Mar. 2008.

LEVEY, Bob; FREUNDEL-LEVEY, Jane. End of the Roads. *The Washington Post*, Nov. 26, 2000.

LIPMAN, Barbara J. *A Heavy Load: The Combined Housing and Transportation Costs of Working Families*. Washigton DC: Center for Housing Policy, Oct. 2006.

LITMAN, Todd. Economic Value of Walkability. *Victoria Transport Policy Institute*, May 21, 2010.

____. Rail in America: A Comprehensive Evaluation of Benefits. *Victoria Transport Policy Institute*, Dec. 7, 2010.

____. Raise My Taxes, Please! Evaluating House hold Savings from High-Quality Public Transit Service. *Victoria Transport Policy Institute*, Feb. 26, 2010.

____. Smart Congestion Reductions: Reevaluating the Role of Highway Expansion for Improving Urban Transportation. *Victoria Transport Policy Institute*, Feb. 2, 2010.

____. Terrorism, Transit, and Public Safety: Evaluating the Risks. *Victoria Transport Policy Institute*, Dec. 2, 2005.

____. Whose Roads? Defining Bicyclists' and Pedestrians' Right to Use Public Roadways. *Victoria Transport Policy Institute*, Nov. 30, 2004.

LORD, Hayes A. Cycle Tracks: Concept and Design Practices: The New York City Experience. *New York City Department of Transportation*, Feb. 17, 2010.

LSC Transportation Consultants in association with the URS Corporation. *San Miguel County Local Transit and Human Service Transportation Plan*. Colorado Springs, 2008.

LYALL, Sarah. A Path to Road Safety with No Signposts. *The New York Times*, Jan. 22, 2005.

MAROHN, Charles. Confessions of a Recovering Engineer. *Strong Towns*, Nov. 22, 2010. Disponível em: <www.strongtowns.org/journal/2010/11/22/confessions-of-a-recovering-engineer.html>.

MARSH, Bill. Kilowatts vs. Gallons. *The New York Times*, May 28, 2011.

MARSHALL, Wesley; GARRICK, Norman. Street Network Types and Road Safety: A Study of 24 California Cities. *Urban Design International*, Aug. 2009.

MAYER, Jane. The Secret Sharer. *The New Yorker*, May 23, 2011.

MCNICHOL, Tom. Roads Gone Wild. *Wired*, Dec. 12, 2004.

MEHAFFY, Michael. *The Urban Dimensions of Climate Change*. Nov. 30, 2009. Disponível em: <www.planetizen.com.>.

MERCER. 2010 *Quality of Living Worldwide City Rankings*. Disponível em: <www.mercer.com>.

MEYER, Jeremy P. *Denver to Eliminate Diagonal Crossings at Intersections*. Apr. 6, 2011. Disponível em: <www.denverpost.com>.

MILLER, Jon R.; ROBISON, M. Henry; LAHR, Michael L. Estimating Important Transportation- Related Regional Economic Relationships in Bexar County, Texas. VIA Metropolitan Transit, 1999. Disponível em: <www.vtpi.org/modeshift.pdf>.

MONROE, Doug. Taking Back the Streets. *Atlanta Magazine*, Feb. 2003.

____. The Stress Factor. *Atlanta Magazine*, Feb. 2003.

MORELLO, Carol; KEATING, Dan; HENDRIX, Steve. Census: Young Adults Are Responsible for Most of D.C.'s Growth in Past Decade. *The Washington Post*, May 5, 2011.

NAIRN, Daniel. *New Census Numbers Confirm the Resurgence of Cities*. Dec. 15, 2010. Disponível em: <www.discoveringurbanism.blogspot.com>.

NCHRP Report 500, Volume 10: A Guide for Reducing Collisions Involving Pedestrians. NCHRP, 2004.

NEFF, Jack. Is Digital Revolution Driving Decline in U.S. Car Culture? *Advertising Age*, May 31 2010.

NEWCOMB, Tim. Need Extra Income? Put a Cottage in Your Backyard. *Time*, May 28, 2011. Disponível em: <www.time.com>.

NEWTON, Damien. *Only in LA: DOT Wants to Remove Crosswalks to Protect Pedestrians*. Jan. 23, 2009. Disponível em: <www.la.streetsblog.org>.

NEW Urban Network. Study: Transit Outperforms Green Buildings. *Better Cities and Towns*. Disponível em: <http://bettercities.net/article/study-transit-outperforms-green-buildings-14203>.

NOLAND, Robert. Traffic Fatalities and Injuries: The Effect of Changes in Infrastructure and Other Trends. Center for Transport Studies, London, 2002.

NOONAN, Erica. A Matter of Size. *The Boston Globe*, Mar. 7, 2010.

OFF with Their Heads: Rid Downtown of Parking Meters. *Quad City Times Editorial*, Aug. 8, 2010.

PEIRCE, Neal. *Biking and Walking: Our Secret Weapon?* July 16, 2009. Disponível em: <www.citiwire.net>.

____. Cities as Global Stars: Review of *Triumph of the City* by Edward Glaeser. Feb. 18, 2011. Disponível em: <www.citiwire.net>.

PETERSON, Greg. *Pharmaceuticals in Our Water Supply Are Causing Bizarre Mutations to Wildlife*. Aug. 9, 2007. Disponível em: <www.alternet.com>.

PUCHER, John; BUEHLER, Ralph. Cycling for Few or for Everyone: The Importance of Social Justice in Cycling Policy. *World Transport Policy and Practice*, v. 15, n. 1, 2009.

____. Why Canadians Cycle More Than Americans: A Comparative Analysis of Bicycling Trends and Policies. Institute of Transport and Logistics Studies, University of Sydney, Newtown, NSW, Australia. *Transport Policy*, v. 13, 2006.

PUCHER, John; DIJKSTRA, Lewis. Making Walking and Cycling Safer: Lessons from Europe. *Transportation Quarterly*, v. 54, n. 3, 2000.

RAINFALL Interception of Trees, in Benefits of Trees in Urban Areas. *Colorado Tree Coalition*. Disponível em: <www.coloradotrees.org>.

RAO, Kamala. Seoul Tears Down an Urban Highway, and the City Can Breathe Again. *Grist*, Nov. 4, 2011.

RECENT Lessons from the Stimulus: Transportation Funding and Job Creation. *Smart Growth America report*, Feb. 2011.

REILLY, Rick. *Life of Reilly: Mile-High Madness*. October 23, 2007. Disponível em: <www.si.com>.

REMOVING Freeways: Restoring Cities. Disponível em: <www.preservenet.com>.

RESEARCH: Trees Make Streets Safer, Not Deadlier. *New Urban News*, Sep. 1st., 2006. Disponível em: < www.bettercities.net>

REYNOLDS, Gretchen. What's the Single Best Exercise? *The New York Times Magazine*, Apr. 17, 2011.

ROGERS, Shannon H.; HALSTEAD, John M.; GARDNER, Kevin H.; CARLSON, Cynthia H. Examining Walkability and Social Capital as Indicators of Quality of Life at the Municipal and Neighborhood Scales. *Applied Research in the Quality of Life*, v. 6, n. 2, 2010.

SACK, Kevin. Governor Proposes Remedy for Atlanta Sprawl. *The New York Times*, Jan. 26, 1999.

SALTA, Alex. *Chicago Sells Rights to City Parking Meters for $1.2 Billion*. December 24, 2008. Disponível em: <www.ohmygov.com>.

SALZMAN, Randy. Build More Highways, Get More Traffic. *The Daily Progress*, Dec. 19, 2010.

SCHWARTZMAN, Paul. At Columbia Heights Mall, So Much Parking, So Little Need. *The Washington Post*, Oct. 8, 2009.

SHORTO, Russell. The Dutch Way: Bicycles and Fresh Bread. *The New York Times*, July 30, 2011.

SMILEY, Brett. Number of New Yorkers Commuting on Bikes Continues to Rise. *New York*, Dec. 8, 2011. With link to New York City Department of Transportation press release.

SMITH, Rick. Cedar Rapids Phasing Out Back-In Angle Parking. *The Gazette*, June 9, 2011.

SNYDER, Tanya. *Actually, Highway Builders, Roads Don't Pay for Themselves*. Jan. 4, 2011. Disponível em: <www.dc.streetsblog.org>.

SOTTILE, Christian. One-Way Streets: Urban Impact Analysis. Autorizado pela Cidade de Savannah, não publicado.

SPECK, Jeff. *Our Ailing Communities: Q&A: Richard Jackson*. Oct. 11, 2006. Disponível em: <www.metropolismag.com>.

STATUS of North American Light Rail Projects. 2002. Disponível em: <www.lightrailnow.org>.

STUTZER, Alois; FREY, Bruno S. Stress That Doesn't Pay: The Commuting Paradox. Institute for Empirical Work in Economics, University of Zurich, Switzerland. Disponível em: <https://ideas.repec.org/p/zur/iewwpx/151.html>.
SUMMERS, Nick. Where the Neon Lights Are Bright: and Drivers Are No Longer Welcome. *Newsweek*, Feb. 27, 2009.
SWARTZ, Jon. San Francisco's Charm Lures High-Tech Workers. *USA Today*, Dec. 6, 2010.
THE SEGMENTATION Company. *Attracting College-Educated, Young Adults to Cities*. Prepared for CEOs for Cities, May 8, 2006.
TRANSPORTATION for America. Dangerous by Design 2011. Undated.
TROIANOVSKI, Anton. Downtowns Get a Fresh Lease. *The Wall Street Journal*, Dec. 13, 2010.
TURNER, Chris. The Best Tool for Fixing City Traffic Problems? A Wrecking Ball. *Mother Nature Network*, Apr. 15, 2011. Disponível em: <www.mnn.com>.
_____. What Makes a Building Ugly? *Mother Nature Network*, Aug. 5, 2011. Disponível em: <www.mnn.com>.
TEXAS TRANSPORTATION Institute, 2010 *URBAN Mobility Report*. , Texas A&M University, 2010.
TWYMAN, Anthony S. Greening Up Fertilizes Home Prices, Study Says. *The Philadelphia Inquirer*, Jan. 10, 2005.
ULRICH, R.S., et al. View Through a Window May Influence Recovery from Surgery. *Science*, v. 224, Apr. 27, 1984.
US DEPARTMENT of Agriculture. Benefits of Trees in Urban Areas. Forest Service Pamphlet, #FS-363.
US ENVIRONMENTAL Protection Agency. *Location Efficiency and Housing Type: Boiling It Down to BTUs*. USEPA Report prepared by Jonathan Rose Associates, Mar. 2011.
US GOVERNMENT Accounting Office. *Bus Rapid Transit Shows Promise*. Sep. 2001.
THE VALUE of Trees to a Community. *Arbor Day Foundation*. Disponível em: <www.arborday.org/trees/benefits.cfm>.
VAN GLESON, John. Light Rail Adds Transportation Choices on Common Ground. *National Association of Realtors*, 2009.
VLAHOS, James. Is Sitting a Lethal Activity? *The New York Times Magazine*, Apr. 14, 2011.
WALLJASPER, Jay. *Cycling to Success: Lessons from the Dutch*. Sept. 23, 2010. Disponível em: <www.citiwire.net>.
_____. *The Surprising Rise of Minneapolis as a Top Bike Town*. Oct. 22, 2011. Disponível em: <www.citiwire.net>.
WASHINGTON DC: Economic Partnership. 2008 *Neighborhood Profiles-Columbia Heights*.
WHITMAN, David. The Sickening Sewer Crisis in America. Disponível em: <www.aquarain.com >.
WIECKOWSKI, Ania. The Unintended Consequences of Cul-de-Sacs. *Harvard Business Review*, May 2010.
YARDLEY, William. Seattle Mayor Is Trailing in the Early Primary Count. *The New York Times*, Aug. 19, 2009.
YEN, Hope. Suburbs Lose Young Whites to Cities: Younger, Educated Whites Moving to Urban Areas for Homes, Jobs. *Associated Press*, May 9, 2010.

RÁDIO, TV E APRESENTAÇÕES

A *Convenient Remedy*. Vídeo para o Congresso Para o Novo Urbanismo.
AUBREY, Allison. Switching Gears: More Commuters Bike to Work. *NPR Morning Edition*, Nov. 29, 2010.
BARNETT, David C. A Comeback for Downtown Cleveland. *NPR Morning Edition*, June 11, 2011.
EQUILIBRIUM Capital. *Streetcars' Economic Impact in the United States*. Apresentação em powerpoint, May 26, 2010.
GABRIEL, Ron. 3-Way Street by Ronconcocacola. *Vimeo*.
WebMD. *10 Worst Cities for Asthma*. Slideshow. Disponível em: <http://www.webmd.com/asthma/ss/slideshow-10-worst-cities-for-asthma>.

PALESTRAS E CONFERÊNCIAS

BROOKS, David. Palestra. Aspen Institute, 18 março, 2011.
FRANK, Lawrence. Conferência ao 18º Congresso Para o Novo Urbanismo, Atlanta, Georgia, 20 maio 2010.
GLADWELL, Malcolm. Considerações. Downtown Partnership na Reunião Anual de Baltimore, 17 nov. 2010.
HALES, Charles. Apresentação na Rail-Volution, 18 out. 2011.
LIVINGSTONE, Ken. Comentário do Vencedor Pelo Prefeito de Londres. *World Technology Winners and Finalists*. World Technology Network, 2004.
PAROLEC, Daniel. Apresentação ao Congresso Para o Novo Urbanismo, 2 jun. 2011.
RONKIN, Michael. *Road Diets*. Apresentação em powerpoint, New Partners for Smart Growth, 10 fev. 2007.
SPECK, Jeff. *Six Things Even New York Can Do Better*. Apresentação pra a Comissão de Planejamento da cidade de Nova York, 4 jan. 2010.

SITES

20's Plenty for Us: <20splentyforus.org.uk>.
American Dream Coalition: <americandreamcoalition.org>.
Better! Cities & Towns: Walkable Streets (fonte de muitas citações): <bettercities.net/walkable-streets>.
Brookings VMT Cities Ranking: <scribd.com/doc/9199883/Brookings-VMT-Cities-Ranking>.
Dallas Area Rapid Transit: <dart.org>.
D. Nozzi, *Dom's Plan B Blog*: <https://domz60.wordpress.com/sprawl/>.
Jane's Walk: <janeswalk.net>.
Kaufman, Kirsten: <bikerealtor.com>.
Lonely Planet pesquisa com os leitores: Top 10 Walking Cities. <lonelyplanet.com/blog/2011/03/07/top-cities-to-walk-around/>.
Million Trees NYC: milliontreesnyc.org .
Qualidade de Vida no Mundo – City Rankings 2010: <mercer.com>.

sfpark: <sfpark.org>
Urban Audit: <urbanaudit.org>.
Walk Score: <walkscore.com>

IMAGENS

Poster, Intelligent Cities Initiative, National Building Museum, Washington DC

Índice Geográfico

AMÉRICA DO NORTE 81
Canadá 65, 80, 81, 108, 172-173
  Colúmbia Britânica:
    Vancouver 50, 64, 65, 108, 191, 192, 196
  Ontário:
    Toronto 20, 62, 132, 197, 199
  Quebec:
    Cidade de Quebec 197
  Território Yukon 172
Estados Unidos
Alabama:
  Birmingham:
    Homewood 154
    Mountain Brook 154
  Mount Laurel 154
Arizona:
  Phoenix 41, 48
  Tucson 183, 239 n.36
Arkansas:
  Little Rock 98, 140, 142
Califórnia 44, 63, 119, 151, 172, 178, 183
Norte da Califórnia:
  Berkeley 108, 164
    South Berkeley 236 n.107
  Carmel-by-the-Sea:
    Ocean Avenue 118
  Davis 178
  Fremont 240 n.36
  Oakland 117
  Palo Alto 115, 128
    Alma Place 117
  São Francisco 13, 15, 19, 34, 37, 40-41, 48, 49, 61, 64, 70, 87, 88, 107, 117, 124-125, 129, 131-133, 150, 172, 185

Avenida South Van Ness 238 n.6
Central Freeway 94
Chinatown 34
Embarcadero Freeway 94, 95, 96
Octavia Boulevard 94
Praça Ghirardelli 194
Rua Dolores 238 n.6
Rua Guerrero 238 n.6
Rua Mission 238 n.6
Valencia Street 238 n.6
Sul da Califórnia 126-127
Anaheim:
  Disneylândia 194
    rua Principal 194
  Bakersfield 228 n.24
  Beverly Hills 119
  Irvine 150
  Long Beach 234 n.27
  Los Angeles 48, 63, 83, 88, 107, 132, 150, 169, 219
    Centro 119
      Disney Hall 214
    Hollywood 108
      Sunset Boulevard 205
    Mulholland Drive 34
    Westwood Village 121, 125-126
  Monterey Park 113
  Palm Springs 205
  Pasadena:
    Old Pasadena 125-127
  Riverside 41
  San Diego 46, 107, 146, 162, 197
  Santa Bárbara 72
  Santa Mônica:
    Third Street Promenade 98
  Ventura 123

West Hollywood 108
Carolina do Norte:
  Chapel Hill 119
  Charlotte 35, 239 n.36
  Greenville 98
Carolina do Sul:
  Charleston 72, 108, 164, 165
    Market Street 209
      Chucktown Tavern 209
    Rua East Bay 208
  Greenville 98, 224
Colorado 45
  Aspen 98, 123, 124, 213
  Boulder 98, 146, 175
  Colorado Springs 48
  Denver 33, 71, 107, 108, 131, 168-169, 172, 224
    LoDo 224-225
      Estrada de Ferro Union 224
      Wynkoop Cervejaria 224
    Rua 16th 98
  Telluride 139
  Telluride Mountain Village 139
Connecticut 231 n.36
  Hartford 145
  New Haven 129
Dakota do Sul 231 n.36
Distrito de Columbia 234 n.30
  Washington 32, 33, 35, 50, 59, 64, 69-70, 72, 82, 88, 114-115, 131-132, 169, 172, 182, 195, 196, 201, 204, 228 n.23-24, 239 n.36
  Columbia Heights:
    DC USA 115
  Georgetown 85, 165
  Rua K 82, 196

Rua U 228 n.23
Florida 205
 Coral Gables 69, 130
 Fort Lauderdale 234 n.21
 Jacksonville 35, 132
 Miami 25, 29, 51, 108, 164, 212
  Coconut Grove 130
  Little Havana 69
   Calle Ocho 239 n.27, 197
 Miami Beach 98, 191
  South Beach 32, 34, 130
   Bairro *art déco* 69
   Espanola Way 161
    Espanola Plaza 161
 Naples:
  5th Avenue South 212
 Orlando 119
  Colonial Drive 199
  Disney World:
   Rua Principal 194
   Edgewater Drive 152
 Palm Beach 205
  Worth Avenue 155
 Pensacola 116
 Rosemary Beach 236 n.73
 Tampa 49, 98, 140, 142
  Ybor City 142
Geórgia 199
 Atlanta 33, 40, 46, 48, 49-50, 62, 88, 102
  Avenida Buford 43
 Savannah 197
  East Broad Street 164
Havaí:
 Honolulu 64, 239 n.36
Illinois:
 Chicago 13, 35, 55, 61, 64, 88, 98, 121, 129, 131, 175, 197, 219, 227 n.1
  Elk Grove Township 227 n.1
  Lake Forest 119
  Loop 129
  Millennium Park 214
  State Street 166
Indiana 230 n.13
 Carmel 234 n.21
 Indianápolis 239 n.36
Iowa:
 Cedar Rapids 230 n.13, 239 n.36
 Davenport 84, 104, 124, 170, 179, 180
 Des Moines 48, 185, 192
Kansas:
 Lenexa 60
Kentucky:
 Louisville 98

Louisiana:
 Baton Rouge 190, 196, 225
 Nova Orleans 72, 83, 197
  Bairro francês 165
Maryland 201
 Baltimore 229 n.43, 98, 131, 147
 Condado de Montgomery 107
 Gaithersburg:
  Kentlands 242 n.34
 Rio Potomac 82, 201
Massachusetts 36, 231 n.39, 234 n.30
 Belmont:
  Belmont Hill 31
 Boston 13, 19, 46, 64, 70, 83, 88, 98, 107, 131, 191, 197
  Back Bay:
   Sala de Concertos Sinfônicos 214
  Centro da cidade 150
   Prefeitura 212
  Linha Verde 140
  North End 195
 Cambridge 165
 Cape Cod:
  Mashpee Commons 209
 Lexington:
  Lexington Center 31
 Lowell 104-106, 109, 111, 122, 163, 164, 182
  Auditório do Memorial 163
  Rua Merrimack 18
 Northampton 167
Michigan 234 n.30
 Detroit 28, 33, 34
  Teatro Michigan 115
 Grand Rapids 27-28
  Monroe Place 98
Minnesota:
 Minneapolis 48, 131, 164, 172, 175, 183, 226
Mississippi 231 n.50
Missouri:
 Kansas 60
 Saint Louis 28, 162
  Conjunto Habitacional Pruitt Igoe 192
Montana 231 n.50
Nevada:
 Las Vegas 19, 38, 228 n.24
  Fremont Street 150
  The Strip 150
New Hampshire:
 Manchester 232 n.52
 Portsmouth 232 n.52
Nova Jersey 231 n.59, 235 n.50

Hoboken 157
Nova York 90, 100, 202, 231 n.38-39
 Buffalo 28, 98, 116
 Cidade de Nova York 13, 15, 19, 30, 33, 49, 61, 63, 64, 70, 88, 97-98, 100, 102, 118, 128, 131, 157, 170-171, 176-177, 178, 185, 204, 214, 229 n.48, 231 n.38, 235 n.67, 239 n.36, 241 n.80
  Brooklin 118
   Brownsville 118
   Centro da cidade:
    Sands Street 186
   Park Slope:
    Prospect Park West 176, 177
  Manhattan 61-63, 87, 120, 121, 163, 168, 195, 218
   Midtown 195
    Avenida Madison 190
    Broadway 97, 98, 171
    Nona Avenida 171
    Rockefeller Center 193
    Sétima Avenida:
     Estação Penn 98
    Times Square 97, 99, 241 n.8
    West Side Highway 94
   Parte baixa de Manhattan 150
    Battery Park City 243 n.17
    Distrito Financeiro 195
    High Line 97
    SoHo 135
    Tribeca 34, 135
    Union Square 168
    West Village 135
   Upper West Side:
    Avenida Amsterdã 165
    Avenida Columbus 165
 Vila de Hamburgo 90
Novo México:
 Albuquerque 183
 Santa Fé 72
Ohio:
 Akron:
  Rua principal 191
 Beachwood 28
 Cincinnati 131
 Cleveland 28
 Columbus:
  Short North 222, 223
Oklahoma:
 Oklahoma City 84, 122, 164, 166, 179
 Tulsa 48, 98
Oregon 162
 Beaverton 34
 Cornelius 162

Eugene 145
Portland 13, 27, 36-37, 39, 41, 48, 49, 50, 41, 71, 81, 108, 140-142, 151, 163, 174-175, 178, 183, 203, 234 n.27
  Harbor Drive 94
  Hoyt Rail Yards 141
  MAX VLP 140
  Powell's Books 141
Springfield 145
Pensilvânia:
  Bethlehem 131, 168
    Rua Wyandotte 153
  Lewistown 152, 153
  New Castle 34
  Philadelphia 34, 150, 202, 203, 206, 234 n.27
    Hotel Palomar 167
    Ninth Street e Passyunk Avenue 157
      Geno's Steaks 157
      Pat's King of Steaks 157
  Pittsburgh 50
    Ladeiras Duquesne e Monongahela 139
Rhode Island 231 n.39
Tennessee:
  Chattanooga 48, 146
  Knoxville 48
  Memphis 48, 98, 140, 142
  Nashville 85, 132
Texas:
  Abilene 56
  Dallas 35, 50, 62, 88, 135-139, 164
  Houston 48, 50, 83, 88, 110
  San Antonio 185
    Riverwalk 194
Utah:
  Salt Lake City 151
  South Jordan 44
Vermont 218
  Burlington 98, 108
Virgínia 229 n.41, 50, 89, 199
  Alexandria 162
  Arlington 135, 185
  Richmond 48
  Tysons Corner 228 n.23
Virgínia Ocidental:
  Wheeling 202
Washington:
  Seattle 33, 35, 37, 41, 50, 64, 88, 108, 131, 163, 175, 197, 219, 238 n.192, 239

n.36
  Viaduto Alaskan Way 95
  Distrito Comercial Central 114
  Pacific Place Shopping Center 111
  Distrito South Lake Union 142
Vancouver:
  Rua principal 164
Wisconsin:
  Madison 175, 183
  Milwaukee
    Lago Michigan 201
    Park East Freeway 94
Wyoming 231 n.39

AMÉRICA DO SUL
Colômbia
  Bogotá 53, 146, 185

ÁSIA
Leste Asiático 132
China
  Hangzhou 184
  Hong Kong 63, 132, 195
  Xangai 100
Cingapura 100
Coreia do Sul
  Seul:
    Via Expressa Cheonggyecheon 95
Japão 49, 168
  Kawasaki 236 n.81
  Tóquio 132
Oriente Médio 56
Iraque
  Bagdá 233 n.30
Emirados Árabes Unidos
  Abu Dhabi 56
  Dubai 56

EUROPA 40, 45, 61, 72, 88, 120, 132, 157, 161, 174, 184
Alemanha 49, 160, 233 n.5
  Berlim 150, 240 n.44
  Dusseldorf 64
Áustria 160
  Viena 64
Dinamarca 49
  Christiansfeld 160
  Copenhague 97, 174, 175, 197
Espanha 160
  Barcelona 19, 132, 150

Passeig de Gràcia 239 n.17
Bilbao:
  Museu Guggenheim 213
França 160, 184
  Paris 19, 63, 151, 192, 195
    Centro Pompidou 215
    Champs-Elysées 151
    Ópera 214
Holanda 160, 169, 173-174, 178
  Amsterdã 19, 173-174, 194-195, 240 n.44
  Oosterwolde 161
  Roterdã 194
Itália
  Florença 144
    Palazzo Medici 211
  Roma 18-19, 132
    Piazza dei Navigatori 216
    Piazza Navona 241 n.8
    Trastevere 19
  Siena
    Piazza del Campo 210
  Veneza 19, 77
Luxemburgo 194
Noruega
  Oslo
    Aeroporto Fornebu 243 n.23
República Tcheca
  Praga 19
Reino Unido 49, 86, 156, 177-178
  Inglaterra 34, 230 n.17
  Londres 99, 100, 124, 156
  Wiltshire 160
Rússia
  Moscou 200
Suécia 57, 158, 160, 197
  Estocolmo 100, 211
Suíça
  Zurique 64

OCEANIA
Austrália 40, 65, 80
Austrália Ocidental 133
New South Wales:
  Sydney 62, 64, 100
Victória:
  Melbourne 204, 210-211
Nova Zelândia
  Auckland 64

Índice Geral

AAA 88
Acidentes de automóveis 48-50;
 árvores e 93, 199-200;
 crime vs. 49-50;
 custos monetários dos 49;
 dieta de rua e 152;
 dimensões da quadra e 151-152;
 estatísticas de 49
Acordo de Kyoto 172
ADUs – "accessory dwelling units" (unidades de moradia acessória) 107-108
AECOM 152
Alarm UK 86
Alexander, Christopher 194
Alfonzo, Mariela 228 n.24
Algoritmo rua inteligente (Street Smart Algorithm) 228 n.23
Allen, Paul 142
Amazon.com 142
American City 122
American Dream Coalition 47, 180
Âncoras e caminhos 221-223
Áreas de escape 93, 199
Arranha-céus 195-196
ArtPlace 140
Árvores 76, 197-206;
 absorção de carbono 200-201;
 acidentes com veículos e 8, 212-213;
 água absorvida pelas 201-202;
 custo do plantio 204-205;
 em ondas de calor 200;
 investimento em 204;
 para sensação de fechamento 198;
 valor dos imóveis e 198, 203-204
Asma 48
Assistência médica 43-45

Associação Americana de Transporte Público 132
Associação Nacional de Construtores de Casas 236 n.72
Associação Nacional de Corretores Imobiliários 35, 133
Ataques terroristas de 11 de setembro de 2001 49, 232 n.44
Atlantic, The 213
Atravessar a rua descuidadamente 18, 168
Autoestradas 49

Baacke, Adam 105, 109
Babjack, Kristen 28
"Bairros Mais Caminháveis" (Índice de Caminhabilidade) 88
Bairros residenciais distantes dos centros das cidades (*suburbs*) 33;
 dependência do automóvel nos 37-38;
 falso sentido de segurança nos 49-50;
 isolamento das casas nos 31;
 obesidade nos 46
Barnes, Henry 168
Barnett, David 227 n.1
Beatley, Timothy 229 n.42
Bed Bath & Beyond (loja) 115
Bel Geddes, Norman 233 n.9
Belden Russonello & Stewart 35
Bellow, Saul 86
Benfield, Kaid 60
Bernstein, Andrea 241 n.80
Bernstein, Scott 55-56
Berreby, David 230 n.30
Best Buy 115
Bettencourt, Luis 40
Bicicletas 29, 75, 170-187;

 acidentes 171, 178;
 aumento de usuários no trajeto para e vir do trabalho 177;
 benefícios à saúde e 70, 178;
 bicicletários 184;
 bulevares de 183-184, 185;
 "onda verde" 184;
 estatísticas sobre 173-175;
 faixas para 171, 179, 180, 181-182, 186;
 faixas separadas 182, 186-187;
 infraestrutura para 39, 171, 173, 174, 183, 184;
 investimentos em 36, 39, 171, 174, 184;
 necessidade de urbanismo para 172-173;
 pistas para 186;
 programas de compartilhamento para 63, 183-184;
 rota compartilhada 183;
 segurança e 171-172, 180;
 sharrows e 183;
 valores dos imóveis e 175;
 veicular 179-180
Bicycling (revista) 172
Bikerealtor.com 240 n.70
Birk, Mia 174
Bloomberg, Michael 100, 176
Blue Zones, The (Buettner) 52
Bondes – trens urbanos 131, 132, 139-142, 166, 168
Boston Globe 46
Boulevard Book, The (Jacobs) 239 n.17
Bowling Alone (Putnam) 51
Boyer, Heather 229 n.42
Brady Bunch, The (A Família Sol-Lá-Si-Dó ou A Família Brady, série de TV) 30, 31

Brancusi, Constantin 192
Brandmuscle 28
Brand, Stewart 40
British Medical Journal 230 n.17
Brookings Institution 31, 141, 231 n.31
Brooks, David 40, 229 n.46
Broyard, Anatole 19
Buehler, Ralph 172, 180
Buettner, Dan 52
"Built Environment and Traffic Safety, The" (Ewing and Dumbaugh) 155-156
Burden, Dan 90, 242 n.40
Bus Rapid Transit-BRT (Transporte Rápido por Ônibus) 145-146
Bush, George W. 229 n.41
Byrne, David 32

Calçados Merrell 27
Calçados Patagonia 27
Calder, Alexander 192
Câmara de Comércio (Washington DC) 82
Caminhabilidade:
  ambiente de convivência na rua e 27-28, 105, 109, 207-219, 222-223;
  árvores e 197-198, 200;
  benefícios à saúde da 43-44, 45, 46, 52, 70;
  benefícios econômicos da 28, 36-37, 38, 40, 60, 70;
  clima/tempo e 196-197;
  como "morar verde" 59;
  como independência 31;
  demanda por 31-32, 34-36, 40;
  densidade urbana e 20-21, 40, 224-225;
  dimensão das quadras e 149-151;
  habitação no centro da cidade e 105;
  limites de altura e 195-196;
  produtividade e 40-41;
  quatro condições principais para 20-21;
  recursos gastos na melhoria da 20, 220;
  segurança e. *Ver* segurança pedestre /tráfego;
  sistemas de transportes e 74, 130-131, 166;
  valor da moradia/imóveis e 33-34, 35, 38;
Campanella, Thomas 190, 202
"Canadian Cities, American Cities: Our Differences Are the Same" (London) 80
Capital Bikeshare (Washington DC) 184, 185
Car & Driver (revista) 69

Carros elétricos 57-58
Carros híbridos 57
Carvão 57
Centro de Controle de Doenças (CDC – Centers for Disease Control) 44
Centro de Educação Geriátrica de Minnesota 52
Centro de Estudos Avançados de Transect 242 n.7
Centro de Tecnologia das Comunidades 55
Centro Pompidou (Paris) 215
Cervejaria Wynkoop 224
Champs-Elysées 151
Chapin, F. Stuart 110
Chen, Donald 234 n.19
Chevron 234 n.14
Chucktown Tavern 209
Ciclismo veicular 179-180
Ciclo semafórico dedicado 168
Cidades:
  atrativos de viver nas 14-15;
  conformadas em torno dos trajetos de carro 49, 79-83, 130, 132, 137-138;
  densidade das 40, 46, 49, 62-63, 64, 107-108, 115, 134-135;
  remoção de carros das 97-99;
  "tecido urbano" nas 19;
  tendências populacionais nas 32-33
Cidades Para Pessoas (Gehl) 193, 210
"Cinco Bs" 20
City: Rediscovering the Center (Whyte) 229 n.48
Clean Air Act 231 n.27
Clínica Mayo 230-231 n.17
Criação de empregos 38-39, 172
Coal vs. Oil: Pure Carbon versus Hydrocarbon (Gros) 233 n.7
Coalisão para Transportes Alternativos (Coalition for Alternative Transportation) 131
Código de Segurança e Saúde da Califórnia 119
Comissão de Pesquisa sobre Transporte (*Transportation Research Board*) 156
Comissão de Recurso de Zoneamento (Washington DC) 114
Compartilhamento de carros 69, 71, 147, 234 n.25
Condicionadores de ar 200
Conjunto Habitacional Pruitt Igoe (St. Louis, Mo.) 192
Conselho de Defesa dos Recursos Naturais 60

Consórcio "Gangue da Estrada – Road Gang" 80, 86, 180
Construção de estradas 80-81;
  custos de 85-86;
  bulevares *vs.* 96;
  faixas/vias estreitas e 157-159;
  financiamento para 82-83;
  guias rebaixadas e 166;
  para reduzir o congestionamento do tráfego 85-86, 132;
  para velocidades mais altas 155;
  ruas/faixas mais largas e 90, 93, 154-157;
  teoria de projeto "menos é mais" 169;
  valorização de imóveis e estradas 81, 96;
  vias expressas elevadas e 162
Coletta, Carol 39, 140
Condon, Patrick 80
Congresso Para o Novo Urbanismo (CNU) 43, 156, 235 n.67
ConocoPhillips 234 n.14
Cortright, Joe 35, 36, 37, 39
Cownie, Frank 192
Cox, Wendell 231 n.23
Cruzamentos 158-159, 161, 183-184;
  "ciclo semafórico dedicado" 168;
  "dança de Barnes" 168;
  tempo antecipado para travessia de pedestres (LPI – Leading Pedestrian Interval) 169
"Cycling for Few or for Everyone" (Pucher and Buehler) 180
Cyclist's Manifesto, The (Hurst) 171, 183

Daley, Richard M. 129
Dallas Area Rapid Transit (DART) 136, 137, 138-139
Dark Age Ahead (Jacobs) 92
DC USA 115
Death and Life of Great American Cities, The (Jacobs) 91, 232 n.52, 235 n.70, 242 n.13
DeBrabander, Firmin 57
Demanda induzida 83-88, 91, 92, 94, 96, 112-113, 155
Densidade local 1374-135
Departamento de Agricultura dos EUA 200
Departamento de Habitação da cidade de Nova York 118
Departamento de Transportes, US 124-125
Departamentos de Transportes (DOTs) 83, 89-90, 95, 152, 153, 162, 199

Densidade populacional 134
Desenho Urbano 14, 17-21;
  códigos de projeto e 221-223;
  conceito de âncoras e caminhos no 240-244;
  demanda induzida e 83-87, 91, 94;
  desenho das calçadas e 165-167;
  dimensão da quadra e 149-150;
  e investimento no transporte 37, 39;
  edifícios altos e 194-196;
  engenheiros de tráfego 84, 89-94;
  espaços verdes e 218;
  estrutura de bairros e 134-135, 137;
  exigência do triângulo de visão em 159;
  expectativa de vida e 103;
  fechamento espacial e 189-191;
  habitação no centro da cidade e 104-108;
  importância da caminhabilidade no. Ver caminhabilidade;
  importância dos centros no 18-19, 108, 224-226;
  lotes vazios e 190, 195-196, 223;
  mortes no trânsito causadas por planejamento urbano ruim 49;
  questões de saúde causadas por um planejamento urbano ruim 43-44;
  segurança e 50, 149-170;
  triagem urbana e 220-221, 223, 225
"Dez Melhores Cidades Caminháveis" (Lonely Planet) 19
Dez Passos da Caminhabilidade 21, 73-78
Dia da Terra 2007 100
Dieta de ruas 152, 153, 181
Dirigir:
  acidentes e. Ver acidentes de automóveis; acidentes;
  andar de bicicleta vs. 36-37;
  conformação das cidades em torno do 79-83;
  custos de 37-38, 39, 41-42, 56-57, 87-88, 101-102;
  poluição e 47-48, 55-58;
  produtividade vs. 41-42;
  queda no 29-30, 36-37, 38-39, 69, 119, 146, 174;
  questões de saúde e 45-47, 48;
  riscos de 48-50;
  taxas para dirigir no centro 99-100
Downing, Andrew Jackson 202
Dragnet (programa de TV) 30
Drive and Stay Alive, Inc. 231 n.37
Duany, Andres 74, 89, 190, 210, 227 n.2, 237 n.165, 238 n.172, 243 n.24
Duany-Plater Zyberk & Company (DPZ) 29, 216, 236 n.73, 242 n.34
Dumbaugh, Eric 155, 199
Duranton, Gilles 234 n.19, 238 n.174
Durning, Alan 49-50
Dwell (revista eletrônica) 106

EcoDensity, iniciativa (Vancouver, B.C.) 108
Economist, The (revista) 64
EcoPass (Boulder, Colo.) 146
Edículas autônomas 107, 108
Edge City (Garreau) 228 n.23
"Efeito dos espaços de transição" 210
Ehrenhalt, Alan 164
Elephant in the Bedroom, The: Automobile Dependence and Denial (Hart and Spivak) 85
El Nasser, Haya 228 n.12
Eliminação de rodovias 94-96
Emanuel, Rahm 240 n.74
Emerson, Ralph Waldo 80
Emissões de carbono 55-61
Energy Information Administration, US 233 n.5
Engenheiros de tráfego 84-85, 89-94, 154
EPA – Environmental Protection Agency (Agência de Proteção Ambiental) 41, 59-60, 83, 201
Estacionamento 74, 87, 109-130, 138, 153, 190, 191, 207, 208;
  cobrar menos 111, 112;
  custos do 110-112, 116-118, 119, 121, 127, 129;
  demanda para 116, 120, 120, 125, 129;
  eliminação/ redução de 97, 117, 119;
  excesso de oferta de 113-115, 126;
  exigências 113-114, 117, 118;
  financiamento para 124-125;
  fora da rua 116, 118, 119-120, 121, 125-128;
  garagens para 111, 116, 123, 125, 129, 208;
  grátis 112, 113, 117-118, 119, 124, 128;
  junto ao meio-fio 121-122, 124, 127;
  licenças para estacionamento residencial 128;
  na rua 84, 114, 122, 123, 125, 128, 129, 165;
  pago 112-113, 123;
  parquímetros 121-122, 124-128;
  renda do 111, 123, 125-126, 127;
  taxas compensatória 118, 119, 126, 127-128;
  valor da moradia e 117, 122, 209
Estacione e pegue o transporte público 137
"Estradas de brancos através de casas de negros" (lema) 82
"Estrelas da arquitetura" 191-192, 208, 212-215
Estrutura de bairros 134-135, 137
Estudos de sombra/formas 191
Estudos de tráfego 84-86, 91, 94
Evening Star (Washington DC) 82
Ewing, Reid 155
Exxon Mobil 234 n.14

Facebook 110
Fallows, James 213
FarmVille (jogo) 40
Festival de Ideias de Aspen 213
Firestone Tire and Rubber 237 n.156
Florida, Richard 29
Ford, Henry 116
Forester, John 179, 180
Forest Service, US 242 n.23
Frank, Lawrence 43
Freemark, Yonah 136, 238 n.176
Freundel-Levey, Bob and Jane 82
Frey, William 41
Friends (série de TV) 30, 31
Front Seat 34
Frumkin, Howard 43, 230 n.17
Fundação Bill & Melinda Gates 142
Fulton, Bill 110, 123
"Fundamental Law of Road Congestion, The: Evidence from U.S. Cities" (Duranton and Turner) 234 n.19, 238 n.174

Gabriel, Ron 171
Gaiola das Loucas, A (filme) 154
Garrett-Peltier, Heidi 229 n.43
Garrick, Norman 151
Gazette (Cedar Rapids, Iowa) 239 n.36
Gehl, Jan 97, 169, 193-195, 210, 211
Gehry, Frank 213-214
General Motors 80, 134, 230 n.9
Geno's Steaks (Philadelphia, Pa.) 157
Gerstenang, James 232 n.42
Ghosh, Amit 117
Gilligan's Island (A Ilha dos Birutas, série de TV) 30
Gladwell, Malcolm 40
Glaeser, Edward 40, 62, 195, 196, 235 n.67
Goliath Casket 230 n.13
Google Maps 89, 163

Gotschi, Thomas 230 n.12, 231 n.23, 237 n.159
Governing (revista) 164
Great Streets (Jacobs) 149-150
Green Building Council, US 233 n.17
Green Metropolis (Owen) 58, 61, 218, 233 n.7
Grist 33, 92
Gros, Daniel 233 n.7
"Growing Wealthier" (Kooshian and Winkelman) 229 n.34

Haddock, Mark 238 n.2
Hales, Charlie 140
Harrison, Phil 235 n.64
Hart, Stanley 85
Hawaii 5-0 (Havaí 5-0, série de TV) 30
Heller, Nathan 228 n.12
Hemel, Zef 174
Hickenlooper, John 224
Higham, Charles 233 n.5
High Cost of Free Parking, The (Shoup) 236 n.80-81, 236 n.85-89, 236 n.94, 236 n.97, 236 n.107
High Line 97
Hillman, Mayer 177
"History of General Motors" (Wikipedia) 233 n.5
Hitler, Adolf 233 n.5
Holtzclaw, John 63
Homeostase de risco 158, 178, 199
Honeymooners, The (série de TV) 227 n.6
Hoyt Rail Yards (Portland, Ore.) 141
Hurst, Robert 171, 179, 183

Illich, Ivan 101-102
Incentivos para preservação histórica 105
Infraestrutura sobre trilhos 132-133, 135, 136-137, 141, 145
Instituto de Estudos sobre Transporte 109
Instituto de Estudos sobre Transportes e Logística 172
Instituto de Política de Transportes (Victoria, Ca.) 134
Instituto de Transportes do Texas 85
Instituto dos Engenheiros de Tráfego (ITE – Institute of Traffic Engineers) 156
Iniciativa de Cidades Inteligentes 39
Instituto de Aspen 40
Instituto de Prefeitos para o Desenho Urbano 17, 90, 95, 162

Jackson, Richard 43-45, 230 n.17

Jacobs, Alan 149-150, 239 n.17
Jacobs, Jane 13, 52, 62, 91-92, 109, 174, 195, 215, 217, 218, 219, 235 n.70
"Jardins de chuva" 219
J. D. Power 29
Jefferson, Thomas 61
Johnson, Kevin 232 n.42
Jogos Olímpicos (1996) 47

Kahneman, Daniel 51
Kane, Robert 52
Kaufman, Kirsten, "corretora da bicicleta" 175, 184
Keen, Judy 232 n.42
Kent, Ethan 213
Kent, Fred 213
Kerouac, Jack 104
Kifer, Ken 177
Kocher, Jesse 34
Kolbert, Elizabeth 230 n.13
Koolhaas, Rem 192, 215, 216, 243 n.15
Krier, Léon 194, 195, 214
Krueger, Blake 28
Kruse, Jill 235 n.38
Kulash, Walter 198
Kunstler, Jim 194

Lacunas ou vazios urbanos. *Ver* desenho urbano, lotes vazios e.
Lago Michigan 201
Lancet, The (jornal) 51
Le Corbusier 212
LEED – Leadership in Energy and Environmental Design (certificação para construções sustentáveis) 60-61
Lehrer, Jonah 41
Leinberger, Christopher 31-33, 38, 195, 196, 228 n.24
Lerner, Matt 34
Levantamento de Referência do Consumidor 133
Levantamento Mercer 64
Levine, James 230 n.17
Lévy, Bernard-Henry 101
Linhas de bondes e trens urbanos 132, 140, 141-142, 145-146, 166
Litman, Todd 134, 135, 137
Lives per Gallon (Tamminen) 237 n.156
Livingstone, Ken 99
Lonely Planet 19
Luis Filipe, duque 100
Lucille Ball Show, The (série de TV) 227 n.6
Lucy, William 50

Lutz, Catherine 38, 229 n.3
Lutz Fernandez, Anne 38, 229 n.3
Lydon, Mike 179

Mack Truck 237 n.156
Malouff, Dan 61
Mannix (série de TV) 30
Mapes, Jeff 175, 180, 230 n.9, 230 n.17, 235 n.31, 241 n.85, 241 n.95
Markowitz, Marty 176, 177
Marohn, Charles 92-94
Marshall, Wesley 151
Mary Tyler Moore Show, The (série de TV) 226, 227-228 n.6
Mashpee Commons 209
Mathieu, Mike 34
Mayer, Jane 232 n.44
McCreary, Colleen 40
McFarland, Jacqueline 50
McGinn, Mike 96
McGrane, Jerry 239 n.36
Mehaffy, Michael 58
Metrô 62-63
Microsoft 142
Mills, Kevin 230 n.12, 231 n.23, 237 n.159
"Moderação humana do tráfego" 158
Monderman, Hans 160-161
Moneo, Rafael 213, 216, 243 n.15
Monroe, Doug 231 n.27
Monty Python 193
Mooney, James D. 233 n.5
Morgan Stanley 129
Movimento Novo Urbanismo 194
MTA – Metropolitan Transportation Authority (Autoridade do Transporte Metropolitano) 62
Mumford, Lewis 80, 81
Museu Nacional da Construção (National Building Museum) 39
My Kind of Transit (Nordahl) 144
Myung-bak, Lee 95, 96

National City Lines 237 n.156
National Geographic 52
National Interstate and Defense Highways Act (Ato de Defesa e Criação de Rodovias Interestaduais, 1956) 80
National Public Radio (NPR) 34
NEA – National Endowment for The Arts (Fundo Nacional para as Artes) 17, 98
New England Farmer (jornal) 202
Newman, Peter 229 n.42
Newsweek 86

New York Times, The 173, 232 n.54, 234 n.30
New York Times Magazine 41
New Yorker, The 230 n.13
Niágara, cataratas 201
Nickels, Greg 95
Nike 34
Noland, Robert 156
NORC (*naturally occurring retirement community*), comunidade de aposentados que se forma naturalmente 31
Nordahl, Darrin 144, 146, 170

Obama, Barack 229 n. 41
Obesidade 45-47
Objeto figurativo vs. espaço figurativo 191-192
"Objeto fixo e perigoso" (FHOs), árvores em ruas como 89, 199
Ocken, Rebecca 165
Odum, E. P. 189
Oglethorpe 163
"Ondas verdes" 184
Ônibus 29, 63, 132, 143, 145-146
Onion, The 132, 133
Option of Urbanism, The (Leinberger) 228 n. 12
O'Toole, Randall 231 n. 23
Otto, Eva 35
Owen, David 58, 60, 61, 62, 132, 161, 218-219, 233 n. 7

Palazzo Médici 221
"Parafernália verde" 59
"Parking cash-out" (Califórnia) 119
Parking Professional (revista) 111
Partridge Family, The (A Família Dó-Ré-Mi, série de TV) 30
Pat's King of Steaks (Philadelphia, Pa.) 157
Pattern Language, A (Alexander) 194
Pedaling Revolution (Mapes) 175, 230 ns. 9 e 17, 235 n. 31, 241 ns. 85 e 95
Peirce, Neal 230 n. 9
Peñalosa, Enrique 53, 185
Pedágio urbano/tarifa do congestionamento 99-100, 124-125, 129, 138
Pedalada Pelada (World Naked Bike Ride) 187
Petróleo 56-57, 63, 82, 138
Peters, Mary 86
Phillips Petroleum 237 n. 156
Pista para bicicletas 186

Planning (revista) 86
Plano Americano de Recuperação e Reinvestimento 39
Plater-Zyberk, Elizabeth 211, 227 n. 2, 237 n. 165, 238 n. 172, 239 n. 27, 243 n. 24
Poluição 48, 47-65, 102-103, 200-201, 218-219
"Praga da Monotonia" (Jacobs) 235, 243 n. 13
Primeira Guerra Mundial 221
i-Tree Streets (software) 242 n. 41
Problemas de saúde:
   custos de 48
   dirigir e 46
   obesidade e 45-47
   planejamento urbano ruim e 43-44
Programa Main Street Center (National Trust) 166
Projeto de Políticas para Transporte de Superfície 85
Project for Public Spaces (organização) 213, 214
Projeto Vulcano (Universidade de Purdue) 55
Prospect Park West (Brooklyn, Nova York) 176-177
Protransit (Cincinnati, Ohio) 131
Pucher, John 172, 180
Putnam, Robert 51

Quilômetros percorridos com automóvel (cálculo) 48, 231 n. 31

Rail-Volution (conferência) 238 n. 177
"Raise My Taxes, Please!" (Litman) 134
Reilly, Rick 224
Republic of Shade (Campanella) 217
Resilient Cities (Newman, Beatley e Boyer) 22 n. 42
Reynolds, Gretchen 232 n. 54
Riley, Joe 208, 209
Ritalina 45
RITE AID 208
Road & Track (revista) 69
Robert Charles Lesser & Co. 33
Ronkin, Michael 239 n. 6
Ruas Compartilhadas 161
Rybczynski, Witold 59, 243 n. 17

Sadik-Khan, Janette 176
Sansone, Leslie 34
Schneider, John 131
Schwarzenegger, Arnold 44

Seinfeld (série de TV) 30
Segurança para pedestre e tráfego 20, 75, 149-170;
   árvores para 93, 198-199;
   espaço compartilhado e 160;
   exigência do triângulo de visão para 159;
   faixas de conversão e 153;
   faixas mais estreitas para 157-159;
   homeostase de risco e 158;
   regra "vermelho à direita no sinal vermelho" e 169;
   ruas largas e 93;
   "ruas nuas" e 160;
   sinais de PARE e 169-170;
   sistemas de faixas múltiplas e 151, 162;
   tempo antecipado para travessia de pedestres (LPI - Leading Pedestrian Interval) e 169;
   zonas de controle de velocidade e 156-157
Senado americano, 86
Sex and the City (série de TV) 30
SFpark (organização) 124, 237 n. 134
Sharrow (faixa largas compartilhada por carros e bicicletas) 183
Shorto, Russell 173, 174
Shoup, Donald 109-110, 111, 112, 113, 114, 115, 116, 117, 120, 122, 123, 124, 125, 126, 127, 128, 129, 130, 237 n. 107
Siegel, Charles 235 n. 50
Sierra Club 63, 96
Sinais de PARE 169-170
Sinais de tráfego (semáforos) 167-168
"Síndrome do Estacionamento de Pensacola" 116
Sistema Vélib (França) 184
Sistemas de transporte 62, 130-131;
   benefícios à saúde para usuários dos 44;
   caminhabilidade e 74, 130-131, 166;
   condições exigidas para o sucesso dos 143-144;
   corredores lineares 139;
   criação de empregos e construção dos 39;
   custos dos 37, 101-102, 135, 141;
   densidade local necessária para 134;
   economias domésticas e 133-134;
   estrutura de bairro necessária para 134, 137;
   fatores favoráveis 133;
   financiamento para 133-134, 142, 174-175;

investimentos nos 36, 39, 133-134, 138;
   pequenos sistemas nodais e 193;
   valor dos imóveis e 145, 146, 147.
   vias expressas vs. 36;
   Ver também linhas de bondes e trens urbanos; nomes específicos de sistemas.
Skinny streets (ruas magrinhas) 36
Sloan, Alfred, Jr. 237 n. 156
SmartCode (software) 212, 242 n. 7
Smith, Adam 126
Smith, Rick 239 n. 36
Sottile, Christian 164
Sociedade da Terra Plana 84
Speck, Jeff 237 n. 165, 238 n. 171, 239 n. 27, 243 n. 24
Spivak, Alvin 85
Standard Oil 237 n. 156
Stonehenge 166
Streets of San Francisco, The (programa de TV) 14
Subsídios para renovação de comunidades 105
Suburban Nation (Duany, Plater-Zyberk, e Speck) 85, 110, 116, 211, 227 n. 2, 234 n. 9, 237 n. 165, 238 n. 172, 239 n. 27, 241 n. 9, 243 n. 24
Summers, Nick 234 n. 20
"Synchro" (programa de modelo de tráfego) 84

Talbot, Noah 44
Tamminen, Terry 83, 237 n. 156
Taxas compensatórias ou substitutivas 118, 119, 126
Táxis 147, 167
Técnicas de Libertação Emocional (EFT) 50
Teleférico 139
Tempo antecipado para travessia de pedestres (LPI – Leading Pedestrian Interval) 169
Teoria Geral da Caminhabilidade 20
Texas A&M University 155, 198
Thomas, John 90
"3-Way Street" (vídeo) 171
Trading with the Enemy (Higham) 233 n. 5
"Traditional Neighborhood Development Ordinance" (Portaria de Desenvolvimento do Bairro Tradicional) 212
Tráfego 84-99, 175;
   congestionamento e 84, 85-90, 97, 121, 132-133;
   construção de vias e 26, 85-86, 153-155;

estacionamento na rua e 165;
estresse e velocidade do 50-51, 70;
moderação humana de 158;
mortalidade e 48-50, 158-159, 231 ns. 38 e 39 ;
planos para redução de 17-18, 26, 36, 84-87, 94-95, 132-133, 136-137, 163;
problemas de saúde e 50-51;
ruas de mão dupla vs. ruas de mão única e 161-165;
semáforos com botões e 167-170;
tamanho das ruas e volume de 151, 152
tempo perdido no 41;
uso de combustível e 87
Traffic (Vanderbilt) 181
Trajeto para ir-e-vir do trabalho:
   como atividade menos favorita 51-52;
   engajamento com questões da comunidade e 51-52;
   estresse e 50-51;
   problemas de saúde e 43
Transbordamento de Esgoto Combinado (CSO – Combined Sewage Overflow) 201
Transição da floresta 189-190
Transport Politic, The (blog) 136 -137
Transporte público. Ver Sistemas de transportes
Tregoning, Harriet 182
Triagem urbana 220-221, 223, 225
Turner, Matthew 234 n. 19, 238 n. 174

Ulrich, Roger 198
Universidade da Califórnia 109
Universidade da Carolina do Norte 190
Universidade da Colúmbia Britânica 80
Universidade de Connecticut 151, 199
Universidade de Harvard 193, 216
Universidade de Maryland 155
Universidade de Michigan, SMART Center 40
Universidade de New Hampshire 232 n. 52
Universidade de Purdue 55
Universidade de Virgínia 52
Universidade de Toronto 234 n. 19, 238 n. 174
Universidade de Washington 242 n. 40
Universidade de Yale 109
Universidade do Norte do Texas 136
Universidade Quinnipiac 177
Urban Land Use Planning (Chapin) 110
"Urban Mobility Report" (Texas Transportation Institute, 2010) 88
Urban Sprawl and Public Health (Frumkin, Frank e Jackson) 43, 45, 51
Urbanismo de paisagem 193
USA Today 115, 228 n. 12

Valor dos imóveis:
   árvore e 198, 203;
   caminhabilidade e 33-34, 35, 38-39;
   ciclovias e 175;
   construção de estradas e 81, 96;
   estacionamento e 117, 122, 209;
   sistemas de transporte e 141, 142
Vanderbilt, Tom 181
Viñoly, Rafael 216
Alaskan Way (viaduto) 95
Neighbors for Better Bike Lanes (Vizinhos por Melhores Ciclovias) 176
Vlahos, James 230 n. 17, 231 n. 23

Walk Score (site) 34-36, 88
Walk Score Professional (site de assinatura) 35
"Walking the Walk: How Walkability Raises Home Values in U. S. Cities" (Cortright) 228 n. 24
Wall Street Journal 33
Washington Post 82
Wasik, John F. 233 n. 7
WebMD 48
Welch, William M. 232 n. 42
West, Geoffrey 40-41
Wharton School of Business, Universidade da Pensilvânia 203
"Where the Neon Lights Are Bright and Drivers Are No Longer Welcome" (Summers) 234 n. 20
Whitman, Walt 80
Whyte, William 229 n. 48
Williams, Robin 154
Wilson, Charles Erwin 80
Wolverine World Wide 27-28

Yamasaki, Minoru 241 n. 3
Yelp 40
Young, Brigham 238 n. 2

Zeilinski, Susan 40
Zonas Azuis 52
Zoneamento 103, 105, 114, 118, 211-212;
   financeiramente inclusivo 106-107
Zynga 40

Este livro foi impresso na cidade de Cotia,
nas oficinas da Meta Brasil,
para a Editora Perspectiva.